AF550822

Adrian Geiges

Front gegen die Freiheit

ADRIAN GEIGES

FRONT GEGEN DIE FREIHEIT

Peking, Moskau und ihre Komplizen in aller Welt

PIPER

Mehr über unsere Autorinnen, Autoren und Bücher:
www.piper.de

Von Adrian Geiges liegen im Piper Verlag vor:
Gebrauchsanweisung für Peking und Shanghai
Öfter mal die Welt wechseln
Xi Jinping – der mächtigste Mann der Welt (zusammen mit Stefan Aust)

ISBN 978-3-492-07284-7

Satz: Eberl & Koesel Studio, Kempten
Gesetzt aus der ITC Stone Serif
Litho: Lorenz & Zeller, Inning am Ammersee
Druck und Bindung: GGP Media GmbH, Pößneck
Printed in Germany

»Im Moment gibt es Veränderungen, wie wir sie seit 100 Jahren nicht mehr gesehen haben. Und wir sind es, die diesen Wandel gemeinsam vorantreiben.«

Xi Jinping zu Wladimir Putin bei ihrem Treffen am 21. März 2023 in Moskau

»In einem Atomkrieg wird möglicherweise ein Drittel der Weltbevölkerung umkommen, möglicherweise die Hälfte. Doch dann bliebe immer noch die andere Hälfte übrig, der Imperialismus wäre am Boden zerstört, und die ganze Welt würde sozialistisch.«

Mao auf der internationalen Konferenz der kommunistischen Parteien am 18. November 1957 in Moskau

Inhalt

Vorgeschichte

»Denn wer kämpft für das Recht, der hat immer recht«

Dieses Buch richtet sich nicht gegen Chinesen oder Russen, ganz im Gegenteil. Mit beiden Völkern bin ich eng verbunden. In Peking studierte ich Mandarin. Russisch lernte ich am Landesspracheninstitut der Ruhr-Universität Bochum, danach wohnte ich sechs Jahre in Moskau. Als ich ankam, war es noch die Sowjetunion, ich wurde dort Zeuge ihres Zusammenbruchs und erlebte den Beginn des neuen Russlands. Es folgten zehn Jahre in China, davon sechs in Peking, drei in Shanghai und eines in Hongkong. In beiden Ländern arbeitete ich als Auslandskorrespondent, für *Spiegel TV* beziehungsweise den *Stern*. In China leitete ich außerdem einige Jahre die Tochterfirma des deutschen Verlagshauses Gruner + Jahr, gründete dessen chinesische Zeitschriften, lernte die Volksrepublik also auch von ihrer wirtschaftlichen Seite kennen. Meine erste Frau war Russin, jetzt bin ich mit einer Chinesin verheiratet, unsere beiden Töchter wachsen zweisprachig auf. Ein Großteil meiner Freundinnen und Freunde sind Chinesen und Russen. Ich habe sogar einen chinesischen Namen, wie alle Ausländer, die in China gelebt haben, ich heiße Jia Jiesi (ausgesprochen Dsja Dsjese).

Dieses Buch richtet sich gegen Naivität. Nach dem Zweiten Weltkrieg schrieb der Schweizer Schriftsteller Max Frisch sein Stück *Biedermann und die Brandstifter*. Darin nimmt der

Haarwasserfabrikant Gottlieb Biedermann aus Gutmütigkeit Hausierer bei sich auf. Sie kündigen ihm nahezu unverblümt an: Wir werden Ihr Haus anzünden. Doch er nimmt sie nicht ernst und denkt, so schlimm werde es schon nicht kommen.

Ähnlich verhielt sich die freie Welt gegenüber den Machthabern in Russland und verhält sich weiter gegenüber den Machthabern in China – unter denen ihre eigenen Völker am meisten zu leiden haben. Dabei machten, wie ich zeigen werde, Lenin, Stalin und Mao, Putin und Xi Jinping nie einen Hehl aus ihrer diktatorischen Politik und ihren weltweiten Ambitionen. Die Herrscher in den Zeiten dazwischen, etwa Breschnew und Deng Xiaoping, äußerten sich etwas zurückhaltender, ohne das große Ziel aus den Augen zu verlieren. Es beruht auf einer Ideologie, die ich hier nicht mehr durchgängig als »Kommunismus« bezeichne, denn das träfe nur noch auf China zu. Ich werde diese Ideologie gelegentlich »Antiimperialismus« nennen, diese Formel vereinigt China und Russland seit Langem. Doch dieser »Antiimperialismus« führt in Wahrheit zu einem neuen Imperialismus, diesen Widerspruch werde ich auflösen.

Was qualifiziert mich zu dieser Analyse, neben der Kenntnis der Länder und Sprachen? Ich habe die gleiche Ausbildung genossen wie Xi Jinping und Wladimir Putin. Als junger Westdeutscher war ich überzeugter und aktiver Kommunist und wurde deshalb von meiner damaligen Partei, der Deutschen Kommunistischen Partei (DKP), für ein Jahr auf eine Kaderschmiede in der DDR entsandt, an die Jugendhochschule Wilhelm Pieck, die höchste Bildungsstätte der Freien Deutschen Jugend. Benannt war sie nach dem ersten Staatsoberhaupt der DDR, Pieck hatte während der Stalinschen Säuberungen in Moskau gelebt. In ihren besten Zeiten waren an der Jugendhochschule 53 Länder vertreten. Dort bildete man mich in unserem damaligen Verständnis zum »Berufsrevolutionär« aus. Mit mir studierten, neben dem politischen Nachwuchs der DDR, Aktivisten von Befreiungsbewegungen aus Afrika wie dem African National Congress (ANC), der in Südafrika gegen die Apartheid kämpfte, Sandinistinnen aus Nicaragua, Widerstandskämpfer gegen die Militärdiktatur in Chile und Mitglieder der Palästinensischen Befreiungsorganisation PLO.

Wir befassten uns mit den Werken von Marx, Engels und Lenin, in denen wir die Grundlage der Wissenschaft von der Gesellschaft sahen. Die Fächer hießen entsprechend »Wissenschaftlicher Kommunismus« (also quasi marxistische Politologie), »Dialektischer und historischer Materialismus« (marxistische Philosophie), »Politische Ökonomie des Kapitalismus und des Sozialismus« (marxistische Wirtschaftslehre) und »Geschichte der internationalen Arbeiterbewegung«. Schon damals war unser Credo »Hört auf die Wissenschaft!«, das gab uns die Gewissheit, unumstößlichen Wahrheiten zu folgen. Natürlich hielten wir die Schlussfolgerungen aus diesen Erkenntnissen für alternativlos – oder wie wir es damals mit einem berühmten Zitat von Friedrich Engels (der sich wiederum auf Hegel berief) lernten: »Freiheit ist die Einsicht in die Notwendigkeit.«[1] Es war eine Wissenschaft mit Haltung. Ziel war nichts weniger als, mit den Worten von Karl Marx, »alle Verhältnisse umzuwerfen, in denen der Mensch ein erniedrigtes, ein geknechtetes, ein verlassenes, ein verächtliches Wesen ist«.[2] Das vom deutschen Kommunisten Louis Fürnberg gedichtete Lied »Die Partei hat immer recht« spiegelt den Geist dieser Bewegung:

Denn wer kämpft für das Recht,
der hat immer recht.
Gegen Lüge und Ausbeuterei.
Wer das Leben beleidigt,
ist dumm oder schlecht.
Wer die Menschheit verteidigt,
hat immer recht.

Bis dahin könnten die Zeilen auch von der selbst ernannten »Letzten Generation« stammen, die nächsten aber zeigen, wohin das führen kann:

So, aus Leninschem Geist,
wächst, von Stalin geschweißt,
die Partei, die Partei, die Partei.

Stalin war in unserer Zeit aus dem Text gestrichen, mittlerweile wird er von Putin und Xi Jinping wieder verehrt. Auch sie sind aufgewachsen mit der Überzeugung: Auf der richtigen Seite zu stehen rechtfertigt jedes Verbrechen. Bertolt Brecht lieferte in seinem Lehrstück *Die Maßnahme* die ultimative Entschuldigung: »Welche Niedrigkeit begingest du nicht, um die Niedrigkeit auszutilgen.«[3] Wir sahen uns in einem weltweiten Kampf gegen rassistische und koloniale Unterdrückung, so wie man das auch aus heutigen Debatten kennt. In der Sowjetunion und in China gab es damals ebenfalls solche Schulen für Gleichgesinnte aus anderen Ländern der Erde. Das gemeinsame Ziel hieß: Weltrevolution. Damals wie heute geht es also um die Weltherrschaft der »Guten«, der »Antiimperialisten«. Und da »das Wohl des Menschen« nach marxistisch-leninistischer Lehre nur durch eine Diktatur der Partei zu erreichen ist, lässt sich hier getrost von einer Weltdiktatur als dem Endziel sprechen.

Wie das so ist, wenn man glaubt, die absolute Wahrheit zu verkünden, gab es Streit darüber, wer diese Wahrheit für sich gepachtet hatte. Eines Tages hörten wir an der Jugendhochschule einen Alarm: An der Pforte des gut bewachten Geländes stünden Chinesen. Damals lag China im Streit mit der Sowjetunion, dem Schutzpatron der DDR. Worum es dabei ging, werde ich in einem Kapitel dieses Buches darstellen. Die Panik an der Jugendhochschule aber war umsonst: Bei den Besuchern handelte es sich in Wirklichkeit um Vietnamesen, also enge Verbündete der DDR.

Putin trat während seines Studiums Anfang der 1970er-Jahre der Kommunistischen Partei der Sowjetunion bei und gehörte ihr bis zu ihrer Auflösung 1991 an. Damit hat er an den gleichen Parteischulungen teilgenommen wie ich. Viele Jahre später, 2016, bekannte er: »Ich war nicht Parteimitglied, weil ich es musste. Ich mochte kommunistische und sozialistische Ideen sehr, und ich mag sie noch heute.«[4] Xi Jinping hat ein postgraduales Studium der marxistischen Philosophie und ideologischen Erziehung abgeschlossen. Seine Reden heute gleichen manchmal bis auf den Wortlaut dem, was wir damals gebüffelt haben. Noch immer glauben manche in Europa, China sei ganz anders als Russland oder die Sowjetunion, viel geschäftsorientierter. Jedes Land hat seine Besonderheiten, klar. Doch die Tendenz geht in beiden Ländern in die gleiche Richtung.

Im März 2024 besuche ich wieder einmal meinen früheren Wohnort Shanghai. Ich erkenne die einst so dynamische und weltoffene Stadt nicht wieder. Der internationale Flughafen Pudong ist verwaist, dabei wurde er am 1. Oktober 1999 als Prestigeobjekt zum 50. Gründungstag der Volksrepublik China eingeweiht. Im Vergleich zu früher leer sind auch die Einkaufspromenaden und Shoppingmalls. Xis Rückkehr zur kommunistischen Ideologie hat der Wirtschaft ebenso zugesetzt wie der extreme Lockdowns während Corona, bei dem er die Menschen monatelang in ihren Wohnungen einsperren ließ. Auch auf dem Renmin Guangchang, dem »Platz des Volkes« im Herzen der Stadt, ist kein Volk mehr. In den Fußgängerzonen steht alle hundert Meter ein Polizist, oft auch ein rot-blau blinkender Polizeiwagen oder gleich ein ganzer Mannschaftsbus. Überall sind Überwachungskameras angebracht, manchmal fünf an einer Stelle, damit kein Blickwinkel unbeobachtet bleibt.

Die einst so redseligen Taxifahrer schweigen während der Fahrt oder antworten auf harmlose Fragen zur Politik und Wirtschaft: »Über die Entscheidungen der zentralen Führung dürfen wir nicht sprechen.« Ein Reiseführer ist mir gegenüber gesprächiger. »Polizei, Polizei, überall Polizei«, schimpft er. »Selbst wenn sie gar nichts tun – so wird ein Klima der Angst geschaffen.« Die Partei fürchte jegliche Ansammlung von Menschen. Mittlerweile sei sogar das besonders bei Alten beliebte Schattenboxen an vielen Orten verboten. »Kürzlich ging ich mit einer Reisegruppe auf den Platz des Volkes, da stoppte uns die Polizei. Dies sei eine Demonstration! Und das nur, weil ich ein Fähnchen trug, damit die Touristen mich sehen konnten.«

Wir unterhalten uns über die Zukunft. Wie er meine auch ich: Europa ist übersättigt, die Gewichte der Welt verschieben sich nach Asien, egal unter welchem System. »Ich wünsche mir, dass China das führende Land der Erde wird«, sagt der mutige Mann, dessen Namen ich hier nicht nennen möchte, um ihn nicht zu gefährden. »Aber wenn das ein China unter Xi Jinping ist, dann wird das für die Welt eine Katastrophe.«

Man hört viele Mythen über das chinesisch-russische Verhältnis. Das heutige Bündnis sei rein taktischer Natur, keine Liebesheirat. Klar, um Liebe geht es in der Politik nie, und schon gar nicht zwischen Ländern, sondern um Macht und Interessen, das ist eine Binsenweisheit. Doch der »neue Ostblock«, wenn man das geografisch einordnen will, hat tiefe ideologische Wurzeln und eine lange gemeinsame Geschichte, die ich hier erzählen möchte.

Umsturz im Auftrag des deutschen Kaisers[5]

Der Feind meines Feindes ist mein Freund. Das dachten sich die US-Amerikaner, als sie in den 1980er-Jahren im Kampf gegen die Sowjets die afghanischen Mudschahedin (abgeleitet von Dschihad, »Heiliger Krieg«!) unterstützten. Aus einigen von ihnen wurde später Al-Qaida. Heutzutage will der Westen immer noch den brutalen syrischen Diktator Assad loswerden – der Kampf gegen ihn trug aber zumindest indirekt dazu bei, dass sich der sogenannte Islamische Staat in Teilen Syriens ausbreiten konnte. Das Bündnis mit dem Feind des Feindes wird also leicht zum Bumerang, wie diese Beispiele zeigen. Noch aber sind sie nur Fußnoten der Geschichte im Vergleich zu dem, was am frühen Nachmittag des 7. Januars 1915 seinen Ausgang nahm, gut fünf Monate nach dem Beginn des Ersten Weltkriegs.

Ein beleibter Mittvierziger, gut gekleidet, gepflegter Bart, Handschuhe und Zylinder, fährt vor der Kaiserlichen Deutschen Botschaft in Konstantinopel vor. Es handelt sich um den russischen Revolutionär Helphand, der unter seinem Kampfnamen Parvus bekannt ist. Drinnen empfängt ihn Botschafter Konrad Freiherr von Wangenheim. Der in Konstantinopel ansässige deutsche Agent Max Zimmer hat das Treffen eingefädelt. Mit großen Posen und in gewandter Rede unterbreitet Parvus dem Botschafter einen Plan: Die Kaiserliche Regierung müsse sich mit den russischen Revolutionären verbünden, »preußische Bajonette und russische Proletarierfäuste«, wie er sich ausdrückt, sollten sich vereinen. Nur so lasse sich der Zar, Deutschlands Kriegsgegner im Osten, besiegen. Er habe dafür bereits ein Aktionsprogramm entworfen, sagt Parvus: »Die Interessen der deutschen Regierung sind mit denen der russischen Revolutionäre identisch.« Am nächsten Tag kabelt der Botschafter ans Auswärtige Amt, spricht von einer »durchaus deutschfreundlichen Haltung« seines ungewöhnlichen Gastes und endet: »Bitte Dr. Parvus in Berlin empfangen.«

Der Russe war 1891 als Flüchtling nach Deutschland gekommen und hatte als Journalist bei sozialdemokratischen Blättern gearbeitet. Als die sächsische Regierung ihn 1898 aus Dresden ausweist, zieht er nach München. Dort lernt er einen anderen russischen Emigranten kennen, einen gewissen Wladimir Iljitsch Uljanow. Beide wohnen im Stadtteil

Schwabing. Sie gründen die Zeitschrift *Iskra*, russisch für »Der Funke«, die in Deutschland gedruckt und dann ins Zarenreich geschmuggelt wird. Uljanow nutzt in München die Decknamen Iordan K. Iordanov und Mayer. Wie Parvus schreibt er außerdem unter einem Pseudonym, unter dem er später bekannt wird: Lenin.

Zunächst drucken sie die Zeitung in einer Parteidruckerei in Leipzig, dann in Parvus' Wohnung in der Ungererstraße 80. Die Handpresse verfügt über eine besondere Funktion: Die fertigen Matrizen lassen sich mit einem Knopfdruck zerstören – eine Vorsichtsmaßnahme für den Fall einer Hausdurchsuchung. Die Schwabinger Wohnung wird zu einem Treffpunkt der Genossen. Dort bringt Parvus Lenin mit Rosa Luxemburg zusammen und nimmt 1904 einen jüngeren russischen Revolutionär auf, Lew Davidowitsch Bronstein. Auch er nutzt einen Kampfnamen: Leo Trotzki.

Bald finden sie Gelegenheit, ihre revolutionären Theorien in die Praxis umzusetzen. Am 22. Januar 1905, einem Sonntag, ziehen 100000 Arbeiter zum Winterpalais des Zaren in Sankt Petersburg, bitten um eine Verbesserung ihrer Lebensbedingungen. Sie tragen keine roten Fahnen, sondern Ikonen und Bilder von Zar Nikolaus II. Sie singen nicht die *Internationale*, sondern religiöse und patriotische Lieder. Trotzdem schießen Kosaken auf sie, den Befehl erteilt Großfürst Wladimir, der Onkel des Zaren. Nach unterschiedlichen Schätzungen sterben 200 bis 1500 Arbeiter. Dieser Tag geht als »Blutsonntag« in die russische Geschichte ein, löst Generalstreik und Revolution aus.

Gespalten in untereinander zerstrittene linke Kleingruppen, sind die russischen Emigranten im Ausland von den Nachrichten überrascht. Spontan entscheiden sich viele von ihnen für die Rückkehr nach Russland, wollen sich an die Spitze des Aufstands stellen. Trotzki erfährt in Genf davon, wählt den Weg über München, um dort mit Parvus zu sprechen, der sich selbst dann mit einem gefälschten Pass nach Sankt Petersburg durchschlägt. Er und Trotzki gehören zu den ersten Emigranten, die zurückkehren. Mit ihrem politischen Geschick und rhetorischen Talent gelangen sie bald an die Spitze der Bewegung. Die Arbeiter bilden Räte, auf Russisch *Sowjets* – 1905 ist die Generalprobe für die erfolgreiche Revolution 1917. Damals heißt es: »Trotzki spielte im ersten Sowjet der Arbeiterdeputierten die erste Geige – und Parvus schrieb die Noten dazu.«

Doch die Erhebung wird niedergeschlagen, die zaristische Polizei verhaftet zuerst Trotzki, dann auch Parvus. In der Haft treffen sie sich wieder, sie umarmen und küssen sich. Rosa Luxemburg kommt aus Deutschland angereist und besucht die beiden im Gefängnis. Sie dürfen sogar fremdsprachige Zeitungen lesen. Doch dann verbannt der russische Innenminister Parvus für drei Jahre nach Sibirien. In einem Gnadengesuch an den Minister spricht der Revolutionär die Furcht aus, die Verbannung könne zu seinem »vorzeitigen Tod« führen. Nach eigener Diagnose leidet der jetzt 39-Jährige an »chronischer Atonie der Nieren mit Magen-Darmkatarrh«. Statt der Verbannung solle man ihm lieber eine Kur »mit den heilenden Mineralwässern in Karlsbad« gewähren.

Aber Parvus muss den beschwerlichen Gefangenentransport mitmachen, der ihn mehrere Wochen lang in Zügen, Fuhrwerken und Booten nach Sibirien bringt. Einige der Gefangenen haben Flaschen mit 95-prozentigem Alkohol bei sich, um die Qualen leichter zu ertragen. Parvus überzeugt sie, dass es besser ist, die Flaschen den Bewachern zu schenken und, wenn diese betrunken sind, die Flucht zu versuchen. Bald torkeln die Wächter. Beim Besteigen eines Boots nutzt Parvus das Durcheinander aus an Bord drängenden Passagieren, Strafgefangenen, Bauern und Händlern zur Flucht. Er kleidet sich zur Tarnung wie ein Muschik, ein einfacher russischer Bauer, trägt gegürteten Kaftan, Hosen und Stiefel. Im Zug zurück nach Sankt Petersburg nimmt er die letzte Klasse, isst und trinkt mit den mitreisenden Bauern und spielt mit ihnen Karten. Doch die Flöhe führen ihm zu Bewusstsein, dass es leicht ist, einen Muschik zu spielen, aber wesentlich schwerer, mit anderen Muschiks zu leben. In der nächsten Stadt wechselt er die Kleider und sieht jetzt wie ein vornehmer Herr aus.

Er schwört dem armen asketischen Leben ab, die neue Philosophie des Kommunisten Parvus lautet: Nur mit Geld lässt sich die Welt verändern. In Konstantinopel baut er mit großem Erfolg ein Firmenimperium auf, das mit Getreide und Waffen ebenso handelt wie mit Holz und Eisen. Sogar Banken gehören ihm. Rosa Luxemburg und andere seiner Freunde und Genossen sind entsetzt. Trotzki schreibt einen »Nachruf auf einen lebenden Freund«. Einige Genossen spotten, Parvus sei nur in die osmanische Metropole gezogen, um »die Polygamie an bester Quelle zu studieren«.

Doch als 1914 der Erste Weltkrieg beginnt, ist seine Stunde gekommen. Das Treffen mit dem deutschen Botschafter in Konstantinopel macht den Anfang. Im Februar 1915 reist Parvus nach Berlin. Wie vom Botschafter vermittelt, besucht er das Auswärtige Amt in der Wilhelmstraße, wo ihn Staatssekretär Gottlieb von Jagow empfängt. Auch Max Zimmer, der Agent, ist wieder dabei. Parvus erläutert seine Idee von einem Generalstreik in Russland, der den Zaren in die Knie zwingen werde. Um Aufrufe dafür zu verbreiten, benötige er deutsches Geld. Auch solle Deutschland nationale Unabhängigkeitsbewegungen in den russischen Provinzen unterstützen. Der Staatssekretär unterbricht den hitzigen Vortrag: Parvus solle seine Vorstellungen erst einmal zu Papier bringen, dann werde man weitersehen.

Innerhalb weniger Tage entwirft Parvus seinen Plan für die Russische Revolution, ein mit der Maschine geschriebenes Papier von 23 Seiten. Wichtige Punkte sind:

- »Ein politischer Massenstreik in Russland unter der Losung: Freiheit und Frieden«
- »Dieses Werk kann nur unter der Leitung der russischen Sozialdemokratie zustande kommen. Der radikale Teil der letzteren ist bereits in Aktion getreten.«
- »Aufstand der Schwarzmeerflotte«
- »Petroleumdepots in Brand setzen«
- »Eine besondere Beachtung ist Sibirien zu widmen. Man kennt es in Europa nur als Land der Verbannung. Es lebt aber längs der großen sibirischen Tracen, an der Eisenbahn und den Flüssen ein starker Bauernstand, von stolzem und unabhängigem Sinn.«
- »Zugleich müsste man Vorsorge treffen, um die politischen Deportierten (in Sibirien) nach dem europäischen Russland entkommen zu lassen. Dies ist eine reine Geldfrage. Man kann auf diese Weise mehrere Tausend der tüchtigsten Agitatoren, die große Verbindungen besitzen und eine schrankenlose Autorität genießen, nach den oben genannten Agitationszentren und nach Petersburg dirigieren.«
- »Broschüren in russischer Sprache können in der Schweiz herausgegeben werden.«
- »Es ist der Abfall des Kaukasus möglich ... Die Bevölkerung dort würde gewiss eine muselmanische Regierung vorziehen.«
- »Sturz der (russischen) Regierung und rascher Friedensschluss«
- »Technische Voraussetzungen zu einem Aufstand in Russland: a) Beschaffung genauer Karten russischer Eisenbahnen und Bezeichnung der wichtigsten Brücken, deren Zerstörung notwendig ist, um den Verkehr lahmzulegen ... b) Genaue Angabe der Menge von Sprengstoffen, die zur Erreichung des Zieles in jedem einzelnen Fall notwendig ist ... c) Klare und populäre Anweisung über die Handhabung der Sprengstoffe bei Brückensprengungen,

Sprengung von großen Gebäuden. d) Einfache Rezepte zur Zubereitung von Sprengstoffen.«

- »Finanzielle Unterstützung der sozialdemokratischen Majoritätsfraktion, die den Kampf gegen die zaristische Regierung mit allen Mitteln fortführt. Die Führer sind in der Schweiz aufzusuchen.«

Mit der sozialdemokratischen Majoritätsfraktion meint er die Bolschewiki, die spätere Kommunistische Partei der Sowjetunion. Und mit deren Führern vor allem einen: den zu dieser Zeit in der Schweiz lebenden Lenin. Anders als Parvus hat dieser übrigens den Ersten Weltkrieg nicht vorausgesehen. Noch 1913 schrieb er: »Ein Krieg zwischen Österreich und Russland wäre für die Revolution (in ganz Osteuropa) sehr nützlich, aber es ist kaum anzunehmen, dass uns Franz Joseph und unser Freund Nikolaus dieses Vergnügen bereiten.«

Einen guten Monat nach Eingang des Parvus-Plans hat der Staatssekretär dessen Vorschläge geprüft und telegrafiert an das Reichsschatzamt: »Zur Unterstützung der revolutionären Propaganda in Russland werden hier zwei Millionen Mark benötigt.« Alles in allem wird das deutsche Kaiserreich in den kommenden Jahren eine Milliarde Mark in den Sieg der kommunistischen Revolution investieren. Ziel: das Ausscheiden Russlands aus dem Krieg und damit aus der antideutschen Front. Mittelsmann im Auftrag des Kaisers ist Parvus selbst. Seine einstige Mentorin, die linke Ikone Clara Zetkin, nennt ihn einen »Zuhälter des Imperialismus«.

Ein anderer Revolutionär hat da weniger Berührungsängste. Ende Mai 1915 reist Parvus zu seinem alten Kampfgenossen Lenin, der damals in der Berner Länggasse lebt. Seine bescheidene Wohnung besteht nur aus einem Raum mit Küche. Es riecht nach Kohlsuppe. Hier reden sie über eine Revolution in Russland. Nach außen aber wahrt Lenin

Distanz zu dem in linken Kreisen mittlerweile umstrittenen Geschäftsmann. Die österreichische Slawistin Elisabeth Heresch schreibt in ihrem Buch *Geheimakte Parvus*: »Wie Parvus seinen Reichtum zur Schau stellt, wirkt auf seine Landsleute provokant. Alles spricht davon, dass er im Zürcher Nobelhotel Baur au Lac angeblich bereits zum Frühstück eine Flasche Champagner leere und dabei von einem Harem molliger, attraktiver Blondinen umgeben sei.«[6] Das Geld von Parvus nimmt Lenin aber gerne.

Parvus zieht von Konstantinopel nach Kopenhagen, residiert jetzt in einer pompösen dreigeschossigen Villa in der vornehmen Vodroffsvej-Straße. Wegen der Nähe zu Russland betreibt er seine Geschäfte nun von hier, außerdem leitet er ein 18-köpfiges Agentennetz, getarnt als »Institut zur Erforschung der sozialen Folgen des Krieges«. Sein Geschäftssinn ist ebenso gut wie sein Geschick als Agent und Revolutionär. Er handelt mit allen Seiten, ist der Prototyp des Kriegsgewinnlers: Baumwolle aus der Türkei verschiebt er nach Russland, wo sie den nicht mehr enden wollenden Bedarf an Uniformen deckt. Er verkauft kriegswichtige Metalle wie Kupfer, Zinn und Aluminium. Von Kautschuk und Kaviar bis zu Kognak und Kondomen hat er alles im Angebot.

Im Juli 1915 wird Parvus von Graf Ulrich von Brockdorff-Rantzau empfangen, dem deutschen Botschafter in Kopenhagen (in der Weimarer Republik wird er deutscher Außenminister werden). Dieser ist jetzt der Verbindungsmann zwischen Parvus und der deutschen Regierung. Parvus berichtet ihm von seinen Plänen zum Sturz des Zaren. Der Diplomat aus altem Adel, der nie ohne Siegelring erscheint, ist ganz anders als dieser Revolutionär und Lebemann, respektiert ihn aber für seine Klugheit und Verbindungen, hält ihn im Interesse Deutschlands für wichtig. Nach dem Gespräch schreibt der Graf an den deutschen Reichskanzler Theobald von Bethmann Hollweg: »Der Sieg und als Preis der erste Platz in der Welt ist unser, wenn es gelingt, Russland rechtzeitig zu revolutionieren und dadurch die Koalition zu sprengen.« Und fügt über Parvus alias Helphand persönlich hinzu: »Dass Dr. Helphand weder ein Heiliger noch ein bequemer Geist ist, steht fest; er glaubt aber an seine Mission und hat eine Probe seiner Befähigung während der Revolution nach dem Russisch-Japanischen Krieg abgelegt.«

Parvus möchte vom Reichskanzler empfangen werden, doch wird dies abgelehnt. »Leute wie Parvus sollten nicht zu den obersten Stellen vorgelassen werden«, heißt es in Berlin. Doch vom 16. bis zum 20. Dezember 1915 besucht er dort erneut das Auswärtige Amt und diesmal zusätzlich das Reichsschatzamt. Staatssekretär Karl Helfferich sagt ihm eine weitere Million zu – diesmal in Rubel. Der ist damals doppelt so viel wert wie der US-Dollar. Wenige Tage später erhält Parvus das Geld in bar und quittiert handschriftlich, »am 29. Dezember 1915 eine Million Rubel in Banknoten zur Förderung der revolutionären Bewegung in Russland von der deutschen Gesandtschaft in Kopenhagen erhalten« zu haben. Lenins Vertrauter und Geldbeschaffer Jakob Fürstenberg, später Leiter der sowjetischen Notenbank, wird kaufmännischer Direktor in der Kopenhagener Import- und Exportfirma von Parvus. Die deutsche Kriegskasse finanziert über ihn den Druck der bolschewistischen Parteizeitung *Prawda*, um die sich die Revolutionäre scharen. Aus Deutschland werden der Firma Scheinkredite gewährt, die nie zurückzuzahlen sind. Das Geld fließt an die russischen Bolschewiki. Als Lenin sich darum sorgt, das könne bekannt und gegen ihn ausgeschlachtet werden, beruhigt Parvus ihn: »Glauben Sie meiner Erfahrung, Wladimir Iljitsch, bei großen Dingen wird man nie ertappt. Nur kleine Fische gehen ins Netz.«

Wie Moskau die chinesische Revolution entfachte (1917-1949)

Lenins *Der Imperialismus als höchstes Stadium des Kapitalismus* - ein Buch mit revolutionärer Sprengkraft

Man muss nicht wie ich in Basel geboren sein, um zu wissen: Die Schweiz steht für vieles, aber nicht unbedingt für den Kommunismus. Und doch stammt das Konzept einer proletarischen Weltrevolution aus der Spiegelgasse in Zürich. Sie ist nur 160 Meter lang und an manchen Stellen so schmal, dass gerade mal drei Personen nebeneinander über den Pflasterstein gehen können. Gesäumt wird sie von Gebäuden aus dem Mittelalter, wie man es aus europäischen Städten kennt, die von den Kriegen des letzten Jahrhunderts verschont blieben, etwa Stockholm und eben Zürich. Am Haus mit der Nummer 14 hängt eine Gedenktafel: »Hier wohnte vom 21. Februar 1916 bis 2. April 1917 Lenin, der Führer der russischen Revolution.« Allerdings ist Lenin damals noch kein Führer, sondern ein mittelloser Flüchtling aus dem zaristischen Russland, der ständig den Wohnort wechseln muss und jetzt von Bern nach Zürich umgezogen ist. Zusammen mit seiner Ehefrau Nadeschda Krupskaja lebt er im Haus »Zum Jakobsbrunnen« als Untermieter in einem Zimmer, das zur Wohnung des Schuhmachers Titus Kammerer gehört. Oft scheint die Sonne hinein, die Fenster sind nach Süden ausgerichtet. Doch das russische Pärchen öffnet sie nicht, denn es stinkt aus der Wurstfabrik im Hinterhof.

Lenin verbringt deshalb die meiste Zeit in der Wasserkirche, wo die Stadtbibliothek untergebracht ist, die damals gerade mit der Kantonsbibliothek zur Zentralbibliothek zusammengelegt wird. Dort schreibt er an einem Buch, mit dem er »raus aus dem kleinbürgerlichen bürokratischen Käfig« kommen will. Er verspricht sich von seinem neuen Werk, »die revolutionär gesinnte Jugend aus verschiedenen Ländern« zu gewinnen. Der Titel: *Der Imperialismus als höchstes Stadium des Kapitalismus*. Doch zunächst einmal beklagt er sich über die schlechten Arbeitsbedingungen: Literatur aus Frankreich, England und Russland sei in der Schweiz nur schwer zu bekommen.[1]

»Der Kapitalismus ist zu einem Weltsystem kolonialer Unterdrückung und finanzieller Erdrosselung der übergroßen Mehrheit der Bevölkerung der Erde durch eine Handvoll ›fortgeschrittener‹ Länder geworden«, pinselt er auf sein Blatt. »Und diese ›Beute‹ teilen sich zwei, drei weltbeherrschende, bis an die Zähne bewaffnete Räuber (Amerika, England, Japan), die die ganze Welt in ihren Krieg um die Teilung ihrer Beute mit hineinreißen.«[2]

Wladimir Iljitsch Uljanow alias Lenin hat sich von einem braven Jungen in einen wütenden Mann verwandelt. Einst verehrte er seinen vier Jahre älteren Bruder Alexander, der an der Universität von Sankt Petersburg für Biologie eingeschrieben war. Als herausragender Student gewann er eine Goldmedaille für seine zoologischen Studien über Würmer. Bekannt machten ihn allerdings nicht diese Würmer, sondern die Tatsache, dass er das Gold verpfändete, um sich davon Dynamit zu kaufen. Mit einigen Freunden plante er ein Attentat auf Zar Alexander III. Das flog allerdings auf, der 21-Jährige wurde zum Tod verurteilt und starb am Galgen.

Der Verlust traumatisierte seinen jüngeren Bruder. Beide waren in einem bildungsbürgerlichen, liberalen und weltoffenen Haushalt aufgewachsen. Doch von bürgerlicher Moral wollte Wladimir jetzt nichts mehr wissen: »Wir glauben nicht an eine ewige Moral und entlarven alle Märchen über die Moral als Betrug.« Einst liebte er die »Appassionata«, die Klaviersonate Nr. 23 von Beethoven, vorgetragen auf dem Klavier. Jetzt nörgelte er: »Sie geht einem auf die Nerven und verleitet einen dazu, dumme, freundliche Sachen zu sagen, und Menschen, die etwas so Schönes zu schaffen vermochten, während sie in dieser widerwärtigen Hölle lebten, den Kopf zu streicheln. Man darf nämlich niemandem den Kopf streicheln, es könnte einem dabei die Hand abgebissen werden. Man muss ihnen erbarmungslos auf den Kopf schlagen, obwohl es unser Ideal ist, gegen niemanden Gewalt anzuwenden.«[3]

So wurde Lenin selbst zum Revolutionär. Doch jetzt, als er in Zürich vor sich hinschreibt, geht es längst nicht mehr nur um Russland und den Zaren, sondern um die ganze Welt. China interessiert ihn besonders. Er verweist auf die »außerordentlich hohe Bevölkerungsdichte« und sagt voraus: »China hat man erst zu teilen begonnen, und der Kampf um China zwischen Japan, den Vereinigten Staaten usw. verschärft sich immer mehr.«[4] Deshalb warnt er vor einem »Bündnis aller Mächte zur ›Befriedung‹ Chinas (man denke an die Niederwerfung des Boxeraufstands)«.[5] An anderer Stelle heißt es in seinem Buch: »Man nehme Indien, Indochina und China. Bekanntlich werden diese drei kolonialen und halbkolonialen Länder mit einer Bevölkerung von 600–700 Millionen Menschen vom Finanzkapital einiger imperialistischer Mächte – Englands, Frankreichs, Japans, der Vereinigten Staaten usw. – ausgebeutet.«[6] Er sieht eine ganz neue Etappe in der Geschichte der Menschheit heranreifen: »Monopole, Oligarchie, das Streben nach Herrschaft statt nach Freiheit, die Ausbeutung einer immer größeren Anzahl kleiner oder schwacher Nationen durch ganz wenige reiche oder mächtige Nationen – all das erzeugte jene Merkmale des Imperialismus, die uns veranlassen, ihn als parasitären oder in Fäulnis begriffenen Kapitalismus zu kennzeichnen.«[7] Die gute Nachricht aus Lenins Sicht: Es sei ein »sterbender Kapitalismus«.[8] Und deshalb werde »der Imperialismus der Vorabend der sozialistischen Revolution«.[9]

Etwas Ablenkung findet Lenin abends im Cabaret Voltaire, der Geburtsstätte der künstlerischen Bewegung des Dadaismus. Praktisch: Das Kleintheater liegt nur wenige Haustüren von seinem Zimmer entfernt, ebenfalls in der Spiegelgasse. Die Geheimpolizei beobachtet diese russischen Revolutionäre, nimmt sie aber nicht besonders ernst. Im Nachbarland treffen sie sich in Wien im Café Central, hier etwa Lew Davidowitsch Bronstein, der sich selbst ja Trotzki nennt. »Wer hätte das voraussehen können?«, heute ein geflügelter Satz, galt schon damals. Als später die ersten Nachrichten von der russischen Oktoberrevolution eintreffen, hält ein österreichischer Staatsbeamter das für eine Falschmeldung: »Wer soll denn diese Revolution machen? Vielleicht der Herr Trotzki aus dem Café Central?«[10]

Die Kommunisten im damaligen Europa waren ein bisschen so wie die Christen im alten Rom: eine entschlossene, fanatische Gruppe, aber weit von der Macht entfernt. Den Christen half Kaiser Konstantin der Große: Er war zwar kein Gläubiger, suchte aber nach einer ideologischen Rechtfertigung dafür, warum Rom so viele Gebiete unter seiner Kontrolle hielt. Was konnte es da Besseres geben als eine Religion mit weltweitem Anspruch, die man verbreitete? Deshalb ließ Konstantin auf dem vermuteten Grab des Apostels Petrus den Vorgängerbau des heutigen Petersdoms errichten und machte das Christentum so salonfähig. Den Kommunisten half ein anderer Kaiser: Wilhelm II.

Im Jahr 1917 ist es so weit: Die Unzufriedenheit mit der Not und dem Krieg in Russland wird immer größer. Am 23. Februar (nach dem alten russischen Kalender) streiken

87 000 Arbeiter, am Tag darauf 97 000, bald sind es 240 000. Sie gehen auf die Straße, rufen: »Brot! Frieden! Nieder mit der Regierung!« Ganz wie von Parvus in seinem Plan aufgeschrieben: »Ein politischer Massenstreik in Russland unter der Losung: Freiheit und Frieden«. Eliteeinheiten sollen die Unruhen niederschlagen, doch sie verbrüdern sich mit den Aufständischen. Der Zar, der sich außerhalb der Hauptstadt befindet, schickt ein Telegramm: »Es ist zu spät. Jetzt bleibt nur mehr die Abdankung.« Die Februarrevolution hat gesiegt.

Doch für Deutschland reicht das nicht aus, denn auch die neue Regierung setzt den Krieg fort. Jetzt unterstützt das Kaiserreich erst recht Lenins Bolschewiki, die den Krieg sofort beenden wollen. Am 2. März 1917 erhält die Vertretung der Deutschen Reichsbank in Stockholm Anweisung Nr. 7443 aus ihrer Zentrale: »Hiermit wird Ihnen mitgeteilt, dass Sie aus Finnland Anfragen für Auszahlungen für pazifistische Propaganda in Russland erhalten werden. Die Anfragen werden von einer der folgenden Personen an Sie gestellt: Lenin, Sinowjew, Kamenjew, Trotzki, Sumenson, Koslowski, Kollontai, Sievers oder Merkalin.« Das klingt wie ein Who's who der russischen kommunistischen Bewegung. Doch das Problem der deutschen Regierung ist das Problem der Revolutionäre: Ihr Anführer Lenin lebt weit von den Ereignissen entfernt, in der Spiegelgasse in Zürich, »eingepfropft wie in einer Flasche«, so Parvus.

Botschafter Brockdorff-Rantzau telegrafiert an das Auswärtige Amt in Berlin, ganz im Sinne seines Gesprächspartners Parvus alias Helphand: »Uns muss allein daran liegen, die Anarchie und das Chaos dort so anwachsen zu lassen, dass Russland für den Krieg nicht mehr in Betracht kommt ... Hatte Gelegenheit, den in russische Verhältnisse tief eingeweihten Dr. Helphand ausführlich zu sprechen, der gerade jetzt an der Arbeit ist, uns durch eine zielbewusste Aktion in Russland sehr große Dienste zu leisten.« Die »zielbewusste Aktion«: Parvus schlägt seinen deutschen Gesprächspartnern vor, Lenin in einem Eisenbahnwaggon von der Schweiz nach Russland zu bringen. Dort werde er dann eine bolschewistische Revolution anführen und den Krieg gegen Deutschland stoppen. General Erich Ludendorff, nach Generalfeldmarschall von Hindenburg zweiter Mann der Obersten Heeresleitung, erklärt, eine Durchfahrt Lenins könne Deutschland große Kriegsvorteile bringen. Kaiser Wilhelm II. stimmt zu, wirkt aber etwas naiv. So sagt er, man solle Lenin und seinen Genossen die kaiserliche Osterbotschaft überreichen, »damit sie in ihrer Heimat aufklärend wirken«.

Als Lenin von der Durchfahrtgenehmigung hört, meint er: »Wenn die deutschen Kapitalisten so dumm sind, uns nach Russland zu bringen, schaufeln sie damit ihr eigenes Grab. Ich nehme das Angebot an – ich fahre.« Das Zusammenspiel von Kaiser und Kommunisten soll geheim bleiben, doch die Information sickert durch. Als Lenin und 31 weitere russische Emigranten am 9. April 1917 in Zürich den von Deutschland bereitgestellten Sonderzug besteigen, rufen demonstrierende Russen: »Provokateure, Lumpen, Schweine!« und »Verräter! Wilhelm bezahlt euch die Reise!« Sie blockieren die Gleise, es scheint, als könnten sie die Ausfahrt des Zuges verhindern und den Plan von Parvus vereiteln. Doch dann werden sie von prokommunistischen Demonstranten verdrängt. Diese singen die *Internationale*, der Zug fährt ab.

Ein Triumphzug. In Deutschland hat Lenin Vorfahrt, sogar gegenüber dem Sonderzug von Friedrich Wilhelm, dem 34-jährigen Kronprinzen des Deutschen Reichs und Preußens, der im Bahnhof Halle zwei Stunden warten muss. Die Reisenden im Zug aus Zürich singen französische Revolutionslieder, was Lenin schließlich verbietet, um Konflikte mit den Deutschen zu vermeiden. Und bereits jetzt führt er die Planwirtschaft ein: Da immer wieder Raucher die Toilette besetzen, schneidet er Bezugskarten zu. Nur mit dieser Karte darf man auf den Abort.

Zunächst geht also alles seinen Gang in diesem Sonderzug in den Sozialismus. Doch dann passiert etwas Ungeplantes: In Berlin bleibt er auf einem Abstellgleis stehen, fast 24 Stunden lang. Sind Parvus und Lenin auf einen Trick der kaiserlichen Geheimpolizei hereingefallen? Werden die Kommunisten jetzt verhaftet? Vertreter der deutschen Reichsregierung betreten den Zug – und erlauben die Weiterfahrt.

Auch russische, englische und französische Geheimagenten beobachten Lenin und Parvus. Die englische Regierung warnt in einem Telegramm Russlands neue Provisorische Regierung vor der Ankunft Lenins, doch diese reagiert gelassen. Der russische Außenminister Pawel Miljukow schreibt in seinem Antworttelegramm: »Wenn bekannt wird, mit wessen Hilfe sie kommen, werden sie so diskreditiert sein, dass sie keine Gefahr mehr darstellen.«

Schließlich trifft Lenin in seinem Sonderzug auf dem Bahnhof der damaligen russischen Hauptstadt Petrograd ein, so der Name von Sankt Petersburg ab 1914, da es wegen des Krieges gegen die Deutschen umbenannt wurde (weitere Male dann 1924 in Leningrad und 1991 wieder in Sankt Petersburg). Begeisterte Anhänger begrüßen ihn, singen die *Internationale.* Arbeiter und Soldaten mit roten Fahnen bilden ein Spalier, eine Musikkapelle spielt auf, und Lenin hält eine Rede: »Nieder mit der Provisorischen Regierung! Alle Macht den Sowjets! Frieden sofort!« Deutschlands Oberste Heeresleitung kabelt an das Auswärtige Amt: »Lenins Eintritt in Russland geglückt. Er arbeitet völlig nach Wunsch.«

Die russische Regierung will ihn verhaften lassen, aber Lenin wird von einem Freund mit Kontakten zum Justizministerium gewarnt. Er versucht zu flüchten, doch überall wimmelt es von Polizisten. Fast wird er entdeckt, im letzten Moment gelingt es ihm jedoch, in der Menge unterzutauchen und in einem Hauseingang zu verschwinden. Er rasiert sich den Bart ab, verkleidet sich als Bauer und flüchtet nach Finnland. Der Parvus-Plan scheint gescheitert.

In seinem Versteck in Finnland erhält Lenin den Bericht eines Kuriers, Österreich habe Russland und den Westmächten insgeheim einen Separatfrieden angeboten. Er ist schockiert. Denn damit wäre der Krieg zu Ende – und die Bolschewiki ihrer populärsten Losung beraubt: »Frieden sofort!« Im Gespräch mit Kampfgenossen ruft er dazu auf, sofort nach Petrograd zu eilen und gegen die Provisorische Regierung loszuschlagen, bevor sich die Friedensnachrichten verbreiten. Auch er selbst kehrt heimlich nach Petrograd zurück und trifft dort auf Menschen, die für seine Parolen empfänglich sind: enttäuschte russische Soldaten, verletzt, hungernd, sie haben den Krieg satt. Lenin und Trotzki rufen sie zur Meuterei auf, organisieren einen bewaffneten Trupp. Am 7. November 1917, nach damaligem russischem Kalender dem 25. Oktober, feuert der Panzerkreuzer Aurora eine Platzpatrone aus einer Bugkanone – das Signal für den Sturm auf das Winterpalais, den Sitz der Provisorischen Regierung. Die Aufrührer marschieren dorthin und platzen in die Sitzung der Provisorischen Regierung mit den Worten: »Sie sind verhaftet! Ihre Zeit ist um!« Der Putsch, später zur »Großen Sozialistischen Oktoberrevolution« verklärt, war erfolgreich. Bolschewiki mit roten Fahnen feiern den Sieg, und Lenin verkündet das »Dekret für den Frieden«, also die Absicht, aus dem Weltkrieg auszusteigen. Wenige Wochen später löst er die Verfassunggebende Versammlung auf, denn die kommunistischen Bolschewiki haben bei der freien Wahl verloren. Die kurze Periode der Demokratie in Russland ist damit schon wieder zu Ende.

Währenddessen in Berlin: Der Staatssekretär im Auswärtigen Amt, Baron Richard von Kühlmann, schreibt in einem als »streng geheim« eingestuften Telegramm an General Ludendorff: »Die Bolschewiki-Bewegung hätte ohne unsere stetige weitgehende Unterstützung nie den Umfang annehmen können, den sie heute besitzt.« Ludendorff telegrafiert dankend zurück: »Das Auswärtige Amt hat durch die der Minierarbeit der Sektion Politik gewährte Unterstützung, namentlich an reichlichen Geldmitteln, dazu beigetragen, den Erfolg der militärischen Operation an der Ostfront durch die Stärkung zersetzender Elemente zu vertiefen.« Später wird Ludendorff schreiben: »Wir haben eine große Verantwortung auf uns genommen, indem wir Lenin nach Russland brachten, aber es musste sein, damit Russland fällt.«

Der Rest ist Geschichte. Am 17. Juli 1918 erschießen die Bolschewiki Zar Nikolaus II., einen Cousin zweiten Grades des deutschen Kaisers Wilhelm II. Ebenfalls ermordet werden seine Frau Zarin Alexandra und ihre fünf Kinder Anastasia, Alexej, Olga, Tatjana und Maria, der Hausarzt und drei Bedienstete. Auf einer Parteisitzung erklärt Lenin: »Ich werde oft beschuldigt, in der Revolution mithilfe deutschen Geldes gesiegt zu haben. Diese Tatsache habe ich nie geleugnet – noch tue ich das jetzt. Ich will jedoch hinzufügen, dass wir mit russischem Geld eine ähnliche Revolution in Deutschland inszenieren werden.«

Mit dem Sieg der Oktoberrevolution scheint Parvus sein großes Ziel erreicht zu haben – doch er wird bitter enttäuscht. Lenin will ihn nicht als Minister in seiner Regierung, erlaubt ihm nicht einmal die Rückkehr in seine alte Heimat. Er lässt ihm ausrichten: »Die Revolution duldet niemanden, der schmutzige Hände hat.« Über den Terror der Bolschewiki gegen Andersdenkende, der schlimmer als unter dem Zaren ist, zeigt sich Parvus entsetzt. Er beschreibt Lenins von der Geheimpolizei gestützten Staat als »Gewaltregime, das sich nur mit einer bewaffneten Schutzmacht gegen die Mehrheit der Bevölkerung durchsetzen« kann. Vereinsamt stirbt Alexander Parvus am 12. Dezember 1924 in Berlin an einem Schlaganfall – im Alter von nur 57 Jahren.

Lenin, dem er zur Macht verholfen hat, wird derweil immer brutaler, nach dem Motto: Der Zweck heiligt die Mittel. Einige seiner wörtlichen Befehle lauteten:

»Einen von zehn, die sich des Müßiggangs schuldig machen, auf der Stelle erschießen.«

»Können nicht weitere 20000 Petrograder Arbeiter mobilisiert werden, plus 10000 Bourgeois, mit hinter ihnen aufgestellten Maschinengewehren, die ein paar Hundert erschießen?«

»Hunderte von Prostituierten, welche die Soldaten betrunken machen, ehemalige Offiziere und dergl. sind zu erschießen und abzutransportieren.«

»Bieten Sie sämtliche Kräfte auf, um die korrupten Beamten und Spekulanten von Astrachan zu erschießen. Man muss diesem Pack eine derartige Lehre erteilen.«

»Solange wir nicht mit Terror gegen Spekulanten vorgehen, also keine standrechtlichen Erschießungen durchführen, wird nichts dabei herauskommen.«

»Mit Räubern muss man ebenso verfahren und sie auf der Stelle erschießen.«

»Meiner Meinung nach muss man den Einsatz von Erschießungen (als Ersatz für die Verbannungen ins Ausland) verstärken.«

»Bürger, die sich weigern, ihren Namen zu nennen, werden auf der Stelle und ohne Gerichtsverhandlung erschossen ... Familien, die Banditen verstecken, werden verhaftet und verbannt. Der älteste Arbeiter der Familie ist ohne Verfahren sofort zu erschießen. Dieser Befehl ist erbarmungslos auszuführen.«

»Wir werden den Mann fragen: ›Wie stellst du dich zur Revolution? Bist du dafür, oder bist du dagegen?‹ Wenn er dagegen ist, werden wir ihn an die Wand stellen. Ist er dafür, so werden wir ihn willkommen heißen und ihn auffordern, mit uns zu arbeiten.«

Selbst Lenins Ehefrau Nadeschda Krupskaja kritisierte

ihn vorsichtig: »Ja, und ihr werdet selbstverständlich die wertvolleren Menschen erschießen, weil sie den Mut haben, zu ihrer Überzeugung zu stehen.«[11]

Vollstrecker dieses Terrors war die »Allrussische Außerordentliche Kommission zur Bekämpfung von Konterrevolution, Spekulation und Sabotage«, russisch abgekürzt Tscheka, bekannt auch als »bewaffneter Arm der Partei« oder »Schwert und Schild der Partei«. Gegründet und geleitet wurde sie ab 1917 von Lenins Kampfgefährten Felix Dserschinski, der wegen seines Fanatismus als »Eiserner Felix« bekannt war. Er fasste die Grundidee seiner Organisation so zusammen: »Es gibt nichts Wirksameres als eine Kugel, um jemanden zum Schweigen zu bringen.«[12]

Dieser Geheimdienst hat seither mehrfach seinen Namen geändert: GPU, NKWD, MGB und KGB, heute heißt er FSB. Geblieben ist: Seine Angehörigen nennen sich »Tschekisten«, stellen sich also bewusst in die Tradition von Dserschinski. Schon hier sei darauf verwiesen: Wladimir Putin als Offizier des KGB und später Chef des FSB ist von diesem Geist geprägt. Die Geheimdienstler sagen über sich selbst voller Stolz: *»Ras tschekist, wsegda tschekist«*, »Einmal Tschekist, immer Tschekist«. Heute wird der 20. Dezember in Russland wieder als »Tag des Tschekisten« begangen – zum Gedenken an die Gründung der Tscheka am 20. Dezember 1917.

Wie Moskau in Shanghai eine Partei gründete

2. März 1919, im Kreml: Lenin spricht zu 51 Delegierten, die kommunistische Parteien und revolutionäre Gruppen aus 29 Ländern vertreten. Zunächst erheben sie sich zu einer Gedenkminute für Rosa Luxemburg und Karl Liebknecht, die wenige Wochen zuvor in Berlin von rechtsradikalen Soldaten ermordet wurden. »Unsere Zusammenkunft ist von

weltgeschichtlicher Bedeutung«, verspricht Lenin. »Die internationale Weltrevolution beginnt und wächst in allen Ländern.«[13] Es tagt der 1. Kongress der Kommunistischen Internationale (Komintern), auch Dritte Internationale genannt.

Der Name wurde gewählt, um sich von der Zweiten Internationale abzugrenzen, dem Zusammenschluss der sozialdemokratischen Parteien. Am dritten Tag des Kongresses hält Lenin ein Referat, in dem er erklärt, wie sich die Kommunisten von den Sozialdemokraten unterscheiden. Die wollen soziale Veränderungen mit demokratischen Mitteln durchsetzen, Mehrheiten dafür bei Wahlen gewinnen – und werfen Lenin vor, eine Diktatur errichtet zu haben. Er gibt das zu, geht in die Offensive: »Die Geschichte lehrt, dass noch nie eine unterdrückte Klasse zur Herrschaft gelangt ist und auch nicht gelangen konnte, ohne eine Periode der Diktatur durchzumachen, das heißt der Eroberung der politischen Macht und der gewaltsamen Unterdrückung des verzweifeltsten, wildesten, vor keinem Verbrechen zurückschreckenden Widerstands, der immer von den Ausbeutern geleistet wurde.«[14] Dann attackiert er die Demokratie: »Mit der größten wissenschaftlichen Genauigkeit von Marx und Engels« sei bewiesen, »dass auch die demokratischste bürgerliche Republik nichts anderes ist als eine Maschine zur Unterdrückung der Arbeiterklasse durch die Bourgeoisie, der Masse der Werktätigen durch eine Handvoll Kapitalisten.«[15] Die Pressefreiheit nennt er »Betrug, solange die besten Druckereien und die größten Papiervorräte sich in den Händen der Kapitalisten befinden«.[16] Auch die Gewaltenteilung zwischen Regierung, Parlament und Gerichten, eines der wichtigsten Prinzipien der Demokratie, lehnt er ab: »Die Bedeutung der Kommune bestand ferner darin, dass sie den Versuch unternommen hat, den bürgerlichen Staatsapparat, den Beamten-, Gerichts-, Militär- und Polizeiapparat zu zertrümmern und bis auf den

Grund zu zerstören und ihn durch eine sich selbst verwaltende Massenorganisation der Arbeiter zu ersetzen, die keine Trennung der gesetzgebenden und vollziehenden Gewalt kannte.«[17]

Manches davon mag auch im Lichte heutiger Kapitalismuskritik nicht schlecht klingen. Doch geboren war damit die Idee der »Diktatur des Proletariats«, wie Lenin es nannte. In Wahrheit ist sie eine Diktatur der Partei, genauer gesagt ihrer Führer, die vorgeben, im Interesse der Arbeiter oder des Volkes zu handeln. Die gerade von ihm noch geehrte Rosa Luxemburg schrieb kurz vor ihrem Tod in einer Auseinandersetzung mit Lenin: »Aber mit dem Erdrücken des politischen Lebens im ganzen Lande muss auch das Leben in den Sowjets immer mehr erlahmen. Ohne allgemeine Wahlen, ungehemmte Presse- und Versammlungsfreiheit, freien Meinungskampf erstirbt das Leben in jeder öffentlichen Institution, wird zum Scheinleben, in der die Bürokratie allein das tätige Element bleibt. Das öffentliche Leben schläft allmählich ein, einige Dutzend Parteiführer von unerschöpflicher Energie und grenzenlosem Idealismus dirigieren und regieren, unter ihnen leitet in Wirklichkeit ein Dutzend hervorragender Köpfe, und eine Elite der Arbeiterschaft wird von Zeit zu Zeit zu Versammlungen aufgeboten, um den Reden der Führer Beifall zu klatschen, vorgelegten Resolutionen einstimmig zuzustimmen, im Grunde also eine Cliquenherrschaft – eine Diktatur allerdings, aber nicht die Diktatur des Proletariats, sondern die Diktatur einer Handvoll Politiker.«[18]

In Russland spricht heute keiner mehr von der Diktatur des Proletariats. Doch Putin hat mehr Vollmachten als ein sowjetischer Diktator, und mit »Einiges Russland« hat er sich eine Staatspartei nach dem Vorbild der Kommunistischen Partei der Sowjetunion (KPdSU) geschaffen. In China steht die Diktatur des Proletariats in der Verfassung, der Staat wird darin bezeichnet als »demokratische Diktatur des Volkes, die von der Arbeiterklasse geführt wird und auf dem Bündnis der Arbeiter und Bauern beruht, dem Wesen nach also die Diktatur des Proletariats«.[19] Chinas heutiger Führer Xi Jinping beruft sich immer wieder auf »vier Grundprinzipien«: »das Festhalten am sozialistischen Weg, an der demokratischen Diktatur des Volkes, an der Führung durch die KP Chinas sowie am Marxismus-Leninismus und den Mao-Zedong-Ideen«.[20]

Der Export dieser Ideen nach China begann mit der geschilderten Gründung der Komintern 1919. Denn sie verstand sich nicht als lockerer Zusammenschluss von unabhängigen Parteien, sondern als eine straff, fast militärisch organisierte Weltpartei. Ein Exekutivkomitee lenkte von Moskau aus die Einsätze überall auf dem Erdball. China war auf dem Gründungskongress der Komintern nicht vertreten, denn dort gab es noch keine kommunistische Partei. Moskau beschloss, dies zu ändern. Im August 1919 startete ein Geheimprogramm der Komintern für eine Revolution in China, mit Geld, Waffen und russischen Beratern.

Die Kaderstrukturen eines kommunistischen Parteiapparats gleichen manchmal dem Personalwesen in einem kapitalistischen Großkonzern. Wenn Unternehmen heute jemanden nach China entsenden, fällt es ihnen manchmal nicht leicht, eine passende Person zu finden. So ging es zunächst auch der Komintern. Doch sie fand sie schließlich in Grigori Sarchin, Tarnname Woitinski. Er hatte nicht nur als Emigrant in den USA und Kanada internationale Erfahrungen gesammelt, sondern wurde später sogar Sinologe. Seine Treue zur Partei bewies er als Mitglied des revolutionären Rats von Krasnojarsk, der drittgrößten Stadt Sibiriens mit einem Bahnhof der Transsibirischen Eisenbahn. Russlands Fernen Osten, der an China grenzt, kannte er, weil er dort als kommunistischer Partisan im Bürgerkrieg gekämpft hatte. Das einzige Problem: Er war gerade nicht verfügbar, denn die Truppen des monarchistischen Admirals Alexander Koltschak hatten ihn gefangen genommen und auf die Pazifikinsel Sachalin verbannt.

Doch im Januar 1920 organisierte er einen Gefangenenaufstand und entkam. Daraufhin ernannte ihn das Exekutivkomitee der Komintern zum Gesandten für China. Im April 1920 traf er mit zwei anderen Komintern-Agenten in Shanghai ein und etablierte dort ein Zentrum mit der erklärten Absicht, »eine kommunistische Partei zu gründen«. Zur Unterstützung entsandte Moskau weitere Agenten. Bis Ende 1920 hatte die Gruppe Woitinski ein Netz aufgebaut, das sich über folgende chinesische Städte erstreckte: Peking, Guangzhou, Harbin, Manzhouli, Fengtian, Heihe, Mohe, Iffi, Ining, Kashgar, Qingdao, Yantai, Nanjing, Hangzhou, Ningbo, Wuhan, Zhangzhou und Shantou.[21] Der chinesische Politikwissenschaftler Liu Jianyi hat an der University of York in England eine Doktorarbeit zu diesem Thema geschrieben, er kommt zu dem Schluss: »Vor Ankunft der Komintern-Delegation hatte niemand in China die Idee, eine kommunistische Partei zu gründen.«[22] Allerdings gab es eine große Empfänglichkeit für Ideen, die gegen den Imperialismus gerichtet waren. China hatte im Ersten Weltkrieg an der Seite Großbritanniens und Frankreichs gestanden. So erhoffte es sich vom Versailler Vertrag eine Rückgabe der bisherigen deutschen Kolonie um die Stadt Qingdao (damals Tsingtau, auch bekannt durch das gleichnamige Bier, das in einer Kombination des alten und des neuen Namens »Tsingtao« geschrieben wird). Stattdessen wurde diese Kolonie an Japan übergeben. Das löste verständlicherweise große Proteste aus, die nach dem Datum ihres Beginns im Jahr 1919 »Bewegung des vierten Mai« genannt werden. Zu ihren Anführern gehörten die späteren Gründer der Kommunistischen Partei Chinas (KPCh), Li Dazhao und Chen Duxiu.

Sie hatten ursprünglich andere Pläne. Chen schrieb noch im Mai 1919: »Wir brauchen keine politischen Parteien, nur verschiedene Massenorganisationen.« Ende dieses Jahres suchte jedoch ein Komintern-Agent Li Dazhao an der renommierten Peking-Universität auf und diskutierte mit ihm das Vorhaben, eine kommunistische Partei zu bilden. Li war für seine revolutionären Ansichten bekannt, hatte unmittelbar nach der Oktoberrevolution geschrieben: »Wir müssen die heutigen Ereignisse in Russland erhobenen Hauptes als die Morgenröte einer neuen Zivilisation begrüßen.« Ein anderer sowjetischer Agent begleitete Chen Duxiu bei einer Reise von Tianjin nach Shanghai. Im Februar 1920 trafen sich dort linke chinesische Aktivisten im Yong-An-Hotel mit Vertretern der Komintern, die ihnen empfahlen, eine Partei nach dem Vorbild der russischen Bolschewiki zu gründen. Zhang Shenfu, ein Freund von Li und Chen und ebenfalls Mitbegründer der KPCh, erinnerte sich später: »Die Gründung der Kommunistischen Partei Chinas wurde von der Dritten Internationale vorangetrieben.«[23]

Im August 1920 bildete Grigori Woitinski in Shanghai ein »Revolutionäres Büro«, das aus ihm selbst und vier Chinesen bestand, darunter Li Dazhao und Chen Duxiu.[24] Sie unterstützten die Gründung weiterer Zellen in ganz China, darunter auch in Changsha, der Hauptstadt der Provinz Hunan. Dort stützten sie sich auf einen Hilfsbibliothekar, der mit ihnen an der Peking-Universität gearbeitet und sich dort für ihre Ideen begeistert hatte: einen gewissen Mao Zedong.

Wie die Geschichte dann weiterging, habe ich im Jahr 1986 bei meinem ersten Besuch in China erfahren. Dazu muss ich etwas ausholen. Ich arbeitete damals als Redakteur bei *Elan*, einem Jugendmagazin, das der Deutschen Kommunistischen Partei (DKP) nahestand. In der Redaktion war ich für Internationales verantwortlich und hatte so fast alle Länder besucht, die aus unserer Sicht zur revolutionären Welt gehörten: die Sowjetunion, die DDR, Vietnam,

Kuba, Nicaragua ... China fehlte mir noch, was damit zusammenhing, dass sich die KPCh mit der Sowjetunion zerstritten hatte (ich werde es später in diesem Buch genauer erklären). Mittlerweile näherten sich die verfeindeten kommunistischen Brüder aber langsam wieder einander an. So hoffte ich, jetzt die ferne Volksrepublik besuchen zu können. Als Kader musste ich dieses Vorhaben mit der Partei abstimmen, in solchen Prinzipien unterschied sich die DKP nicht von der KPCh. So informierte ich den Parteivorstand über meine Absicht.

Einige Wochen später wurde ich im Bonner »Hauptstadtbüro« der DKP empfangen – nicht von irgendeinem Mitarbeiter, sondern von Karl-Heinz »Charly« Schröder, dem für internationale Beziehungen zuständigen Präsidiumsmitglied (das Präsidium entsprach dem Politbüro in anderen kommunistischen Parteien). Der führende Funktionär plauderte locker mit mir, er war, so merkte ich, gut mit meiner »Kaderakte« vertraut – also dem parteiinternen Dokument, in dem mein politischer Lebenslauf festgehalten war, die über mich erstellten Beurteilungen nach »Qualifizierungen« wie dem Studium an der Jugendhochschule Wilhelm Pieck, meine persönlichen Stärken, aber auch mögliche »ideologische Abweichungen«.

»Herbert hat von den chinesischen Genossen eine Einladung bekommen«, raunte das Präsidiumsmitglied. Mit »Herbert«, das war klar, meinte er Herbert Mies, den Vorsitzenden der DKP. »Darüber musst du natürlich schweigen wie ein Grab. Wie du weißt, liegen wir seit fast drei Jahrzehnten mit der chinesischen Partei im Konflikt. Wir müssen die Lage sondieren. Bevor der Vorsitzende fliegt, wollen wir erst einmal eine Frühlingstaube entsenden.« Ehrfurchtsvoll lauschte ich, verstand, was sich hinter dem geheimnisvollen Begriff »Frühlingstaube« verbarg. Ich fühlte mich geehrt, so ins Vertrauen gezogen zu werden. Doch gleichzeitig war ich enttäuscht, denn an meinen Reportage-Aufenthalt war wohl erst anschließend zu denken. Nach einer kurzen Pause fuhr der Parteiführer fort: »Du bist Journalist, du vertrittst den Jugendverband. Du bist die Frühlingstaube.«

Mein Traum, als Reporter für mehr als einen Monat in China zu arbeiten, wurde wahr. Und zudem reiste ich als erster Vertreter der DKP nach China, half also an vorderster Stelle mit, die kommunistische Weltbewegung wieder zusammenzuschweißen. Neben meiner Hartnäckigkeit war mir die komplizierte Diplomatie der internationalen KP-Beziehungen zugutegekommen. Damals ahnte ich nicht, dass ich mich später vom Kommunismus lossagen sollte – und dann viele Jahre in China leben würde.

Dieser erste Besuch führte mich nach Peking, in die gerade neu gegründete Sonderwirtschaftszone Shenzhen an der Grenze zu Hongkong, in ländliche Gebiete und natürlich auch nach Shanghai. An einem der Tage dort fuhren mich meine chinesischen Begleiter in die Xingye-Straße. Das schwarz lackierte Tor des Hauses Nummer 76 war gerade geöffnet worden. Schülerinnen und Schüler drängten aus dem Gebäude und überquerten die Straße. Was hatten sie in dem stattlichen zweistöckigen Backsteinhaus gesucht? Was wollten dort Tag für Tag mehr als tausend Menschen?

Eine Frau, die eben die Jugendlichen verabschiedet hatte, führte uns in ein winziges Zimmer. Ein rechteckiger Tisch füllte fast die gesamte Fläche aus, ein Dutzend Rundschemel stand darum herum, ein Dutzend Tassen darauf. Eine Teekanne und eine Vase zierten die Mitte des Tisches, beide waren aus Porzellan, und auf beide waren Blumenmuster gedruckt. Die Frau verkündete mit feierlicher Stimme: »Hier tagte vom 23. Juli 1921 an der erste Parteitag der Kommunistischen Partei Chinas.« Dreizehn chinesische Delegierte, darunter Mao, trafen sich an diesem Ort gemeinsam mit zwei Ausländern: dem niederländischen Kommunisten Henk Sneevliet, der unter seinem Decknamen Maring auftrat und von Lenin persönlich als Repräsentant der Komintern entsandt war; und Wladimir Nikolski, Agent des sowjetrussischen militärischen Geheimdienstes, der die Chinesen beim Aufbau einer militärischen Kampftruppe beraten sollte. Die beiden sicherten ihren Genossen massive finanzielle Unterstützung zu. Maring hielt eine Rede über die Weltlage, die Mission der Komintern und die Aufgaben, die vor der Kommunistischen Partei Chinas stünden.[25]

Die Delegierten wollten wegen der Geheimpolizei der Kolonialmächte, die Shanghai teilweise in ihrem Besitz hielten, auf Nummer sicher gehen. Deshalb hatten sie das Haus, das ich nun besichtigte, als Tagungsort gewählt. Denn hier wohnte ein Mann, der bisher politisch nicht hervorgetreten war, der Verwandte eines Delegierten. Die Sorge war begründet. Plötzlich platzte ein Unbekannter in die Parteitagsberatungen. Er behauptete, er habe sich in der Tür geirrt, und rannte davon. Tatsächlich war er ein Agent der französischen Kolonialbehörden. Zehn Minuten später stürmten Polizisten und Geheimdienstagenten in den Raum, doch sie fanden nichts, denn der Parteitag war inzwischen verlegt worden – und wurde am 31. Juli an Bord eines Ausflugsboots zu Ende gebracht. Dort verabschiedeten die Delegierten ein Programm, das die folgenden Ziele formulierte: Sturz der Bourgeoisie durch eine revolutionäre Armee der Arbeiterklasse, Errichtung der Diktatur des Proletariats, Abschaffung des Privateigentums an den Produktionsmitteln. Chen Duxiu wurde in Abwesenheit zum Vorsitzenden der Partei gewählt.

Das Schicksal der beiden Ausländer war hingegen wenig erfreulich: Maring wurde später von den Nazis hingerichtet, Nikolski während der Stalinschen Säuberungen erschossen. So wurden sie beide Opfer von Tyrannen des 20. Jahrhunderts.

Das Parteitags-Museum besteht heute noch, erinnert mit Bildern und Dokumenten daran, dass Mao und die anderen

Kämpfer sich hier versammelten. Doch inzwischen beherrschen modernste Bars, Boutiquen, Galerien und Luxusapartments die Gegend, die »Xintiandi« genannt wird, »neuer Himmel und Erde«, frei übersetzt »Neues Universum«, ein absoluter In-Platz des modernen Shanghais. Als ich in der Metropole lebte, habe ich das Viertel oft besucht. Restaurants und Kneipen schillerten hier so, wie sie hießen: »La Maison«, »Che«, »Luna« ... Chinesische Kellnerinnen servierten im Dirndl Eisbein mit Sauerkraut. In einem Club mit edlem Design leuchteten Fischteiche in grünem Licht.

Xintiandi war vor hundert Jahren das Herz der französischen Konzession, also eines Stadtteils im Besitz der Kolonialmacht. Der halbkoloniale Status Chinas empörte die Chinesen damals zu Recht und führte viele von ihnen zu den Kommunisten. Über Jahrzehnte zerfallen, wurde diese kleine Stadt innerhalb der großen Stadt in den letzten Jahren renoviert, mit noch größerem Glanz als das Original. Dabei wurden historische Backsteine und Dachziegel verwendet. Typisch für Xintiandi sind die *Shikumen*- oder »Steintor«-Häuser, eine spezielle Bauweise im alten Shanghai, die östlichen und westlichen Stil verband. An enge Gassen angrenzend, führen prächtige holzgeschnitzte Tore unter Steinbögen in geschlossene Höfe, die während der Kriege einen Hort der Geborgenheit bildeten. Im neuen Universum aus Himmel und Erde sind moderne Gebäude hinzugekommen, wie etwa ein 25 000-Quadratmeter-Glasbau mit Shops und Kinos.

Von solchem Wohlstand war China damals weit entfernt. Und die KPCh verfügte, anders als heute, nicht über ein großes Vermögen, sondern war komplett von Russland abhängig. Moskau beglich 94 Prozent der Ausgaben der Partei, rechnete der erste Parteichef Chen Duxiu vor und ermahnte seine Genossen: »Wenn wir ihr Geld nehmen, müssen wir auch ihre Befehle annehmen.«[26] Und schon bald sollte aus Moskau ein Befehl kommen, den viele Mitglieder der neuen

Partei gar nicht verstanden: Sie sollten der nationalistischen Guomindang beitreten (auch unter der Schreibweise Kuomintang bekannt), also der Partei, die später jahrzehntelang die Regierungspartei in Taiwan war. Dieser taktische Schwenk hört sich aus heutiger Sicht ziemlich absurd an, deshalb muss man ihn hier erklären.

Die Sowjetregierung wollte sich bei ihrem Versuch, in China Einfluss zu gewinnen, nicht allein auf die kleine Gruppe der Kommunisten verlassen. Die Guomindang hatte damals eine viel größere Bedeutung. Ihr Vorsitzender Sun Yat-sen war 1912, nach dem Sturz des letzten Kaisers von China, Präsident der neuen Republik geworden. Nach dem Sieg der Kommunisten in der Oktoberrevolution 1917 schrieb er ein Telegramm an Lenin: »Die chinesische Revolutionspartei bringt dem harten und ungewöhnlichen Kampf der Mitglieder der Revolutionspartei Ihres so teuren Landes die allergrößte Hochachtung entgegen und hofft sehr, dass sich die Revolutionsparteien unserer beiden Länder zu gemeinsamem Kampf zusammenschließen.« Sun Yat-sen genoss hohes Ansehen. Noch heute wird er sowohl in der Volksrepublik China als auch in Taiwan verehrt. Doch damals verdrängten ihn Militärkommandanten von der Macht. Er bat deshalb Moskau um Hilfe. Im September 1922 sagte er einem sowjetischen Gesandten, er wolle »eine eigene militärische Macht haben, die aus Russland Waffen und Munition bekommt«. Sie schlossen einen Deal ab: Sowjetrussland unterstützte die Guomindang militärisch – und im Gegenzug akzeptierte Sun Yat-sen die russische Besetzung von großen Teilen der Mongolei, die bis dahin von China beansprucht wurden.[27] Dort entstand dann die Mongolische Volksrepublik, der erste Satellitenstaat der Sowjetunion. Anfang 1923, noch zu Lebzeiten Lenins, unterzeichnete Josef Stalin einen Beschluss des sowjetischen Politbüros: Der Vorschlag zur »allseitigen Unterstützung der Guomindang-Partei ... wird angenommen. Die Ausgaben sind zulasten des Reservefonds der Komintern vorzunehmen.«[28]

Da der Kommunist Stalin dem bürgerlichen Sun Yat-sen aber nicht vertraute, wollte er dessen Guomindang durch chinesische Kommunisten unterwandern lassen. »Wir können unsere Anweisungen nicht offen aus Moskau geben«, erklärte Stalin. »Wir machen das vertraulich, unter Ausschluss der Öffentlichkeit über die Kommunistische Partei Chinas und andere Genossen.«[29] Chen Duxiu, der damalige Generalsekretär der chinesischen Kommunisten, hielt wenig von solchen taktischen Spielchen, schließlich lehnte die Guomindang den Kommunismus ab. Das war die Chance für einen anderen Funktionär der Partei, der diesbezüglich weniger Skrupel hatte: Mao Zedong. Er trat sofort der Guomindang bei und warf seinen innerparteilichen Gegnern Selbstüberschätzung und Arroganz gegenüber Moskau vor: »Die einzige Rettung Chinas liegt in einer Intervention Russlands. Die Revolution muss über den Norden von der russischen Armee nach China gebracht werden.«[30] Der sowjetische Vizekonsul in Shanghai berichtete dem Komintern-Beauftragten Woitinski, Mao sei ein »zweifellos guter Funktionär«.[31] So wurde er zum kommenden Mann in China.

Moskaus Plan ging auf – zunächst einmal. Mao und andere Kommunisten nahmen im Januar 1924 am Ersten Kongress der Guomindang in Guangzhou (Kanton) teil und gelangten dort in Führungspositionen. So wurde Mao in das 16-köpfige Zentralkomitee der Guomindang gewählt.[32] Moskau nahm direkt Einfluss, und zwar nicht nur im Geheimen: Sun Yat-sen folgte einem Vorschlag Stalins und ernannte den russischen Komintern-Funktionär Michail Borodin zu seinem politischen Berater. Die chinesische Schriftstellerin und Mao-Biografin Jung Chang schreibt über die sowjetische Hilfe für die Guomindang: »Nun begann die massive finanzielle Unterstützung der Nationalisten durch Moskau. Eine Armee wurde bezahlt und ausgebildet und eine Militärakademie gegründet. Die Whampoa-Akademie, auf einer malerischen Insel im Perlfluss etwa zehn Kilometer von Kanton gelegen, war nach dem Vorbild sowjetischer Einrichtungen aufgebaut, hatte russische Berater und viele kommunistische Lehrer und Studenten. Aus der Sowjetunion wurden Flugzeuge und Artillerie geliefert.«[33]

Um zu verstehen, wer sich da mit wem verbündete, muss man sehen, was gleichzeitig in Sowjetrussland passierte, das sich ab Ende 1922 Union der Sozialistischen Sowjetrepubliken (UdSSR) nannte, kurz Sowjetunion: 1919 ermordeten die Kommunisten mehr als 300000 Donkosaken. 1922 richteten sie 3500 Nonnen, 2000 Mönche und 2700 Priester hin. Bei der Kampagne gegen »Kulaken«, also Groß- und Mittelbauern, starben allein in der Ukraine mindestens vier Millionen Menschen. Tschekisten führten bewusst eine Hungersnot herbei. Sie beschlagnahmten Getreide und Vieh, zündeten Bauernhöfe an und hinderten Kinder, Frauen und Männer daran, aus ihren Dörfern zu fliehen und woanders nach Nahrung zu suchen. Ein Überlebender sprach später von »Auschwitz ohne Öfen«.[34] Dieser Massenmord ist in die Geschichte als *Holodomor* eingegangen, wörtlich »Tötung durch Hunger«. Der Bundestag erkannte ihn 2022 als Genozid an. Frappierend ist die Ähnlichkeit zu späteren Ereignissen: Während Maos »Großem Sprung nach vorn« von 1958 bis 1961 verhungerten 45 Millionen Menschen – die größte Hungersnot in der Geschichte der Menschheit.[35] Auch dort wurden die Opfer daran gehindert, ihre Dörfer zu verlassen.[36]

Zum Massenmord kamen gezielte Attentate auf missliebige Personen. Lenin richtete ein »Giftlabor« ein, um Gegner im In- und Ausland zu »liquidieren«.[37] Es ist noch heute in Betrieb, wie aktuelle Anschläge zeigen: Der KGB-Überläufer Alexander Litwinenko wurde mit dem radioaktiven Element Polonium-200 ermordet, der ukrainische Präsident

Viktor Juschtschenko mit der Chemikalie Dioxin vergiftet und der russische Oppositionsführer Alexej Nawalny sollte mit dem Nervenkampfstoff Nowitschok getötet werden, den Putins Agenten auf seiner Kleidung verteilt hatten, wie einer von ihnen in einem Telefongespräch freimütig erzählte.[38]

Chiang Kai-shek - von Moskaus Musterschüler zum Schlächter der Kommunisten

Als ich in Shanghai lebte, war es meine Lieblingsstrecke: Nachts von der westlichen Stadthälfte in Richtung Huangpu-Fluss fahren, und zwar auf der nach der Endstation von Maos Guerillas auf ihrem Langen Marsch benannten Stadtautobahn Yan'an Lu. Sie erhebt sich auf stelzenartigen Betonpfeilern über verwinkelten kleinen Straßen und leuchtet in nordpoleisblauem Neonlicht. Als ich den Huangpu erreichte, fuhr ich ab auf die Uferpromenade mit dem berühmten Peace Hotel und den Banken und Handelshäusern. Sie erstrahlen renoviert in ihrer alten Pracht, mit ihren wuchtigen Säulen aus Marmor, ihren Kuppeln und Skulpturen, in Stilen vom Barock über Neoklassik bis zu Chicago-Tudor, und erleuchtet durch Licht wie von tausend Sonnen: Das ist der Bund, chinesisch Waitan, die Perle von Puxi, wörtlich »westlich des Huangpu-Flusses«, der Kern des einstigen halbkolonialen Shanghais. Im ersten Opiumkrieg (1839–1842) hatten die Briten den Hafen der Stadt erobert, um ihn als Basis für ihre Drogengeschäfte zu benutzen. Der Krieg endete mit dem ungleichen Vertrag von Nanjing, der China zwang, Shanghai für den internationalen Handel zu öffnen. In den Jahren darauf wurden Teile des Stadtgebiets zur »Internationalen Niederlassung«, in der Engländer und Amerikaner herrschten, andere zur »Französischen Konzession«.

Von Puxi blickte ich über den Huangpu nach Pudong, also »östlich des Huangpu-Flusses«, wo einst Reisfelder lagen. Innerhalb von weniger als zwei Jahrzehnten ist dort eine Art Manhattan gewachsen, aber viel höher als das echte Manhattan in New York. Die Skyline ist zum Symbolbild für Shanghai geworden, mit Gebäuden wie dem Shanghai Tower, dem Shanghai World Financial Center und dem Fernsehturm mit seinen pinkfarbenen futuristischen Glas- und Betonkugeln.

Das war früher ganz anders. Wie man in Köln auf der richtigen und auf der falschen Rheinseite wohnen kann, so war Shanghai klar aufgeteilt: in die glitzernde Weltmetropole westlich des Huangpu und in die Dörfer und Reisfelder östlich davon. Als armer Junge im Osten wurde Du Yuesheng 1887 geboren. Eine Zukunft für ihn gab es natürlich nur auf der westlichen Flussseite. Er hatte nichts gelernt, strotzte aber trotz seiner hageren Gestalt vor Kraft. So schlug er sich durchs Leben: ein paar Raubüberfälle, ein bisschen Erpressung, schließlich fand er einige Mädchen, die für ihn auf den Strich gingen. Um zu begreifen, wie spektakulär seine Shanghaier Karriere verlief, muss man lesen, was einige Jahre später im *Who's Who* über ihn stand: »Ging in jungen Jahren ins Business. Derzeit einflussreichster Bürger, Französische Konzession, Shanghai. Bekannt für seinen Einsatz für die öffentliche Wohlfahrt. Mitglied des französischen Stadtrats. Präsident der Chung-Wai-Bank und der Tung-Wai-Bank. Gründer und Vorsitzender des Direktorenausschusses der Cheng-Shih-Mittelschule. Präsident des Shanghaier Notfall-Hospitals. Mitglied des Aufsichtsrats der Handelskammer. Geschäftsführender Direktor der Hua-Feng-Papiermühle, Hangzhou. Direktor der Kommerziellen Bank Chinas, der Kiangsu- und Chekiang-Bank, der Großen China-Universität, der Chinesischen Baumwollbörse und des China-Handels-Dampfschifffahrtsunternehmens, Shanghai. Präsident des Jen-Chi-Hospitals in Ningbo.« Um sich die Aufzählung der vielen Titel zu ersparen, sprach der Volksmund von ihm mit einem etwas kürzeren Namen: der Pate von Shanghai.

Die aus England stammenden Schriftsteller Wystan Hugh Auden und Christopher Isherwood interviewten ihn 1938 für ihr Buch *Journey to a War* über den Weg zum bevorstehenden Krieg um China. Sie beschrieben Du Yuesheng so: »Er war groß von Statur und dünn, mit einem Gesicht, das aus Stein gehauen zu sein schien, eine chinesische Version der Sphinx. Merkwürdig und unerklärbar erschreckend waren seine Füße, in ihren Seidensocken und elegant zugespitzten Stiefeln, die unter seinem (traditionellen chinesischen) Seidenkleid zum Vorschein kamen. Vielleicht würde auch die Sphinx noch furchterregender aussehen, wenn sie einen modernen (westlichen) Hut tragen würde.« Bei dem Gespräch standen Bodyguards hinter dem Befragten. Am Eingang seiner Villa waren Gewehre und Maschinenpistolen zu Pyramiden aufgebaut.

Zwischen den bescheidenen Anfängen und dem raketenhaften Aufstieg lag Du Yueshengs Eintritt in die Grüne Bande, eine der führenden Triaden. So hießen die Geheimbünde, die ursprünglich politische Ziele hatten, inzwischen aber zur chinesischen Form der Mafia verkommen waren. Mit – wie soll man sagen? – solider Handarbeit kletterte Du in den Rängen der Organisation aufwärts und wurde schließlich ihr Anführer. Vor allem entwickelte er *guanxi*, Beziehungen. Die sind in China immer wichtig. Aber im Shanghai von damals entschieden sie über Leben und Tod. Zunächst vereinigte er die verschiedenen Triaden zu einem Kartell und hatte nun zwei Hauptgeschäftszweige unter Kontrolle, die Opiumhöhlen und die Bordelle. Dann schloss er mit dem Polizeichef der Französischen Konzession einen Deal zum gegenseitigen Vorteil ab: Er verkaufte exklusiv das Opium, das ihm die Franzosen lieferten. Dafür durfte er im französischen Gebiet der Stadt ein Warenhaus für Rauschgifte einrichten und 20 Verkaufsstellen betreiben. Die Polizei verfolgte alle anderen Drogenhändler, verschonte aber seine. Auch die Stadträte der Internationalen Niederlassung von Engländern und Amerikanern gingen bei ihm ein und aus – besonders in seinem »Happy Times Block« in der Fuzhou-Straße, wo sie von den geschicktesten und charmantesten Huren der Stadt verwöhnt wurden. Nützlicher Nebeneffekt: Der Pate wusste alles über die hohen Herren.

Bald ging er selbst in die Politik. Sun Yat-sen, der Führer der Guomindang, war 1925 gestorben. Du Yuesheng knüpfte Beziehungen zu Generalissimus Chiang Kai-shek, dem obersten Befehlshaber der Truppen der Guomindang und ihrem neuen starken Mann. Chiang hatte als Leiter einer militärischen Abordnung aus China drei Monate in der Sowjetunion verbracht. Die Erfahrungen dort machten ihn zum Antikommunisten, der Sohn eines Salzhändlers fand wenig Gefallen an dem »Arbeiter- und Bauernstaat«. Das ließ er sich aber nicht anmerken. Die Sowjets ordneten ihn dem »linken Flügel der Guomindang« zu, notierten: »Er steht uns sehr nahe.«[39] Eine Fehleinschätzung mit schweren Folgen.

Zunächst lautlos entfernte Chiang Kai-shek einen Kommunisten nach dem anderen aus Schlüsselpositionen der Guomindang. Moskau witterte nun den Verrat. Ein sowjetischer Agent in Guangzhou meldete, man wolle »Zeit gewinnen und die Liquidierung dieses Generals Chiang vorbereiten«.[40] Doch Chiang kam ihnen zuvor. In der wichtigen Industriestadt Shanghai waren die Kommunisten besonders stark. Er wollte sie ausschalten, sich selbst aber nicht die Hände schmutzig machen. So öffnete er seine Waffenlager ausgerechnet für die Gangster Du Yueshengs. Am 12. April 1927 begannen diese ein Massaker an Kommunisten und streikenden Arbeitern. Chiangs Truppen nahmen dies zum Vorwand, einzugreifen und »Ordnung zu schaffen«. Nationalisten und Gangster gemeinsam ermordeten 5000 Menschen, misshandelten insbesondere Frauen, »schlitzten den Genossinnen die Brüste auf, durchbohrten ihre Körper der Länge nach mit Draht und führten sie nackt durch die Straßen«.[41] Chiang Kai-shek belohnte Du Yuesheng, ernannte ihn zum stellvertretenden Gouverneur von Shanghai.

Chiang Kai-shek aber hatte nun ein familiäres Problem. Sein Sohn Chiang Ching-kuo, Jahrzehnte später sein Nachfolger als Präsident von Taiwan, studierte Militärwissenschaften und Maschinenbau an der Moskauer Sun-Yat-sen-Universität, die speziell für Studierende aus China eingerichtet worden war. Als die Sowjetunion noch die Guomindang unterstützt hatte, war er dorthin eingeladen worden. Jetzt nahm Stalin den Sohn als Geisel, ließ ihn in einer Goldmine in Sibirien arbeiten, später in einer Stahlfabrik am Ural. Größere Folgen für die Welt hatte eine andere Anordnung Stalins: Die Kommunistische Partei Chinas solle umgehend ihre eigene Armee aufstellen und das Riesenreich mit Waffengewalt erobern. Dazu schickte er einen seiner besten Kader nach China, seinen georgischen Landsmann Besso Lominadse: Er war Erster Sekretär der Kommunistischen Partei der Sowjetunion in der Teilrepublik Georgien gewesen, dann Erster Sekretär der Komintern-Jugend, jetzt gehörte er zum Präsidium des Komintern-Exekutivkomitees. Eine Schlüsselrolle bei der Operation spielte der sowjetische Militärgeheimdienst GRU. »Für die chinesischen Kommunisten wurde in der Sowjetunion ein umfangreicher geheimer Apparat zur militärischen Beratung und Unterstützung eingerichtet. In allen wichtigen chinesischen Städten waren GRU-Agenten stationiert und überwachten die Verteilung von Waffen, Geld und Medikamenten, vor allem aber übermittelten sie geheimdienstliche Informationen, die für das Überleben der Kommunistischen Partei Chinas (KPCh) oft entscheidend waren. Moskau schickte außerdem hochrangige Berater nach China, die für die KPCh die militärischen Operationen leiten sollten, und erweiterte gleichzeitig das militärische Training der KPCh-Kader in der Sowjetunion.«[42]

Kein chinesischer Funktionär verstand die neue Linie aus Moskau so gut wie Mao Zedong. Er fand sogar eine knappe und klare Formulierung dafür, die später zu einem seiner bekanntesten Sprüche werden sollte, der natürlich in die berühmte »Mao-Bibel« einging: »Die politische Macht kommt aus den Gewehrläufen.«[43] Am 1. August 1927 gründeten die chinesischen Kommunisten ihre »Volksbefreiungsarmee«. Sie ist also älter als die 1949 entstandene Volksrepublik China, was gelegentlich zu Missverständnissen bei ausländischen Beobachtern führt. Bis heute ist China das einzige Land der Erde, in dem die Armee nicht dem Staat untersteht, sondern einer Partei, in diesem Falle *der* Partei. Zurzeit ist Xi Jinping ihr Oberbefehlshaber in seiner Eigenschaft als Vorsitzender der Zentralen Militärkommission der Kommunistischen Partei Chinas.

Damals wählte die Volksbefreiungsarmee eine geschickte Taktik: die Städte von den Dörfern her umkreisen. Man könnte es auch anders nennen: Um militärische Verluste zu vermindern, wich sie der direkten Konfrontation mit der Guomindang aus, wo immer es ging. So beherrschten die Kommunisten die ländlichen Gebiete, die Nationalisten die Städte. Die Empörung über das dekadente Leben dort wiederum erleichterte es den Kommunisten, Kämpfer zu rekrutieren.

Der Shanghaier Pate Du Yuesheng war typisch für diesen Sumpf. Er verstand es, legale und illegale Geschäfte miteinander zu verbinden. So ließ er einige seiner »Freunde«, führende Geschäftsleute, entführen. Da niemand wusste, dass er dahintersteckte, bot er sich als »Vermittler« an und handelte mit sich selbst horrende Lösegelder aus, die er dann bei den Angehörigen einkassierte, zuzüglich 50 Prozent Servicegebühr für seine »Hilfe«. Wer nicht zahlen konnte, dem gewährte er Darlehen gegen Zinsen. So begann sein Einstieg ins Bankgewerbe ... Regelmäßig verkehrte er im Peace Hotel am Bund. Es wurde 1932 von Sir Ellice Victor Sassoon gegründet, einem Playboy und Enkel des sephardischen Juden Elias Sassoon, der mit dem Opiumhandel ein Vermögen angehäuft hatte. In den Ballräumen des Hotels schmiss Sassoon junior die wildesten Partys. Auf den Marmortreppen stiegen die Gäste dann in wechselnden Paarungen in die mit rotem Samt ausgeschlagenen Zimmer hinauf. Charlie Chaplin übernachtete hier. Noël Coward schrieb in einer der Suiten *Private Lives*. Und Vicki Baum war von ihrem Besuch so angetan, dass sie gleich einen Weltbestseller darüber verfasste, *Hotel Shanghai*.

Du Yuesheng liebte große Gesten, posierte mit mehreren Mädchen im Arm, schickte seinen Gegnern Särge nach Hause. Auch war er abergläubisch. Auf der Rückseite seines langen chinesischen Seidenkleids baumelten getrocknete Köpfe von toten Affen. Ein Wahrsager hatte ihm prophezeit, die Affen würden ihn schützen, mit ihnen werde es ihm gelingen, eines Tages friedlich in seinem Bett zu sterben. Und sie behielten recht! Er überlebte Racheakte, Bandenkriege und die Invasion der Japaner, rettete sich vor den Kommunisten nach Hongkong. Dort entschlief er 1951 friedlich im Alter von 64 Jahren.

Für die politischen Ambitionen seines Freundes Chiang Kai-shek lief es weniger gut. Der verkündete 1936 einen der größten Irrtümer des 20. Jahrhunderts: »Die verbliebenen Kommunisten sind jetzt in ein paar verstreuten Regionen eingeschlossen und können ohne große Probleme ausgelöscht werden. Heute ist der Kommunismus für China keine wirkliche Bedrohung mehr.«[44]

Es kam ganz anders: Zunächst wurde Chiang Kai-shek von eigenen Offizieren gefangen genommen. Sie zwangen ihn, sich mit den Kommunisten gegen Japan zu verbünden, das einen Aggressionskrieg gegen China begann. Die Sowjetunion, die Guomindang und die KPCh kämpften jetzt wieder in einer gemeinsamen Front. Nach zwölf Jahren Aufenthalt in der Sowjetunion ließ Stalin Chiang Kai-sheks Sohn Chiang Ching-kuo in seine Heimat zurückkehren. Bei ihren Angriffen auf Shanghai verschonten die Japaner die internationalen Gebiete weitgehend. Deshalb tranken die ausländischen Geschäftsleute mit ihrem einheimischen Partner Du Yuesheng Champagner auf der Dachterrasse des Peace Hotels, um von hier aus die Bombenabwürfe zu beobachten. Häufig neben ihm gesehen wurde dort Chiang Ching-kuo. Sein Vater hatte ihn beauftragt, in Shanghai mit der Korruption aufzuräumen.

Mao schießt sich an die Macht - mit sowjetischer Hilfe

Gemeinsam mit dem chinesisch-amerikanischen Fotografen Mark Leong besuchte ich für eine *Stern*-Reportage Shaoshan, den Geburtsort von Mao Zedong: Der »Große Vorsitzende« thront auf einem Sessel und raucht. Vor der Marmorstatue wirft sich eine Bäuerin auf den Boden. Touristen aus Peking prosten Mao mit Schnaps zu wie sonst in China Trauernde am Grab den verstorbenen Eltern. Ein junges, schick gekleidetes Paar aus der Provinz Anhui und seine zwölfjährige Tochter zünden Räucherkerzen an wie in einem Tempel: »Der Vorsitzende Mao wird unsere Familie segnen.«

Anderthalb Millionen Chinesen pilgern jedes Jahr nach Shaoshan. Nicht alle kommen freiwillig. Vor einer sechs Meter hohen Bronzestatue des Diktators fahren zwei Busse mit Lehrern aus der Provinz Hubei vor, denen dieser Besuch von der Schulbehörde verordnet wurde. Sie falten die Hände, beten den Atheisten Mao an. »Sie können sich jetzt etwas wünschen, der Vorsitzende Mao wird Sie erhören!«, brüllt die Reiseführerin in ihr Megafon. Mao ließ Tempel, Moscheen und Kirchen sprengen – und soll jetzt selbst Gott sein? »Das entspricht unserer chinesischen Tradition«, sagt mir Tian Haiming. »Konfuzius war auch erst ein Mensch. Später wurde er wie ein Gott verehrt.« Der Bildhauer aus Shaoshan fertigt Mao-Skulpturen an, von der Schreibtischfigur bis zur überlebensgroßen Statue für den Garten. Tian verdient nicht nur an Mao, sondern glaubt auch an ihn. Er führt uns zu einem Berg, der die Form von Maos Gesicht angenommen haben soll – ein Wunder, das sich nur Tiefgläubigen erschließt.

Der Mythos um Mao begann 1934. Chiang Kai-sheks Truppen umzingelten die kommunistische Volksbefreiungsarmee, die ihre Basis damals in der Provinz Jiangxi südlich des Jangtse-Flusses hatte. Den Kommunisten gelang der Ausbruch. In dem legendär gewordenen Langen Marsch legten 90 000 Rotarmisten in 370 Tagen zu Fuß mehr als 12 000 Kilometer zurück. In dieser Zeit übernahm Mao die militärische Führung der Kommunisten. Der Lange Marsch endete in Yan'an, einem abgelegenen Ort in 960 Meter Höhe auf einem Lössplateau. Dort errichtete Mao einen kleinen kommunistischen Staat. In der *Befreiung*, einem Organ der Kommunistischen Partei Chinas, erschien 1937 erstmals ein Porträt Maos: Es ist eine Zeichnung, er trägt eine Mütze der Volksbefreiungsarmee mit fünfzackigem Stern, Sonnenstrahlen erhellen sein Gesicht, im Hintergrund sieht man Marschkolonnen.[45]

Viel wichtiger war ein anderer Scoop: Es gelang Vertrauten Maos, den US-Journalisten Edgar Snow nach Yan'an zu locken. Der ehrgeizige und etwas naive Reporter freute sich auf eine exklusive Geschichte. Seine Frau Helen beschrieb die Abfahrt am Bahnhof von Peking so: »Er stand auf den Stufen und grinste, als wäre er Cäsar auf einem seiner Triumphe, und schrie mit erhobener Hand: ›Heil Hitler!‹«[46] So begann Snows Arbeit an *Roter Stern über China* – ein Buch, das Zeile für Zeile von der Kommunistischen Partei Chinas autorisiert wurde. Es beruhte auf Snows Gesprächen mit

Mao, für die sich der »Große Vorsitzende« aus guten Gründen viel Zeit nahm. Da Snow kein Chinesisch sprach, wurden die Interviews für ihn übersetzt. Snow erstellte dann englische Mitschriften, die für Mao zurück ins Chinesische übersetzt, von ihm korrigiert und dann wieder ins Englische zurückübersetzt wurden.[47] Mao schrieb also ein Buch über sich selbst.

Entsprechend gut kam er darin weg. Maos Ziel sei »ein Leben in Gerechtigkeit, Gleichheit, Freiheit und menschlicher Würde«. Er wolle »die Millionen im ländlichen China zu ihrer Verantwortung für die Gesellschaft aufrütteln, den Glauben an die Menschenrechte in ihnen wecken«.[48] Der Vorteil für Mao und auch für Snow: Während Korruption und Verbrechen in den von der Guomindang beherrschten Städten durch zahlreiche Berichte gut bekannt waren, wusste kaum jemand etwas über Mao und die Kommunisten, die sich in schwer erreichbaren ländlichen Gebieten verschanzt hatten. Allein in Großbritannien verkauften sich schon in den ersten Wochen nach dem Erscheinen mehr als 100 000 Exemplare von *Roter Stern über China*.[49] Das Buch wurde in zahlreiche Sprachen übersetzt, darunter – besonders wichtig – auch ins Chinesische. Viele Menschen in China und weltweit bezogen ihr Wissen über Mao aus dem Märchenbuch des Amerikaners und trafen auf dieser Basis ihr Urteil über ihn. Edgar Snow ist der Prototyp des nützlichen Idioten für die Kommunistische Partei Chinas, der erste bekannte, aber längst nicht der letzte. Mit vielen seiner Nachfolger hatte er gemein, dass er kein Chinesisch sprach und so die Behauptungen seiner Betreuer nur eingeschränkt nachprüfen konnte.

Ein realistisches Bild liefert die chinesische Schriftstellerin Jung Chang, ebenfalls bekannt geworden durch einen Weltbestseller, *Wilde Schwäne*, in dem sie die Geschichte von drei Generationen chinesischer Frauen erzählt: ihrer Großmutter, der noch die Füße gebunden, also verstümmelt wurden, wie es damals Unsitte war; ihrer Mutter, die im kommunistischen Untergrund kämpfte; und ihrer eigenen als Rotgardistin während der Kulturrevolution. Gemeinsam mit ihrem Mann, dem britischen Historiker Jon Halliday, recherchierte sie später zwölf Jahre lang für eine knapp tausend Seiten lange Biografie: *Mao. Das Leben eines Mannes, das Schicksal eines Volkes*. Sie durchstöberten Archive in zehn Ländern, interviewten Hunderte Zeitzeugen in und außerhalb von China, die Mao getroffen hatten. Dabei befragten sie nicht nur Opfer, sondern auch seine engsten Kampfgefährten. Chinas Regierung warnte davor, mit der abtrünnigen Autorin zu sprechen, doch »sie schmachteten danach, die Wahrheit zu erzählen«, wie mir Chang in einem Interview sagte.

Mao bewunderte Stalin, besonders den Kult, den dieser um seine eigene Person betreiben ließ – und an dem sich Mao aktiv beteiligte. So erklärte er auf dem 7. Kongress der KPCh: »Ist Stalin der Führer der Weltrevolution? Natürlich ist er das. Wer ist unser Führer? Stalin ist unser Führer. Gibt es noch einen anderen? Nein. Jedes Mitglied der Kommunistischen Partei Chinas ist Stalins Schüler. Stalin ist für uns alle der Lehrer.«[50] Doch Mao wollte nicht nur preisen, sondern auch selbst gepriesen werden. Deshalb übertrug er diesen Personenkult jetzt auf China, mit sich selbst als dem »Großen Führer«. Das Beispiel der Sowjetunion zeigte, dass dies nur in einer Atmosphäre der Angst funktionierte, mit permanentem Terror gegen die eigene Bevölkerung. Dort waren zeitweilig 10 Prozent der Bevölkerung in den Straflagern des Gulag eingesperrt (so die russische Abkürzung für »Hauptverwaltung der Besserungsarbeitslager und -kolonien«).[51] Die Lager wurden übrigens nach dem Ende der Sowjetunion nicht abgeschafft, sondern nur umbenannt. Allein während der »Großen Säuberung« 1937/38 ließ Stalin 700 000 Menschen durch Kopfschuss hinrichten, überwiegend Mitglieder der eigenen Partei, die er so disziplinieren wollte.[52] Vorher waren sie durch Folter gezwungen worden, angebliche politische Fehler zu »gestehen«. Jung Chang beschreibt, wie Mao dieses System jetzt auf die von ihm eroberten Gebiete Chinas übertrug. So legte er bereits 1930 in Jiangxi Listen von angeblich abtrünnigen Parteimitgliedern an. Eine Methode nannte er »auf Landminen stoßen«. Dabei wurde den Männern unter entsetzlichen Schmerzen langsam der Daumen gebrochen. Noch schlimmer traf es die Genossinnen. Sie mussten sich nackt ausziehen, dann »hielt man an ihren Körper, vor allem an ihre Vagina, brennende Dochte, und ihre Brüste wurden mit kleinen Messern zerschnitten«.[53]

Eine beteiligte KP-Funktionärin schildert, was in Maos »Befreiungskrieg« 1947 passierte: Rotarmisten klopften in der Region Yan'an an jede Hütte, forderten die Bauern auf, Getreide für die revolutionäre Bürgerkriegstruppe abzugeben. »Ich habe nichts«, wimmerte eine junge Mutter. Darauf hängten Maos Leute sie und noch drei weitere Bauern an den Handgelenken auf. »Sie fragten sie, wo sie das Getreide versteckt hatte«, erinnert sich die KP-Funktionärin. »Ich wusste, dass sie kein Getreide hatte. Aber sie ließen nicht locker und schlugen sie. Die Bluse wurde ihr heruntergerissen. Sie hatte kurz zuvor ein Baby bekommen, und die Milch tropfte herab. Das Baby weinte und krabbelte über den Boden, als es versuchte, die Milchtropfen aufzulecken.« An anderen Orten wurden »ganze Familien umgebracht, vom jüngsten bis zum ältesten Familienmitglied. Säuglinge, die noch Milch bekamen, wurden gepackt und in Stücke gerissen oder einfach in einen Brunnen geworfen.« Mao beobachtete mit eigenen Augen solche gewalttätigen Szenen und billigte sie.[54] Bereits in seinem *Untersuchungsbericht über die Bauernbewegung in Hunan* 1927 hatte er geschrieben: »Es ist die einzig wirksame Methode zur Unterdrückung der Reaktionäre, wenn man in jedem Kreis zumindest einige der ärgsten Schurken hinrichtet. Es ist notwendig, in allen ländlichen Gebieten eine kurzfristige Terrorherrschaft zu errichten, die Grenzen des Anstands zu überschreiten.«[55]

Innerhalb der Kommunistischen Partei Chinas stieß dies auf Kritik – doch die *Prawda*, das Zentralorgan der Kommunistischen Partei der Sowjetunion, titelte: »Der Führer des chinesischen Volkes, Mao Zedong«.[56] Moskau entschied den Machtkampf – zugunsten Maos.

Gemeint ist hier zunächst der Machtkampf innerhalb der Kommunistischen Partei. Denn in Wahrheit führte Mao ja damals noch nicht »das chinesische Volk«, sondern kommunistische Guerillas in ein paar ländlichen Gebieten. Der Großteil Chinas stand unter der Kontrolle der nationalistischen Guomindang – und alle waren bedroht durch die Japaner, die 1937 einen Angriffskrieg gegen ganz China starteten. Beim Massaker von Nanjing töteten japanische Soldaten 300 000 Menschen, vergewaltigten Zehntausende Frauen und Mädchen, spießten sie auf Bambusstöcken auf.[57] Man sollte nun erwarten, dass Mao mit seinen Truppen alles tat, um diese Bedrohung für sein Volk abzuwehren. Stattdessen bewies er erneut seine Fähigkeit zu taktischen Ränkespielen. Er schickte Telegramme an seine Militärbefehlshaber: »Schwerpunkt auf die Einrichtung von Stützpunktgebieten … Keine Schlachten austragen.« So vernichteten die Japaner die Truppen seines Rivalen Chiang Kai-shek. Immer wenn die japanische Armee weiterzog, besetzten die Kommunisten Gebiete hinter ihren Linien. Mao sagte später dazu: »Je mehr Land Japan eroberte, desto besser.«[58] Die Rechnung ging auf: Als der Japanisch-Chinesische Krieg 1937 begann, lag das Größenverhältnis zwischen den Armeen von Chiang und Mao bei 60:1, bei Kriegsende 1945 hingegen nur noch bei 3:1. Mao befehligte jetzt 1,3 Millionen Soldaten.[59]

Trotzdem bedeutete das Verhältnis 3:1 immer noch eine deutliche Überzahl der Guomindang gegenüber den Kommunisten, als der Bürgerkrieg jetzt wieder losging. Nun kam Mao die Unentschlossenheit des Westens zugute – und die Entschlossenheit der Sowjetunion. Im Zweiten Weltkrieg waren sie Verbündete gegen Nazideutschland und Japan gewesen. Nach der bedingungslosen Kapitulation des japanischen Kaiserreichs stoppten die sowjetischen Truppen ihren Vormarsch nicht, sondern rückten weiter ins Innere Chinas vor. Was nur wenige wissen: Das Gebiet, das sie dabei eroberten, war größer als das, das sie in Osteuropa besetzten.[60] Sie konnten also ihren chinesischen Genossen ein gewaltiges Territorium übergeben. Hinzu kamen japanische Waffen, die die Sowjetsoldaten beschlagnahmt hatten und jetzt an die chinesischen Kommunisten weiterreichten, allein in der Stadt Shenyang »100000 Handfeuerwaffen, Tausende Artilleriegeschütze und große Mengen Munition, Kleidung und Lebensmittel«, wie der beteiligte chinesische General Zeng Kelin später in seinen Erinnerungen vermerkte. Vorher hatte die kommunistische chinesische Armee hier nur über 154 Artilleriegeschütze verfügt.[61]

Während die Sowjetunion im chinesischen Bürgerkrieg also klar die kommunistische Seite stärkte, waren sich die USA nicht ganz sicher, wie sie sich verhalten sollten. Dazu trugen geschickte Täuschungsmanöver bei, eine diplomatische Taktik, die Moskau und Peking noch heute praktizieren. Der sowjetische Außenminister Wjatscheslaw Molotow sagte zu General Patrick Hurley, dem Sondergesandten des US-Präsidenten Franklin D. Roosevelt für das Land: »In China nennen sich einige Leute ›Kommunisten‹, aber sie haben mit dem Kommunismus nicht das Geringste zu tun.« Eine Behauptung, die man auch heute oft hört, aber dazu später. »Die Sowjetregierung hat nichts zu tun mit den ›kommunistischen Elementen‹.«[62]

Roosevelts Nachfolger Harry S. Truman beauftragte im Dezember 1945 George Marshall, mit den chinesischen Kommunisten zu verhandeln. Später initiierte der Fünfsternegeneral den nach ihm benannten Marshallplan zur Hilfe für Westeuropa, mit dem die Demokratie dort gestärkt wurde. Doch in China ließ er sich von Maos späterem Premierminister Zhou Enlai anlügen: Die KPCh werde »eine Demokratie nach amerikanischem Vorbild errichten«.[63] Der Kommunist untermauerte diese ungeheure Behauptung mit einer »kleinen Anekdote, die vielleicht von Interesse für Sie ist. Kürzlich gab es das Gerücht, der Vorsitzende Mao wollte zu Besuch nach Moskau reisen. Als das Gerücht dem Vorsitzenden Mao zu Ohren kam, lachte er und sagte halb im Scherz, wenn er Urlaub im Ausland machen würde, würde er lieber in die Vereinigten Staaten gehen.« Tatsächlich hat Mao mehrmals Moskau besucht, aber niemals amerikanischen Boden betreten. Doch George Marshall war beeindruckt und übte Druck auf Chiang Kai-shek aus, die Offensive gegen die Kommunisten im Nordosten Chinas zu beenden.[64] Mao hielt sich indes nicht zurück: »Eine Revolution ist kein Gastmahl, kein Aufsatzschreiben, kein Bildermalen oder Deckchensticken; sie kann nicht so fein, so gemächlich und zartfühlend, so maßvoll, gesittet, höflich, zurückhaltend und großherzig durchgeführt werden. Die Revolution ist ein Aufstand, ein Gewaltakt, durch den eine Klasse eine andere stürzt.«[65]

Das Ergebnis ist bekannt. Die britische Sinologin Julia Lovell analysiert: »Der Sieg der chinesischen Kommunisten in den letzten Jahren des Bürgerkriegs bis 1949 wurde in Feldschlachten errungen, für die die Sowjets die Kommunistische Partei Chinas geschult hatten.«[66] Maos von Moskau gestützte Truppen marschierten in Peking ein. Wie die Mitglieder des sowjetischen Politbüros auf Lenins Mausoleum am Roten Platz die Paraden entgegennahmen, so stieg Mao am 1. Oktober 1949 auf das Tor des Himmlischen Friedens und rief die Volksrepublik China aus. Die Anhänger der Guomindang leisteten im Süden des Landes noch Widerstand, mussten sich schließlich aber auch dort geschlagen geben. Im Dezember 1949 stieg Generalissimus Chiang Kai-shek in ein Flugzeug, sang dabei die bisherige chinesische Nationalhymne und flog hinüber nach Taiwan. Er sollte nie mehr wieder auf das chinesische Festland zurückkehren.

Die Sowjetunion als großer Bruder Chinas (1949-1960)

Der Mann, der zurückblieb

Wenn es einen Menschen gibt, an dessen Leben sich die Tragik westlicher Fehleinschätzungen über das kommunistische China erzählen lässt, dann ist es der US-Amerikaner Sidney Rittenberg. Ich lernte ihn in Peking in meiner Zeit als *Stern*-Korrespondent dort kennen. Wir trafen uns bei einer Veranstaltung des Foreign Correspondents' Club of China, der Vereinigung von uns Auslandskorrespondenten. Gemeinsam mit seiner chinesischen Frau Yulin hielt er einen Vortrag über die Beziehungen zwischen den USA und China. Als er anschließend sein Buch *The Man Who Stayed Behind* (»Der Mann, der zurückblieb«) für mich signierte, kamen wir uns näher, vielleicht auch deshalb, weil ich ebenfalls mit einer Chinesin verheiratet bin. Er erzählte mir seine unglaubliche Lebensgeschichte.

1921 wurde er in Charleston, South Carolina, geboren, das lange Zeit die Metropole der amerikanischen Südstaaten war, mit heute 150000 Einwohnern aber zu einer typischen Provinzstadt der USA geworden ist – kein Vergleich zu China, wo es inzwischen 125 Städte mit mehr als einer Million Einwohnern gibt[1] (in den Vereinigten Staaten hingegen nur neun[2]). Als Jugendlicher trat er der Kommunistischen Partei der USA bei, verließ sie aber später wieder, eine weitere Parallele zu meinem Leben. Als die USA in den Zweiten Weltkrieg eintraten, meldete er sich zur Armee. Die wollte, dass er die Sprache des Feindes lernte, Japanisch, und schickte ihn auf die Stanford-Armeeschule für fernöstliche Studien. Rittenberg zog es aber vor, Chinesisch zu studieren, was ihm erlaubt wurde, denn schon damals erkannte die US Army die zukünftige Bedeutung Chinas. So kam er 1944 in das Land. Wie ich erhielt er einen chinesischen Namen, er heißt hier Li Dunbai.

Ein Jahr später endete der Zweite Weltkrieg auch in Asien, und Rittenberg erhielt den Befehl, in seine Heimat zurückzukehren. Aber beeinflusst von den Idealen seiner Jugend und schockiert von der Armut in China, entschloss er sich zu bleiben, »um zu helfen«, wie er sagte. Als einziger Amerikaner, dem das jemals erlaubt wurde, trat er der Kommunistischen Partei Chinas bei. Dabei lernte er auch deren Führer wie Mao Zedong und Zhou Enlai kennen. Er übersetzte sogar eine Botschaft Maos an die Regierung der USA, in der dieser ihr gute Beziehungen anbot.

Doch es kam anders. Am 30. Juni 1949 erklärte Mao, China müsse sich »zu einer Seite neigen« – und damit meinte er nicht die USA: »International gesehen gehören wir auf die Seite der antiimperialistischen Front, an deren Spitze die Sowjetunion steht, und echte und freundschaftliche Hilfe können wir nur auf dieser Seite, nicht aber auf der Seite der imperialistischen Front suchen.« Und weiter: »Die Kommunistische Partei der Sowjetunion hat gesiegt, unter der Führung Lenins und Stalins konnte sie nicht nur die Revolution durchführen, sondern auch den Aufbau meistern. Sie hat einen glänzenden sozialistischen Staat aufgebaut. Die Kommunistische Partei der Sowjetunion ist unser bester Lehrer, wir müssen von ihr lernen.«[3] 1950 schlossen die Volksrepublik China und die Sowjetunion einen Freundschaftsvertrag. Der norwegische Historiker Odd Arne Westad, Professor an der Yale University und Experte für die Geschichte von Imperien, spricht von der »größten Macht, die seit der letzten Expansion des Osmanischen Reichs im 16. Jahrhundert die politische Vorherrschaft der westlichen Hauptstädte infrage stellte«.[4]

Da nutzten Sidney Rittenberg auch die guten Beziehungen nach ganz oben nichts mehr, im Gegenteil. Mao persönlich wies an, seinen Verehrer ins Gefängnis zu stecken – dieser sei ein »amerikanischer Spion«. Sechs Jahre saß er in Einzelhaft, davon ein Jahr in einem absolut dunklen Raum, in dem es keine Lampe gab und in den auch kein natürliches Licht hineinschien. Seine (erste) chinesische Frau ließ sich in Abwesenheit von ihm scheiden. Erst nach Stalins Tod wurde er freigelassen. Jetzt hätte er in die USA zurückkehren können. Doch er handelte wie viele andere überzeugte Kommunisten, die Opfer der Säuberungen Stalins oder Maos geworden waren: Er sah den Fehler bei unteren Stellen, nicht im System.

So blieb er in China und pries die Regierung, deren Handlanger ihn gefoltert hatten, jetzt sogar weltweit – als Redakteur des englischsprachigen Programms von Radio Peking. Dort lernte er seine spätere Frau Wang Yulin kennen. Um ihre Liebe auszudrücken, sagte sie, sie werde sich, anders als seine Ex-Frau, niemals von ihm scheiden lassen, nur weil er im Gefängnis sei. Trotz seiner guten chinesischen Sprachkenntnisse überhörte er den darin enthaltenen Zwischenton. In seiner Begeisterung wurde er sogar zu einem Aktivisten der Kulturrevolution. Er zeigte mir ein Foto, auf dem er vor Rotgardisten eine flammende Rede hielt, mit der rechten Hand schwenkte er die kleine rote »Mao-Bibel«. Und die Dinge wurden, so schien es ihm, immer besser. Ein weiteres Foto: er neben Mao, der ihn bei den Feierlichkeiten zum Nationalfeiertag am 1. Oktober 1966 auf das Tor des Himmlischen Friedens geladen hatte und sein Exemplar der »Mao-Bibel« signierte. Ein anderes Foto hingegen, ein Jahr später in der *Peking Rundschau* veröffentlicht, ließ ihn spüren, dass er erneut in Schwierigkeiten steckte. Diesmal war es ein Gruppenbild: Mao, seine Frau Jiang Qing, Premierminister Zhou Enlai, Anna Louise Strong, eine weitere prominente amerikanische Mao-Verehrerin – und, neben noch anderen, eben auch Sidney Rittenberg. Zumindest hatte er noch mit dabeigestanden, als das Foto aufgenommen worden war. In der veröffentlichten Zeitschrift war er wegretuschiert. Kurz darauf wurde er erneut verhaftet, Vorwurf: »Tätigkeiten und Kritik gegen die Diktatur und Bürokratie«. Diesmal war er für zehn Jahre gefangen, erst ein Jahr nach Maos Tod kam er Ende 1977 frei. Seine Frau musste in ein Arbeitslager, ihre mittlerweile drei Kinder lebten bei Verwandten. Schwacher Trost: Maos Gattin Jiang Qing, eine der Anführerinnen der Kulturrevolution, wurde nach deren Ende im selben Gefängnis eingesperrt wie er.

1980 kehrte er endlich in die USA zurück. Als Präsident von Rittenberg Associates, Inc. beriet er amerikanische Firmen bei ihren Investitionen in China und erhielt so wenigstens wirtschaftlich eine gewisse Entschädigung für sein Leiden. Von den 35 Jahren, die er in der Volksrepublik verbracht hatte, hatte er 16 Jahre unschuldig im Gefängnis gesessen. Trotzdem blieb er bis zu seinem Tod 2019 von der Überlegenheit des sozialistischen Systems in China überzeugt.

Maos Treffen mit Stalin

Sidney Rittenberg war nicht der Einzige, der glaubte, Mao kämpfe für das Wohl des chinesischen Volkes. Und der Amerikaner war nicht Maos einziges Opfer. Noch heute wird oft von »China« gesprochen, wenn in Wahrheit die Führung der Kommunistischen Partei Chinas gemeint ist. Dabei verbündete diese sich nicht nur mit der Sowjetunion, sondern betrieb gleichzeitig Terror gegen die eigene Bevölkerung. So ordnete Mao am 30. März 1951 an: »Viele Orte wagen es nicht, Konterrevolutionäre in großer Zahl mit öffentlichem Aufsehen zu töten. Das muss anders werden.«[5] In Peking allein kam es in jenem Jahr zu 30 000 öffentlichen Aburteilungen und Hinrichtungen mit fast 3,4 Millionen Zuschauern. Eine junge Halbchinesin aus England erlebte beispielsweise, wie im Zentrum der Hauptstadt 200 Menschen zur Schau gestellt und dann durch Kopfschüsse getötet wurden, ihre Hirnmasse spritzte auf die Umstehenden.[6]

Den Kollegen Felix Lee lernte ich kennen, als er mit dem Austauschprogramm »Medienbotschafter China-Deutschland« ins Land seiner Vorfahren ging. Später war er dann für die Tageszeitung *taz* und andere Medien wie ich Auslandskorrespondent in China. Sein Vater Wenpo Lee wurde in der alten chinesischen Hauptstadt Nanjing geboren und spielte später eine Schlüsselrolle beim China-Engagement von Volkswagen. In seinem lesenswerten Buch *China, mein Vater und ich* schildert Felix nicht nur die Geschichte seines Vaters, sondern auch die seiner Großeltern. Als kleine Händler für Mehl und Reis wurden sie Opfer des »Klassenkampfes«, und zwar schon ganz zu Beginn der »Befreiung«, wie die kommunistische Machtergreifung in China zynisch genannt wird. Felix schreibt: »Maos Propagandaapparat schürte den Klassenkampf, wo es nur ging: Besitzlose gegen Besitzende, Tagelöhner gegen Grundbesitzer, Arbeiter und Angestellte gegen Geschäftsinhaber und Unternehmer. Auch rief Mao offen zur Gewalt auf: ›Habt keine Angst, Leute zu exekutieren!‹, hieß es in einer seiner folgenden Reden. ›Erschütterung und Terror‹ – so lautete die Devise. Er erteilte seinen Anhängern damit einen Freibrief, gegen all jene vorzugehen, die ihm nicht mit genügend Enthusiasmus und Gehorsam folgten. Oft bedeutete das schlicht, dass die vorgeblichen Klassenfeinde auf offener Straße totgeschlagen wurden. Zwei Millionen Menschen wurden bis 1955 in den Städten umgebracht.« Vorher hatten kommunistische Scharfmacher bereits fünf Millionen Menschen in den Dörfern ermordet. »Weitere Millionen starben in den darauffolgenden Jahren im Zuge weiterer grausamer Kampagnen.«[7]

Vorbild für Mao war das Regime, das Lenin und Stalin in der Sowjetunion errichtet hatten. Heute hat China, wenn es nach dem kaufkraftbereinigten Bruttoinlandsprodukt geht, die USA bereits überholt. Russlands Wirtschaftsleistung hingegen ist gerade doppelt so groß wie die der Schweiz – bei 17-mal so vielen Einwohnern. Wenn man das heutige Verhältnis von China und Russland sieht, kann man sich kaum vorstellen, wie Stalin damals seinen »kleinen Bruder« Mao demütigte. Ab 1947 bemühte sich dieser um ein Treffen mit dem Führer der Sowjetunion, doch der vertröstete ihn immer wieder. Einerseits freute sich Stalin über den bevorstehenden Sieg seiner Genossen in Fernost. Andererseits sah er seine Führungsrolle gefährdet, denn China hatte deutlich mehr Einwohner als die Sowjetunion. Deshalb wollte er Mao deutlich machen, wer hier der Boss war. Die beiden Parteiführer telegrafierten sich gegenseitig, wobei der »Chat«, wie man heute sagen würde, nach sehr einseitiger Liebe klingt. Hier ein paar Auszüge:

Mao: »Ich habe beschlossen, Sie in nächster Zukunft zu besuchen. Für diese Reise ist es erforderlich, dass Sie uns zwei Transport-(Passagier-)Flugzeuge schicken.«

Stalin: »Teilen Sie Mao Zedong Folgendes mit: Mit Blick auf die anstehende Getreideernte werden führende Parteifunktionäre im August aufs Land gehen und bis zum November vor Ort bleiben. Deshalb bittet das Zentralkomitee den Genossen Mao Zedong, seinen Besuch bis Ende November zu verschieben.«

Mao: »Es ist unbedingt erforderlich, dem Lehrmeister Stalin persönlich zu berichten. Ich hoffe sehr, dass Sie uns Ihre Anweisungen übermitteln.«[8]

Dieser Austausch zog sich über zwei Jahre hin. Traf Mao

sowjetische Gesandte, gab er alles: »Mao sprang auf, erhob die Arme und rief dreimal laut aus: ›Möge Stalin zehntausend Jahre lang leben‹«, berichtete Iwan Kowaljow, der ehemalige sowjetische Eisenbahnminister, an Stalin.[9] Kowaljow überwachte in China die Reparatur von Gleisen und Brücken.

Nachdem ihm ein offizieller Staatsbesuch immer wieder verweigert worden war, versuchte es Mao mit einer Bitte, die Moskau nicht abschlagen konnte: Er wolle Stalin persönlich am 21. Dezember 1949 zu dessen 71. Geburtstag gratulieren. Stalin stimmte zu. Aber beide wussten: Mao war hier nur einer von vielen kommunistischen Parteiführern, die Stalin ihre Aufwartung machten. Und so brach er am 6. Dezember 1949 nach Moskau auf – zur ersten Auslandsreise seines Lebens. Zwar empfing Stalin ihn schon am Tag seiner Ankunft. Doch dann schob er ihn auf seine 27 Kilometer von Moskau entfernte Datscha Nr. 2 ab, die er vorher mit Abhörwanzen hatte versehen lassen. Knapp zwei Wochen lang musste Mao dort ausharren, konnte nichts tun, außer in den verschneiten Garten zu starren.[10] Derb beschwerte er sich bei Kowaljow, der weiter als Mittelsmann diente: »Bin ich nur zum Essen, Scheißen und Schlafen hier?« Kowaljow berichtete dies Stalin, dieser antwortete: »Wir haben derzeit viele ausländische Gäste. Der Genosse Mao sollte nicht herausgehoben werden.«[11]

An Stalins Geburtstag selbst demonstrierten die beiden dann innige Freundschaft. In Wochenschaufilmen ist zu sehen, wie Mao Stalin andauernd Beifall klatscht, der ihn rechts neben sich auf dem Podium stehen ließ. Die *Prawda*, das Zentralorgan der Kommunistischen Partei der Sowjetunion, schrieb, Mao sei der einzige ausländische Redner gewesen, der eine Standing Ovation bekommen habe. Beim Abendprogramm im Bolschoi-Theater riefen die Gäste im Sprechchor: »Stalin, Mao Zedong!« Worauf Mao antwortete: »Lang lebe Stalin! Der Ruhm gebührt Stalin!«[12]

Mao blieb mehr als zwei Monate in Moskau. Am 14. Februar 1950 unterzeichnete er den bereits erwähnten »Chinesisch-Sowjetischen Vertrag über Freundschaft, Bündnis und gegenseitige Hilfe«. Wichtiger als der veröffentlichte Text waren die geheimen Zusatzvereinbarungen: China erhielt ein Darlehen über 300 Millionen US-Dollar für den Kauf von Rüstungsgütern in der Sowjetunion. (Das war damals für die beiden vom Krieg geschädigten und devisenarmen Länder eine Menge Geld.) Die Sowjetunion entsandte zudem technische Spezialisten und Berater nach China, um dem Land beim Wiederaufbau zu helfen. Wermutstropfen hier: Die Volksrepublik musste ihnen vergleichsweise hohe Gehälter bezahlen, und sie unterlagen nicht der chinesischen Rechtsprechung, was verdächtig an den Status von Ausländern in der halbkolonialen Vergangenheit erinnerte. Darüber hinaus erhielt die Sowjetunion für 14 Jahre ein Monopol auf die Förderung von Rohstoffen im Nordosten Chinas und in der Region Xinjiang. Auch erkannte China die sowjetisch-chinesischen Grenzen und damit die Annexion von Gebieten an, die bereits das russische Zarenreich erobert hatte.[13] Konflikte für die Zukunft waren damit vorprogrammiert. Doch damals entschied sich Mao, das gemeinsame Ziel in den Vordergrund zu stellen: die kommunistische Weltrevolution. 1989 sagte Deng Xiaoping, in jener Zeit Chinas starker Mann, zu Michail Gorbatschow bei dessen Staatsbesuch in China: »Unter allen ausländischen Mächten, die China nach dem Opiumkrieg besetzten, drangsalierten und versklavten, richtete Japan den größten Schaden an; doch unter dem Strich zog das zaristische Russland den größten Nutzen aus China, einschließlich der Sowjetunion während eines bestimmten Zeitabschnitts.«[14]

Das Ende von Maos erstem Besuch in Moskau verlief so widersprüchlich wie der ganze Aufenthalt. Stalin kam nicht zum Abschiedsempfang für die chinesische Delegation im Kreml. Anschließend lud Mao in den Festsaal des Hotels

Metropol nahe dem Roten Platz. Für das, was dort passierte, gab es einen deutschen Augenzeugen, den späteren Spionagechef der DDR, Markus Wolf: »Ich stand mit dem Rücken zur Tür, als das Stimmengewirr im Saal auf einen Schlag erstarb. Man konnte die sprichwörtliche Stecknadel fallen hören. Ich drehte mich um und sah Stalin wenige Meter entfernt stehen. Er trug seine bekannte Litewka, weder Rangabzeichen noch Orden. Ich war überrascht, wie klein er war, und auch auf seine Glatze, die einer Tonsur ähnelte, war ich nicht gefasst gewesen. Beides stand in eklatantem Widerspruch zum Bild des ›Woschd‹, des Führers, wie Filme und Gemälde es verbreiteten. Der Grund seines unerwarteten Kommens war wohl, dass er damit vor dem Gast die Unhöflichkeit ausbügeln wollte, dass er sich beim Empfang im Kreml nicht hatte blicken lassen ... Während Zhou Enlai und Wyschinskij [der sowjetische Außenminister, Anm. A.G.] sprachen, zündete Stalin sich eine Zigarette seiner Lieblingspapyrossi der Marke Herzegowina Flor nach der anderen an. Später brachte er selbst mehrere Trinksprüche aus. Er pries die Bescheidenheit und Volksverbundenheit der chinesischen Führer ... Mao und Stalin wirkten auf uns andere Anwesende wie historische Denkmäler, wie ein Stück erlebte Geschichte, nicht wie lebende Zeitgenossen.«[15]

Atomkrieg gegen den Imperialismus

Im November 1957 reiste Mao erneut nach Moskau. Dort trafen sich die Führer von 64 kommunistischen Parteien, das größte derartige Gipfeltreffen, das es je gegeben hatte. Anlass war der 40. Jahrestag der Oktoberrevolution (die nach altem russischem Kalender im Oktober, doch nach unserer Zeitrechnung am 7. November 1917 stattfand). Mao sah seine Stunde gekommen. Stalin war seit mehr als vier Jahren tot, der neue sowjetische Parteichef Nikita Chruschtschow umstritten. Als einziger ausländischer Parteiführer wohnte Mao im Kreml, wo ein Zimmer eigens für ihn eingerichtet war, mit Holzbett und Hocktoilette. Über das weiche Federbett und die westliche Kloschüssel hatte er sich beim vorherigen Besuch beschwert. Bei der Feier zeigten sich Chruschtschow und Mao dann Hand in Hand. Auf dem Roten Platz trugen Russen chinesische Fahnen und riefen: »Lang leben Mao und China!«[16]

Als Mao dann am 18. November seine Rede hielt, glaubten manche Anwesende im Saal, es handle sich um einen Übersetzungsfehler. Doch der »Große Vorsitzende« der chinesischen Kommunisten meinte, was er sagte, als er zu einem Atomschlag gegen die freie Welt aufrief: »In einem Atomkrieg wird möglicherweise ein Drittel der Weltbevölkerung umkommen, möglicherweise die Hälfte. Doch dann bliebe immer noch die andere Hälfte übrig, der Imperialismus wäre am Boden zerstört, und die ganze Welt würde sozialistisch.«[17] Der Anführer der Italienischen Kommunistischen Partei, Palmiro Togliatti, wandte ein, China sei ja vielleicht so groß, dass es die Atomexplosionen überleben könne, sein Land aber sei zu klein, um eine Chance zu haben. Mao entgegnete ruhig: »Aber wer sagt denn, dass Italien überleben muss? Dreihundert Millionen Chinesen werden übrig bleiben, und das werden genug für das Überleben der menschlichen Rasse sein.«[18]

Das war kein Ausrutscher. Auf einem Parteikongress in China wiederholte Mao am 17. Mai 1958 diese Idee: »Macht nicht so viel Aufhebens wegen eines Weltkrieges. Schlimmstenfalls sterben Menschen ... Die Hälfte der Bevölkerung ausgelöscht – das ist in der chinesischen Geschichte einige Male passiert ... Im besten Fall bleibt die Hälfte der Bevölkerung am Leben, im zweitbesten Fall ein Drittel.«[19] Und obwohl diese Rhetorik in Moskau Bedenken auslöste, lieferte die Sowjetunion, was Mao forderte. Sie entsandte Jewgeni Worobjow, einen ihrer führenden Atomphysiker, zur

Leitung des Atombombenprogramms nach China. Innerhalb kürzester Zeit wuchs die Zahl der chinesischen Nuklearexperten von 60 auf 6000. Premierminister Zhou Enlai verkündete auf einer Sitzung: »Die Sowjetunion ist bereit, uns alle Blaupausen zu überlassen. Alles, was sie bisher gebaut hat, einschließlich der Atombomben und Raketen, wird sie uns geben. Das ist größtmögliches Vertrauen, größtmögliche Hilfe.«[20]

Zum Glück ist es zum Atomkrieg bisher nicht gekommen, aber schon in Friedenszeiten führte Maos Atomwahn zu Millionen Toten. Denn der »Große Vorsitzende« war zu großen Opfern bereit, um Atommacht zu werden, genauer gesagt: Er war bereit, die chinesische Bevölkerung große Opfer bringen zu lassen. Von 1958 bis 1961 inszenierte er den »Großen Sprung nach vorn«. Bei dieser Kampagne verhungerten, wie schon erwähnt, 45 Millionen Menschen.[21] Übrigens kam auch damals wieder Edgar Snow nach China, Maos amerikanischer Lieblingsjournalist, um die Berichte über die Hungersnot, die heute auch in China unbestritten ist, zu »widerlegen«.[22] Mao ließ die Bauern Pflüge und Töpfe einschmelzen, um kleine »Stahlwerke« zu bauen und Großbritannien wirtschaftlich zu überholen. So weit ist die Geschichte bekannt. Das ist aber nur ein Teil der Wahrheit. Wie Jung Chang und Jon Halliday in ihrer Mao-Biografie belegen, presste er den Bauern Getreide und Fleisch ab, um damit bei der Sowjetunion und den anderen sozialistischen Ländern Know-how für den Bau der Atombombe zu kaufen: »In den beiden kritischen Jahren 1958 und 1959 hätten allein die Getreideexporte, die fast genau sieben Millionen Tonnen ausmachten, genügt, um 38 Millionen Menschen täglich mit weiteren 840 Kalorien zu versorgen, dem Unterschied zwischen Leben und Tod.«[23] Auch die DDR kam in den Genuss der Lieferungen und konnte 1958 die Lebensmittelrationierung aufheben. Chinesische Bauern ernährten sich währenddessen von Gras und Blättern. Ganze Dörfer starben aus. »Die Toten sind nützlich«, erklärte Mao am 9. Dezember 1958 vor Spitzenfunktionären der Partei. »Sie können den Boden düngen.«[24]

Zurück in Shaoshan, dem Geburtsort von Mao. Viele Chinesen feiern den Bauernsohn im blauen Kittel weiter als Erlöser. »Der Osten ist rot, die Sonne geht auf, China hat Mao Zedong hervorgebracht.« Die Hymne der Kulturrevolution schallt über den Platz, während Rentner morgens um sechs ihre Holzschwerter schwingen. »Mao hat den Frühsport erfunden«, behauptet die 62-jährige Zhang Jihong. Die Alten erinnern sich, dass es unter Mao fast nichts zu essen gab. Doch das, glauben sie, »war die Schuld der örtlichen Funktionäre, Mao wusste davon nichts, er ist und bleibt der größte Führer unseres Landes«.

1. Oktober 1959, ein Foto zeigt Chruschtschow neben Mao auf dem Tor des Himmlischen Friedens bei den Feierlichkeiten zum zehnten Jahrestag der Gründung der Volksrepublik China. Mao trägt ein Rotarmisten-Käppi, Chruschtschow einen biederen weißen Hut. Für lange Zeit wird dies der letzte Besuch eines sowjetischen Parteichefs in Peking bleiben.

Der Bruderkrieg: Wer führt die Weltrevolution? (1960–1985)

»Unter Maos Führung die ganze Welt befreien«

1960 bekam das Zentralkomitee der Kommunistischen Partei der Sowjetunion einen Brief aus China mit einer klaren Ansage: »Das Zentrum der Weltrevolution hat sich nach China verlagert, und Mao Zedong ist der größte Marxist unserer Zeit.«[1] Im Juli jenes Jahres zog der sowjetische Parteichef Nikita Chruschtschow dann alle sowjetischen Berater aus China ab. Damit war der Bruch offen vollzogen. Doch angebahnt hatte er sich bereits vier Jahre zuvor.

Moskau, 25. Februar 1956: Der 20. Parteitag der KPdSU dauert schon zwölf Tage, die Delegierten sind inzwischen erschöpft davon, die gleichen Phrasen wie immer zu hören. Plötzlich lädt Chruschtschow zu einer geschlossenen Sitzung ein, Journalisten und andere Gäste müssen draußen bleiben. Die Stimmung der Delegierten schwankt zwischen gespannt und verwirrt.

Chruschtschow beginnt zu sprechen: »Es ist unzulässig und dem Geist des Marxismus-Leninismus zuwider, eine Person herauszuheben und sie zu einem Übermenschen zu machen, der gottähnliche, übernatürliche Eigenschaften besitzt, zu einem Menschen, der angeblich alles weiß, alles sieht, für alle denkt, alles kann und in seinem ganzen Verhalten unfehlbar ist.« Die Delegierten blicken starr nach vorne, keiner will dem Sitznachbarn seine Gefühle verraten. Jeder weiß, von wem die Rede ist. Es geht um genau den, der bis zu diesem Tag wie ein unfehlbarer Gott verehrt wurde: Josef Wissarionowitsch Dschugaschwili, bekannt unter seinem Parteinamen Stalin. Und dann wagt dessen Nachfolger Aussagen, für die man noch vor Kurzem erschossen, zumindest aber in ein Straflager verbannt worden wäre: »Stalin erwies sich in einer ganzen Anzahl von Fällen als intolerant und brutal und missbrauchte seine Macht. Anstatt seine politische Korrektheit zu beweisen und die Massen zu mobilisieren, schlug er oft den Weg der Unterdrückung und physischer Vernichtung ein, und zwar nicht nur im Kampf gegen tatsächliche Feinde, sondern auch gegen Personen, die keine Verbrechen gegen die Partei und die Sowjetregierung begangen hatten.« Detailliert spricht Chruschtschow darüber, wie Unschuldige gefoltert und getötet wurden: So erklärte Stalin 1108 der 1966 Delegierten des 17. Parteitags der KPdSU zu »Volksfeinden«, ließ 848 von ihnen erschießen; ganze Nationalitäten wurden zwangsumgesiedelt, etwa Tschetschenen, Inguschen und Kalmücken. Natürlich wussten die meisten Zuhörer von solchen Verbrechen, aber sie können es nicht glauben, dass der Parteichef persönlich das jetzt ausspricht. Dabei gehörte Chruschtschow zur engsten Führung um Stalin, war selbst am Massenmord beteiligt, insbesondere in der Zeit, als er für die Ukraine zuständig war. Wie zur eigenen Entschuldigung sagt er: »Wer versuchte, sich gegen grundlose Verdächtigungen und Anschuldigungen zur Wehr zu setzen, fiel den Repressalien zum Opfer.«[2]

Nach seiner Rede wird Chruschtschow ein Zettel nach oben gereicht. Er liest ihn vor:

»Was haben Sie getan, als Stalin diese Verbrechen beging?« Und setzt hinzu: »Ich bitte den Fragesteller aufzustehen.« Niemand rührt sich. Chruschtschow wartet ein paar Sekunden, dann erklärt er: »Sehen Sie, das ist genau das, was ich getan habe.«[3]

Nicht nur den sowjetischen Delegierten verschlägt es die Sprache. Im März 1956 erhalten die Führer der anderen kommunistischen Parteien eine Kopie der Rede. Der Vorsitzende der polnischen Bruderpartei erleidet bei der Lektüre einen Herzanfall und stirbt zweieinhalb Wochen später. Mao schließlich erklärt im November 1956: »Entstalinisierung ist Revisionismus.«[4] Er fürchtet, die Kritik am Personenkult um Stalin könnte zu einer Kritik am Personenkult um ihn selbst führen, deshalb sagt er: »Eine Truppe muss ihren Führer verehren.«[5] Noch vermeidet er den offenen Bruch, denn wie im vorigen Kapitel dargelegt, braucht er die Sowjetunion, um die Atombombe zu bekommen. Auch das stört ihn am 20. Parteitag der KPdSU: die neue außenpolitische Generallinie, wonach »auf der Grundlage des Leninschen Prinzips der friedlichen Koexistenz der Kurs gerichtet werden soll auf die Verbesserung der Beziehungen, die Festigung des Vertrauens und die Entwicklung der Zusammenarbeit mit allen Ländern«. Noch hofft Mao auf einen gemeinsam mit der Sowjetunion geführten Atomkrieg gegen die freie Welt.

Um dieses Ziel zu erreichen, belässt er es nicht bei martialischen Worten. Am 23. August 1958 bombardieren seine Truppen die Inselgruppe Kinmen. Sie liegt nur zwei Kilometer vor der chinesischen Provinz Fujian, gehört aber zu Taiwan. Damit will er einen Weltkrieg provozieren und ist bereit, dafür Teile der eigenen Bevölkerung zu opfern. »Vielleicht lassen die USA sich dazu bewegen, eine Atombombe auf Fujian abzuwerfen«, sagt er seinem Leibarzt Li Zhisui. »Vielleicht werden dadurch zehn oder zwanzig Millionen Menschen getötet.«[6] Doch die sowjetische Unterstützung bleibt aus, und Mao muss die Angriffe nach 44 Tagen einstellen.

Zwei Jahre später schließlich war der Bruch auch für die

Außenwelt nicht mehr zu übersehen. Der damalige Propagandachef der Kommunistischen Partei Vietnams, Xuan Vu, erinnert sich: »Im Jahr 1960 fing es an, dass die Bevölkerung im Norden über Radiolautsprecher an den Straßenecken von den Meinungsverschiedenheiten zwischen China und der Sowjetunion erfuhr. Jeden Abend übertrugen die Lautsprecher von 20 bis 20:30 Uhr eine Direktschaltung von Radio Peking. Von 20:30 Uhr bis 21 Uhr war es Radio Moskau. Die beiden Sender fingen an, sich gegenseitig zu beschimpfen. Die Chinesen beleidigten Chruschtschow, und die Russen ihrerseits beleidigten Mao.«[7]

Als Chruschtschow 1964 von Leonid Breschnew gestürzt wurde, hoffte die kommunistische Welt auf eine neue Einigung mit China. Der sowjetische Ministerpräsident Alexej Kossygin besuchte im Jahr darauf Peking und traf dort Mao. Der sagte ihm: »Wir sind für einen revolutionären Krieg, der das Ziel hat, den Imperialismus und seine Anhänger zu stürzen.«[8] Doch das war auch mit der neuen sowjetischen Führung nicht zu machen, worauf Mao ihr »Chruschtschowismus ohne Chruschtschow« vorwarf.

Meinungsverschiedenheiten gab es aber nicht nur in der kommunistischen Weltbewegung, sondern auch innerhalb der Kommunistischen Partei Chinas. Wichtige Funktionäre wie Liu Shaoqi, stellvertretender Parteivorsitzender sowie Staatsoberhaupt, und Deng Xiaoping, damals Vizepremierminister, hielten nichts vom »Großen Sprung nach vorn« und von anderen ideologischen Experimenten. Mao sah seine Macht bedroht – und wählte einen unkonventionellen Ausweg. Im August 1966 schrieb er eine Wandzeitung mit der Überschrift: »Das bürgerliche Hauptquartier bombardieren«. Er, der selbst an der Spitze der regierenden Kommunistischen Partei stand, rief also zur Rebellion gegen den Rest der Führung auf – und bezeichnete seine eigenen Genossen als »bürgerlich«, aus kommunistischer Sicht ein Todesurteil. Das Unterfangen nannte er »Große proletarische Kulturrevolution«. Sie sollte sich über zehn Jahre erstrecken und bis zu 20 Millionen Menschen das Leben kosten.[9] Mao schrieb: »Das Hauptangriffsziel sind jene innerhalb der Partei, die Machtpositionen innehaben und den kapitalistischen Weg gehen.« Er bildete eine »Gruppe Kulturrevolution«, die aus seinen engsten Vertrauten bestand und nun anstelle der Staatsorgane und der Kommunistischen Partei die Führung in China übernahm. Mit der Leitung dieser Gruppe beauftragte er seine Ehefrau Jiang Qing. Sie und ihre Mitstreiter organisierten im ganzen Land die Gründung von »Roten Garden« aus fanatisierten Jugendlichen, die von Mao begeistert waren.

Rotgardisten ermordeten Staatspräsident Liu Shaoqi und viele andere Politiker und Beamte. Bevor sie Pekings Bürgermeister Peng Zhen in einem Stadion den »Prozess« machten, schleppten sie ihn mit Holzbrett um den Hals und »Schandmütze« auf dem Kopf durch die Hauptstadt. Deng Xiaoping wurde abgesetzt und öffentlich verprügelt. Seinen Sohn Deng Pufang warfen die Rotgardisten aus dem Fenster, er ist seither querschnittsgelähmt. Nächste Opfer der Kulturrevolution waren die Intellektuellen (»die bürgerlichen, reaktionären akademischen Autoritäten«) und die ausländische sowie die traditionelle Kultur (»die alte Kultur, die alten Sitten und Gewohnheiten zerstören«). Beseitigt werden sollte, wer und was auch immer Maos Machtstreben im Weg stehen konnte. »Bücher, die nicht das Denken Mao Zedongs wiedergeben, müssen verbrannt werden«, forderten die Pekinger Roten Garden in ihrem Programm vom 23. August 1966. Sie verprügelten und verhafteten willkürlich Bürgerinnen und Bürger, die sie als »Rinderteufel« und »Schlangengeister« bezeichneten. Opfer waren oft die, die in den Jahren des Bürgerkriegs und nach dem Sieg der Kommunisten hoffnungsfroh in die Partei eingetreten waren, weil sie glaubten, jetzt werde sich ihr Land zum Guten verändern.

Die Exzesse taten der internationalen Begeisterung für China keinen Abbruch, im Gegenteil. Laut Ferndiagnose wurde hier mit dem bürokratischen Sozialismus sowjetischer Prägung gebrochen und regierten wahrhaft die »Volksmassen«. Die europäische Studentenbewegung wähnte Gleichgesinnte am Werk. Berlin, Januar 1967, eine Veranstaltung des Sozialistischen Deutschen Studentenbunds (SDS): Einer der Anwesenden schreibt den Mao-Spruch »Rebellion ist berechtigt« an die Tafel.[10] Paris 1968: Studierende besetzen die Universität Sorbonne und hängen Mao-Porträts an Säulen und in die Fenster.[11] Die US-Schauspielerin und Oscar-Preisträgerin Shirley MacLaine reist 1973, also noch während der Kulturrevolution, nach China und schreibt anschließend: »Der beste Beweis für Maos Theorien waren die modernen Chinesen selbst«, sie seien »so offen und lebendig«.[12] Der französische Schriftsteller und Philosoph Jean-Paul Sartre bezeichnet Maos »revolutionäre Gewalt« als »tief moralisch«.[13] Der Fußballspieler Paul Breitner liest beim Training der Nationalmannschaft demonstrativ die »Mao-Bibel« und die *Peking Rundschau*, in der Sätze stehen wie: »Der Große Vorsitzende Mao ist der Große Führer der revolutionären Völker der Welt. Er erleuchtet die Herzen der revolutionären Völker der Welt und weist den Weg zum Sieg in der Revolution.«[14]

Maos Marschall Ye Jianying meinte: »Unter Maos Führung haben wir nur 22 Jahre gebraucht, um China zu befreien. In den nächsten 25 Jahren unter Maos Führung werden wir die ganze Welt befreien.«[15] Neu war hier die Idee der internationalen Expansion unter Führung von Mao als Person, nicht die Idee der internationalen Expansion an sich. Schon ab 1949 gab es in China Kaderschulen für Ausländer, vergleichbar mit der, die ich in der DDR ein Jahr lang besucht habe: Bereits drei Monate vor Gründung der Volksrepublik wurden kommunistische Aktivisten aus Asien in einem Institut für Marxismus-Leninismus unterrichtet, das ebenfalls einjährige Kurse anbot.[16] Jetzt, nach dem Bruch, ging es darum, wer die kommunistische Weltbewegung führte, Moskau oder Peking. Das Ziel blieb aber das gleiche: die Weltrevolution, also eine weltweite Diktatur der Kommunistischen Partei. Daran bestand auch bei unserer Ausbildung an der Jugendhochschule Wilhelm Pieck keinerlei Zweifel. Gestritten wurde mit den chinesischen Genossen nur über die Strategie, diese Weltrevolution zu erreichen.

Die Sowjetunion und ihre Verbündeten im Ostblock setzten jetzt auf friedliche Beziehungen zu den kapitalistischen Ländern, bei gleichzeitiger Förderung von kommunistischen Parteien dort. Diese unterwanderten Bewegungen, die mit populären Losungen (»Frieden«, »Abrüstung«, »Umweltschutz«) den außenpolitischen Zielen des sozialistischen Lagers dienen sollten. Ich weiß, wovon ich rede, schließlich war das mehr als ein Jahrzehnt lang genau meine Aufgabe. Unseren größten Erfolg feierten wir Anfang der 1980er-Jahre mit dem »Krefelder Appell« gegen die Stationierung von amerikanischen Pershing-2-Raketen und Cruise-Missiles, nicht aber gegen die sowjetischen SS-20-Raketen. Vier Millionen Westdeutsche unterzeichneten ihn, darunter Petra Kelly, die damals an der Spitze der Grünen stand, ihr Ehemann Gert Bastian, ein ehemaliger General der Bundeswehr, Pastor Martin Niemöller, ein allseits respektierter Widerstandskämpfer gegen das Dritte Reich, und viele bekannte Kunstschaffende, etwa die Schriftstellerin Luise Rinser und der Publizist Gösta von Uexküll. Bei der Friedensdemonstration im Bonner Hofgarten 1983 sprach sogar der SPD-Vorsitzende Willy Brandt gegen den NATO-Doppelbeschluss, der auf seinen Parteikollegen und Nachfolger als Bundeskanzler Helmut Schmidt zurückging.

Wir, also die Deutsche Kommunistische Partei, waren zwar mit 0,3 Prozent Stimmenanteil bei den Bundestagswahlen keine besonders beliebte Partei. Aber dank massiver Unterstützung aus dem Osten verfügten wir über die Infrastruktur, um bundesweite Unterschriftensammlungen, Großdemonstrationen und Friedensfestivals zu organisieren, sowie über finanzielle Mittel, um Busse anzumieten und Gagen von Künstlern zu bezahlen. Die DKP hatte Büros in allen großen und mittelgroßen Städten. Wir besaßen in unseren besten Zeiten 14 Verlage, eine Buchhandelskette (erst »Collectiv-Buchhandlungen«, dann »Akzent-Buchhandlungen« genannt), 15 Zeitungen und Zeitschriften, ja, sogar ein eigenes Musiklabel (Schallplattenverlag Pläne). Vor allem aber stützten wir uns auf 720 hauptamtliche Funktionäre. Die waren pro forma bei westdeutschen Filialen von DDR-Unternehmen angestellt und bekamen von dort ihr Gehalt, ich etwa bei der Druckerei Plambeck in Neuss, die ihre Einnahmen aus dem Druck eines *Messemagazins International* für die Leipziger Messe bezog. Andere Genossinnen und Genossen »arbeiteten« bei Import-Export-Firmen der DDR im Hamburger Hafen, mussten dort aber nie erscheinen, sondern konnten sich Vollzeit dem politischen Engagement widmen. Unsere weiteren Stärken waren unsere strikte Parteidisziplin und unsere tiefe ideologische Überzeugung, die uns dazu verleitete, sieben Tage in der Woche von morgens bis nachts für die »große Sache« zu »kämpfen«.

An der Jugendhochschule Wilhelm Pieck hatten wir ihn auswendig gelernt, den Satz von Lenin: »Kommunismus – das ist Sowjetmacht plus Elektrifizierung des ganzen Landes.«[17] Insofern wussten wir über die Bedeutung der Energieversorgung für ein Land. Konsequenterweise beteiligten wir uns an der Besetzung der Bauplätze von Atomkraftwerken, ich in Wyhl am Kaiserstuhl, andere in Brokdorf, um den »staatsmonopolistischen Kapitalismus«, so der Parteijargon, zu schwächen. In den sozialistischen Ländern waren wir hingegen für Atomkraftwerke, was wir damit begründeten, dass sie dort sicher seien, denn dort stehe nicht der Profit im Mittelpunkt, sondern der Mensch. Der Atomunfall im sowjetischen Tschernobyl 1986 war zugegeben nicht besonders hilfreich für diese Argumentation, weshalb jene Katastrophe zum Niedergang der kommunistischen Bewegung in der Bundesrepublik entscheidend beitrug, auch zu meinem Abschied vom Kommunismus.

Weltpolitische Konflikte an einem See in Brandenburg

Einig mit der Kommunistischen Partei Chinas waren wir uns darin, »Befreiungskriege« in der »Dritten Welt« zu unterstützen, wie man damals nannte, was heute oft als »Globaler Süden« bezeichnet wird. Liu Shaoqi, Stellvertreter Maos und wie geschildert später selbst Opfer der Kulturrevolution, erklärte, China solle »den unterdrückten Völkern Asiens mit allen Mitteln bei ihrem Befreiungskampf helfen«[18]. Auch die Sowjetunion bewaffnete und trainierte weiter »antiimperialistische Bewegungen« in Asien, Afrika und Lateinamerika. Das erhöhte den Einsatz beider Mächte, Konkurrenz belebt das Geschäft. Wobei es hier um ein tödliches Geschäft ging, auch wenn die dadurch bedingte Spaltung mancher Gruppen äußerlich an die Filmkomödie *Das Leben des Brian* erinnerte, »Volksfront von Judäa« gegen »Judäische Volksfront«.

An der Jugendhochschule Wilhelm Pieck, die am idyllischen Brandenburger Bogensee etwa 15 Kilometer nördlich der Berliner Stadtgrenze lag, waren all diese Bewegungen vertreten, und wir konnten die Konflikte im Kleinen beobachten. Hier skizziere ich das kurz am Beispiel einiger Länder:

Südafrika: Mitglieder des African National Congress (ANC), der gegen die Apartheid kämpfte, studierten mit uns gemeinsam, wurden also vom sowjetischen Lager unterstützt. Ihr Anführer Nelson Mandela hatte aber auch Maos Militärstrategien studiert. ANC-Offiziere lernten in China, wie man einen Guerillakrieg führt. Unter ihnen war auch Raymond Mhlaba, Kommandeur des Umkhonto we Sizwe (»Speer der Nation«), wie der bewaffnete Arm des ANC hieß. In einem chinesischen Krankenhaus wurde ihm eine Geschwulst von der Stirn entfernt, die ihn für die südafrikanische Polizei leicht erkennbar gemacht hatte.[19] Später war Mhlaba gemeinsam mit Mandela auf Robben Island inhaftiert.

Simbabwe: Mit jeweils mehr als einem Dutzend Kämpfern waren sowohl die Zimbabwe African National Union (ZANU) als auch die Zimbabwe African People's Union (ZAPU) an der Jugendhochschule vertreten. Sie waren mit uns allen befreundet, aber untereinander gingen sie sich aus dem Weg. »Ich traue denen nicht«, sagte mir ein Studienkollege von der ZAPU morgens einmal in unserer Gemeinschaftsdusche. An der Spitze der ZANU stand Robert Mugabe, die ZAPU wurde von Joshua Nkomo geführt. Die ZANU-Kämpfer gehörten meist zur Volksgruppe der Shona, die der ZAPU zur Volksgruppe der Ndebele. Vor allem aber orientierte sich die ZANU eher an der Volksrepublik China, die ZAPU stärker an der Sowjetunion. In China lernten ZANU-Soldaten, wie man Landminen legte. Ihr Anführer Mugabe regierte Simbabwe von 1980 bis 2017 als brutaler Diktator. Seine Säuberungskampagne nach maoistischem Vorbild hieß »Gukurahundi«, übersetzt »Der frühe Regen wäscht die Spreu weg vor dem Frühlingsregen«. Mugabe gründete eine spezielle Brigade, um, wie er sagte, »mit Dissidenten und anderen Sorgen im Land fertigzuwerden«. Die Brigade tötete 20000 Menschen, vor allem Ndebele. Der Terror »beendete« dann auch den Konflikt mit der ZAPU – sie wurde mit der ZANU zur Einheitspartei ZANU-PF (für »Patriotic Front«) verschmolzen. Mugabes Nachfolger Emmerson Mnangagwa wurde in den 1960ern in China ausgebildet; nachdem er Mugabe 2017 abgesetzt hatte, wurde er von Xi Jinping als »alter Freund Chinas« im Amt begrüßt.

Bereits 2015 hatte Xi bei einem Staatsbesuch in Simbabwe gesagt: »China und Simbabwe haben, trotz der riesigen Entfernung zwischen ihnen, eine traditionelle Freundschaft gepflegt, die tief und dauerhaft ist. Während des nationalen Befreiungskampfes in Simbabwe stand das chinesische Volk standhaft als Waffenbruder hinter dem simbabwischen Volk. Es hat mich berührt zu hören, dass viele simbabwische Freiheitskämpfer, die von chinesischer Seite sowohl in China als auch im Lager Nachingwea in Tansania ihre Ausbildung erhielten, noch heute Maos Lieder wie ›Drei Hauptregeln der Disziplin und acht Punkte zur Beachtung‹ singen können.«[20]

Naher Osten/Nordafrika: Es klingt wie ein Klischee, aber die Mitstudierenden von der Palästinensische Befreiungsorganisation (PLO) an der Jugendhochschule trugen tatsächlich die traditionellen Palästinensertücher, auch Hatta oder Kufiya genannt. Geführt wurde die Organisation damals von Jassir Arafat, der oft in der DDR zu Gast war und bei Militärparaden neben Erich Honecker auf der Tribüne stand, zuletzt noch kurz vor dem Ende der DDR bei der Ehrenparade der Nationalen Volksarmee zum 40. Jahrestag der Republik am 7. Oktober 1989. Ebenfalls von der Sowjetunion und der DDR unterstützt wurde der mit Arafat damals eng verbündete irakische Diktator Saddam Hussein. Im eigenen Land ließ er die Kommunisten allerdings foltern und hinrichten. Die Lehrer an der Jugendhochschule verklärten das als »komplizierte Dialektik des revolutionären Weltprozesses«. Schließlich gehörte der Irak zu den, in unserem damaligen Verständnis, »befreiten Völkern Afrikas, Asiens und Lateinamerikas«. Auch Mao hatte Freunde im arabischen Raum. Der libysche Herrscher Muammar al-Gaddafi forderte, an den »Großen Vorsitzenden« angelehnt: »Alle in der Welt vorherrschenden Erziehungsmethoden sollten im Zuge einer weltweiten Kulturrevolution abgeschafft werden.« Mao hatte von 1966 bis 1969 alle Schulen und Universitäten in China geschlossen, Gaddafi erklärte dies zur Tugend: »Die Schulpflicht, mit der sich die Länder der Welt immer dann brüsten, wenn sie diese ihrer Jugend aufzwängen können, ist eine der Methoden, die die Freiheit unterdrückt. Sie ist ein Akt der Diktatur und schädlich für die Freiheit, weil sie den Menschen seiner freien Entscheidung beraubt, seiner Kreativität und seiner Brillanz. Ein menschliches Wesen zu zwingen, nach einem festen Lehrplan zu lernen, ist ein diktatorischer Akt.«[21] Die Menschen in Libyen hätten sich damals wahrscheinlich gefreut, wenn sich die Diktatur auf Lehrpläne beschränkt hätte.

Afghanistan: Als am 25. Dezember 1979, also während meiner Zeit an der Jugendhochschule, sowjetische Truppen in Afghanistan einmarschierten, wurde dieser Konflikt auch in unserer kleinen Welt ausgefochten. Schließlich hatten wir fünf afghanische Mitstudenten. Bei der Weihnachtsfeier zückte einer von ihnen ein Messer und stach auf einen anderen ein, versuchte ihn umzubringen. Der Hintergrund: Sie alle gehörten zur kommunistischen Regierungspartei ihres Landes, der sogenannten Demokratischen Volkspartei Afghanistans, die 1978 durch einen Putsch an die Macht gekommen war. Innerhalb dieser Partei gab es zwei Lager: Die radikale Chalk-Fraktion um Hafizullah Amin, bis dahin Präsident von Afghanistan, wollte der Bevölkerung mit Massenhinrichtungen den Islam austreiben. Seine Methoden erinnerten an Stalin und Mao. Im Vergleich dazu gemäßigt war die Partscham-Fraktion, sie sah die Herrschaft der kommunistischen Regierung durch solch extreme Methoden gefährdet, schließlich hatten diese zu einem Aufstand der Mudschahedin geführt. Sowjetische Truppen töteten Amin mit einer Handgranate und brachten den Partscham-Anführer Babrak Karmal an die Macht, gleichzeitig sollten sie den Aufstand niederschlagen. Der Riss durchzog auch unsere kleine afghanische Seminargruppe, und eben deshalb griff einer mit dem Messer ein Mitglied der anderen Fraktion an. Zum Glück konnte das Opfer im Krankenhaus gerettet werden. Der Gewalttäter wurde nach Afghanistan abgeschoben, unser Schulleiter Klaus Böttcher begleitete ihn zum Flughafen. Wie sich Böttcher erinnert, sagte ihm ein DDR-Diplomat dort, er solle höflich zum Täter sein: »Vielleicht begegnest du ihm einmal als Regierungsbeamten wieder.«[22]

Nicaragua: Das kleine Land in Mittelamerika genoss damals viele Sympathien in der Bundesrepublik, nicht nur bei uns dogmatischen Linken. Kaffee aus Nicaragua zu kaufen galt als »fair«, manche reisten dorthin und arbeiteten bei Solidaritätsprojekten, auch ich besuchte das Land als Journalist. Deshalb begeisterte es uns besonders, gemeinsam mit Jugendlichen von der dortigen Frente Sandinista de Liberación Nacional (Sandinistische Nationale Befreiungsfront) zu studieren. Nicaraguas Präsident Daniel Ortega, nach einer Unterbrechung seit 2007 wieder durchgehend im Amt, besuchte sogar höchstpersönlich die Jugendhochschule Wilhelm Pieck. Gesungen wurde die Hymne der Sandinisten, die den Spirit der »antiimperialistischen Weltbewegung« ausdrückt:

Vorwärts, Genossen,
bringen wir die Revolution voran,
unser Volk ist Herr seiner Geschichte
und Architekt seiner Befreiung.
Kämpfer der Frente Sandinista,
da vorne ist unsere Zukunft,
die schwarz-rote Fahne schützt uns.
Freies Vaterland – Sieg oder Tod!
Die Söhne Sandinos
verkaufen sich nicht, noch ergeben sie sich,
wir kämpfen gegen den Yankee,
den Feind der Menschheit.

Die klare Stoßrichtung gegen »den Yankee«, also die US-Amerikaner, war damals wie heute Kern des Programms. Daniel Ortega, in jener Zeit ein enger Freund der Sowjetunion und der DDR, ist nach einer Phase diplomatischer Beziehungen zu Taiwan heute ein Verbündeter Chinas. Die Volksrepublik rüstet sogar die nicaraguanische Nationalpolizei aus, die für ihre Menschenrechtsverletzungen berüchtigt ist.[23]

Kambodscha: Wir studierten schon einige Monate an der Jugendhochschule, da kamen plötzlich Neue: Angehörige eines »Sonderlehrgangs«, etwa zwei Dutzend junge Frauen und Männer aus Kambodscha. Zu ihrer Begrüßung versammelten wir uns alle im Lektionssaal, dem großen Vorlesungssaal. Wir wussten: Das von China unterstützte Pol-Pot-Regime hatte mehr als ein Viertel der Bevölkerung Kambodschas ermordet, darunter fast alle Intellektuellen. Jetzt war die vietnamesische Armee, ein Verbündeter der Sowjetunion, dort einmarschiert, um den Völkermord zu stoppen (natürlich auch aufgrund des Streits der beiden sozialistischen Supermächte um den richtigen Weg zur Weltdiktatur). Von null musste das Land neu aufgebaut werden. Wegen der Katastrophe, die ihr Land hinter sich hatte, waren die Studierenden aus Kambodscha sehr jung und sehr dünn. Es war klar: Die kehren nach ihrer Rückkehr nicht wie wir in ein mehr oder weniger normales Leben zurück, die werden sofort wichtige Positionen in der Regierung übernehmen. Denn fast die gesamte Elite des Landes war dem Massenmord zum Opfer gefallen.

Eine ähnliche Schule wie die von mir besuchte war das Yafeila Peixun Zhongxin, das nahe dem Neuen Sommerpalast in Peking lag. Sozialistische Länder lieben Abkürzungen. Die Sowjetunion nannte ihre erste Geheimpolizei Tscheka (nach den russischen Anfangsbuchstaben von »Allrussische Außerordentliche Kommission zur Bekämpfung von Konterrevolution, Spekulation und Sabotage«) und ihre Arbeitslager Gulag (für »Hauptverwaltung der Besserungsarbeitslager und -kolonien«), die DDR kannte die LPG (»Landwirtschaftliche Produktionsgenossenschaft«) oder den NSW-RK (»Reisekader für das nichtsozialistische Wirtschaftsgebiet«, also Leute, die ins westliche Ausland reisen durften). In *Yafeila Peixun Zhongxin* steht *Ya* für *yazhou* (»Asien«), *fei* für *feizhou* (»Afrika«) und *la* für *lamei* (»Lateinamerika«), *peixun* heißt »Schulung« und *zhongxin* »Zentrum«.

Zu den Studenten des Yafeila Peixun Zhongxin gehörte etwa der Peruaner Abimael Guzmán. Er erinnerte sich später so an seine Ausbildung in Peking: »Als wir mit empfindlichen Chemikalien umgingen, rieten sie uns, immer zuallererst auf unsere Ideologie zu bauen, weil wir dann alles tun könnten ... Sie sagten uns, dass alles explodieren kann ... Wir nahmen einen Stift in die Hand, und er explodierte, und als wir uns auf einen Stuhl setzten, flog auch der in die Luft ... Alles konnte in die Luft gesprengt werden, wenn man nur herausfand, wie ... Diese Schule hat viel zu meiner Wertschätzung für den Vorsitzenden Mao Zedong beigetragen.«[24] Nach dem Studium an der chinesischen Parteischule führte Guzmán die maoistische Terrororganisation »Leuchtender Pfad«, deren Aktionen in Peru 70000 Menschenleben kosteten.[25]

Ein anderer Absolvent des Yafeila Peixun Zhongxin war der Kambodschaner Saloth Sar. Bekannt wurde er unter seinem Kampfnamen: Pol Pot. Also genau der Pol Pot, der für den Massenmord in Kambodscha verantwortlich war. Die Orte, an denen seine Opfer getötet und verscharrt wurden, nennt man heute »Killing Fields«.

Killing Fields: Wie China die Revolution nach Kambodscha exportierte

1997 besuchte ich Kambodscha zum ersten Mal. In dem Beitrag für *Spiegel TV*, den wir dort filmten, ging es ebenfalls um ein schlimmes Thema: Menschenhandel, entführte Kinder, die in Europa an Pädophile verkauft wurden. Unbedingt wollte ich die Zeit dort aber auch nutzen, um mich über die Verbrechen Pol Pots zu informieren. Deshalb fuhr ich von der Hauptstadt Phnom Penh in das etwas mehr als zehn Kilometer südlich davon gelegene Völkermord-Gedenkzentrum Choeung Ek, einen ehemaligen Obstgarten. Allein hier hatten die von Pol Pot geführten Roten Khmer 17 000 Menschen exekutiert. Und dies ist nur eine von mehr als 300 derartigen Stätten, eines von mehr als 300 Killing Fields.

Am Eingang des Freilichtmuseums steht ein schmales, hohes Gebäude mit spitzer Kuppel, ein buddhistischer Stupa. Schon als ich die Treppen nach oben steige, sehe ich von außen, was hier hinter Glasvitrinen ausgestellt wird: Schädel toter Menschen, 5000 Totenschädel, wie ich erfahre, aufgeschüttet in zahlreichen übereinandergestapelten Glasvitrinen. Insgesamt ermordeten die Roten Khmer zwei Millionen Menschen, mehr als ein Viertel der damaligen Bevölkerung Kambodschas. Seinen Anfang nahm es als großes maoistisches Experiment, das scheinbar gut begann, am 17. April 1975: Die Kämpfer der Roten Khmer eroberten Phnom Penh, der verhasste General Lon Nol, eine Marionette der USA, war gestürzt. Doch nun setzte Pol Pot um, was er in Peking gelernt hatte. Sein Vorbild war Maos Kulturrevolution, doch er wollte alles noch radikaler umsetzen, ein Musterschüler eben. Unter Mao waren die Jugendlichen aus den Städten aufs Land geschickt worden, um »von den armen Bauern umerzogen« zu werden. Pol Pot begann gleich mit der Zwangsumsiedlung der gesamten Stadtbevölkerung. Seine aus den Dörfern stammenden Soldaten, viele von ihnen Kinder und Jugendliche, zogen in ihren schwarzen, pyjamaartigen Anzügen in Phnom Penh von Tür zu Tür, zwangen die Bewohner, ihre Häuser zu verlassen, und führten sie in großen Fußmärschen zu ländlichen Gebieten. Dort mussten sie harte Feldarbeit leisten, pro Tag erhielten sie eine Schale Reis. Doch dabei blieb es nicht. Da sie im Vergleich zu den Bauern wohlhabend gewesen waren, rief Pol Pot dazu auf, sie als »Klassenfeinde« zu töten.

Ich gehe über das Gelände. Weiträumig verteilt stehen dort Holzgerüste mit Strohdächern und Holzzäunen. Die Inschriften zeugen von der Schreckensherrschaft der Roten Khmer: »Massengrab von 440 Opfern« – »Massengrab von 166 Opfern ohne Köpfe« – »Massengrab von mehr als 100 Kindern und Frauen, die Mehrheit von ihnen war nackt«. Hinter einer Glasvitrine mitten auf dem Feld liegt ein Haufen von Blusen, Unterhosen und anderen Kleidern der Ermordeten, die 1980 nach dem Sturz Pol Pots bei einem Regensturm an die Oberfläche gespült wurden. In einer anderen Glasvitrine sind Knochen zu sehen, die damals ausgegraben wurden. Dazwischen sehe ich Gruben, jede von ihnen war ein Massengrab.

Als Erstes wurden wirkliche und vermeintliche Intellektuelle getötet. »Mein Vater hat nur überlebt, weil er verbarg, dass er Ingenieur war, sein Diplom verbrannte und in eine andere Provinz floh, wo ihn keiner kannte«, erzählt mir Chanuk, der mich im November 2023 in die buddhistische Wat-Krom-Pagode von Sihanoukville führt. Jetzt bringen kahl geschorene Mönche in orangenen Umhängen wieder Tee und Reis als Opfergaben zum Altar. Pol Pots Schergen nutzten diesen Tempel mit seinen vergoldeten Mauern als Gefängnis und gleichzeitig als Vernichtungslager. »Mein Vater wusste, wie man auf dem Feld arbeitet, deshalb wurde er nicht durchschaut. Mehrere seiner Kollegen stellten sich dort ungeschickt an und wurden deshalb ermordet.« Auch

Chanuks Onkel und seine Tante haben den Terror nicht überlebt. Sie gab zu, Lehrerin zu sein, das reichte als Hinrichtungsgrund aus. Ebenso ging es Ärzten. Wo man den Beruf nicht nachweisen konnte, genügten andere »Indizien«, um jemanden zu ermorden. Die Kambodschanerin Phal Ros erinnert sich: »Wer lesen konnte, wer eine Brille trug, wer helle Haut hatte, der war grundsätzlich verdächtig.«[26] Ermordet wegen »zu heller Haut« – auch interessant vor dem Hintergrund mancher aktueller Debatten, wonach die Diskriminierung immer mit der Dunkelheit der Hautfarbe zunehme.

Pol Pot legte Wert darauf, auch Kinder und Babys zu töten. Sein Verteidigungsminister Son Sen sagte: »Es bringt nichts, sie zu behalten, weil sie eines Tages Rache nehmen könnten.«[27] An einem Baum auf dem Killing Field hängen bunte Bänder, »Bänder der Freundschaft« genannt und von trauernden Hinterbliebenen zum Gedenken an die Opfer befestigt. Daneben steht ein Holzschild auf zwei Stöcken: »Tötungsbaum, gegen den die Henker Kinder schlugen«. Was damit gemeint ist, wird auf einer Grafik dargestellt: Die Roten Khmer hielten die Babys an den Beinen fest und schleuderten sie mit ihren Köpfen gegen den Baumstamm, immer wieder, bis sie tot waren. Hinter einer weiteren Vitrine sind Mordinstrumente ausgestellt, mit denen die Erwachsenen ermordet wurden: Messer, Äxte, Hacken, Spaten, Knüppel, Bambusstangen, Holzstöcke. Das gehörte zu den Besonderheiten des Steinzeitkommunismus von Pol Pot: Er verzichtete weitgehend darauf, die Opfer zu erschießen, »um Munition zu sparen«.

Nicht alle fanden das schlecht damals. »Durch seinen lang anhaltenden Befreiungskampf gegen den US-Imperialismus, der durch den Sieg vom 17. April gekrönt wurde, durch die Erfolge beim Wiederaufbau des Landes und beim Aufbau des Sozialismus in Kampuchea hat das kampucheanische Volk bereits große Beiträge zur Sache der internationalen Arbeiterklasse und der Völker der Welt geleistet«, schrieb 1980, als der Völkermord längst bekannt war, Joscha Schmierer in einer Grußbotschaft an Pol Pot. Schmierer war zu jener Zeit Anführer des maoistischen Kommunistischen Bundes Westdeutschland (KBW) und gehörte später zum Planungsstab der Bundesaußenminister Joschka Fischer und Frank-Walter Steinmeier. Weiter heißt es in seinem Schreiben von damals mit Bezug auf den Krieg der Pol-Pot-Einheiten gegen die Vietnamesen, die dem Völkermord ein Ende gesetzt hatten: »Durch seinen jetzigen Widerstandskrieg leistet das Volk von Kampuchea erneut einen entscheidenden Beitrag für die Sache der internationalen Arbeiterklasse und der Völker der Welt. Durch diesen Kampf verteidigt es seine nationale Existenz, sein Land und seine Unabhängigkeit. Dieser Kampf durchkreuzt das weitere Vordringen der Sowjetunion in Südostasien und verteidigt damit auch die Unabhängigkeit der Völker Südostasiens und der Welt.«[28] 1978 hatte Joscha Schmierer als Leiter einer KBW-Delegation Kambodscha besucht und war dabei von Pol Pot empfangen worden.

Auf dem Killing Field von Choeung Ek steht auch der »magische Baum«, fast zwei Meter Durchmesser, dicke Wurzeln. Die Inschrift dazu: »An diesem Baum war ein Lautsprecher aufgehängt, um das Stöhnen der Opfer während ihrer Hinrichtung zu übertönen.« Als dieser Terror begann, flog Pol Pot nach Peking, vergnügte sich mit Mao an dessen Swimmingpool und wurde von diesem für den Terror gegen die Stadtbevölkerung gelobt. Schon von schwerer Krankheit gezeichnet, sagte Mao laut dem beteiligten Dolmetscher, er sei »außerstande, seine Ambitionen voll auszuleben und den Kommunismus zu beschleunigen. Zum Glück konnte sein Ideal in Kambodscha aufblühen. Er war zuversichtlich, dass die Roten Khmer die künftigen Fahnenträger der Weltrevolution würden.« Zum Abschied sagte Mao: »Was wir tun wollten, was uns aber nicht gelang, das erreicht ihr.«[29]

China unterstützte Pol Pot mit Hilfsgeldern in Höhe von mehr als einer Milliarde US-Dollar und mit Militärberatern.[30] Andrew Mertha, Direktor des SAIS China Global Research Center an der Johns Hopkins University, ist einer der führenden Experten weltweit für die Beziehungen zwischen China und Kambodscha. »Das Regime der Roten Khmer hätte sich ohne Chinas Beistand keine Woche lang gehalten«, meint er.[31] Pol Pot selbst verklärte das ideologisch: »Für Kampuchea sind die Mao-Zedong-Gedanken die kostbarste chinesische Hilfe. Wir haben kreativ und erfolgreich die Mao-Zedong-Gedanken auf die realen Gegebenheiten Kampucheas angewandt.«[32]

Vietnam zwischen den Fronten

Der Konflikt zwischen der Sowjetunion und China um die Führung bei der Weltrevolution verschärfte sich. Im März 1969 schossen Soldaten beider Länder am Grenzfluss Ussuri aufeinander. Beide Seiten beschuldigten sich gegenseitig, angefangen zu haben, und nannten unterschiedliche Opferzahlen. Es gab wohl mehrere Hundert Tote. Vordergründig ging es um eine unbewohnte, 0,74 Quadratkilometer kleine Flussinsel, die auf Russisch Damanski und auf Chinesisch Zhenbao heißt und die beide Länder beanspruchten. In Wahrheit kämpften sie, wie gesagt, um die Vormacht in der kommunistischen Weltbewegung. Der sowjetische Dichter Jewgeni Jewtuschenko attackierte Mao: »Wenn Marx nur sehen könnte, wozu sich in den Händen eines bösen Mannes eine heilige Idee verwandelt hat.« Radio Peking entgegnete: »Die sowjetischen Verräter benehmen sich wie tolle Hunde, sie werden so lange nicht weinen, bis sie ihre Särge sehen.«[33] Als später Moskau und Peking ihre ideologischen Streitigkeiten beilegten, waren sie sich auch über die Insel schnell einig. Seit 1991 gehört sie offiziell zu China.

Ein Beispiel dafür, dass die Interessen von China und Russland nicht so gegensätzlich sind, wie manche im Westen hoffen. Doch bevor sich die Beziehungen verbesserten, verschlechterten sie sich erst noch einmal.

Das hing auch damit zusammen, dass die Vietnamesen den maoistischen Terror in Kambodscha bekämpften. In China setzte sich nach dem Tod Maos der gemäßigte Deng Xiaoping durch. Doch auch er sah Kambodscha als engen Verbündeten und empörte sich über Vietnam, das in seinem Krieg gegen die USA sowohl von der Sowjetunion als auch von China unterstützt worden war. In einem Gespräch mit Lee Kuan Yew, dem Premierminister Singapurs, sagte Deng: »Dieses undankbare Volk muss bestraft werden. Wir gaben ihnen 20 Milliarden Dollar an Hilfsmitteln, chinesischen Schweiß und Blut, und sehen Sie, was passiert ist.«[34] Am 17. Februar 1979, wenige Wochen nach dem Sturz Pol Pots durch die vietnamesische Armee, überfielen Chinas Truppen Vietnam. 200 000 chinesische Soldaten standen 70 000 vietnamesischen Soldaten gegenüber. Doch während die Volksbefreiungsarmee durch die Kulturrevolution zerrüttet war, hatten die Vietnamesen gerade die USA besiegt. Dank ihrer überlegenen Kampfkraft konnten sie die Chinesen zurückschlagen, am 16. März erklärte Peking die »Strafaktion« für beendet. Trotzdem sind diese blutigen Wochen ein Beispiel dafür, dass Chinas Geschichte, wie die anderer Großmächte, eine Geschichte von Kriegen ist. China hat keineswegs eine »Friedens-DNA«,[35] wie Xi Jinping behauptet, oder noch nie andere Länder angegriffen, wie Gutgläubige im Westen meinen. Nach unabhängigen Schätzungen sind im Chinesisch-Vietnamesischen Krieg von 1979 mehr als 56 000 Menschen gefallen.[36]

Als die gemeinsame sowjetisch-chinesische Front zerbrochen war, geriet das sozialistische Vietnam zwischen die neuen Fronten. Der Staatsgründer Ho Chi Minh hatte in Moskau die Kommunistische Universität der Werktätigen des Ostens abgeschlossen und dann, unterstützt von der KPCh, im chinesischen Exil eine vietnamesische kommunistische Partei aufgebaut. Vietnam selbst war zu jener Zeit, Anfang der 1930er-Jahre, noch eine französische Kolonie. Ho Chi Minhs spätere Erfolge, erst gegen Frankreich, dann gegen die USA, begeisterten Linke weltweit, natürlich auch in Moskau und Peking. Umso betrübter war Ho Chi Minh über den Konflikt zwischen den beiden, er versuchte zu vermitteln. Auf die sowjetische Seite schlug sich Vietnam (damals: Nordvietnam) nach dem Besuch von US-Präsident Richard Nixon in China 1972. Danach näherten sich die Volksrepublik und die Vereinigten Staaten zunehmend einander an. Nordvietnam, das gleichzeitig von den Amerikanern bombardiert wurde, fühlte sich verraten. »Die chinesische Regierung sagte den USA, dass die Volksrepublik, wenn die Vereinigten Staaten China weder bedrohen noch anrühren würden, nichts unternehmen würde, um die Angriffe auf uns zu verhindern«, erinnerte sich der legendäre nordvietnamesische General Vo Nguyen Giap. »Das war ungefähr so, als würden sie den USA sagen, sie könnten Vietnam nach Belieben bombardieren, solange sie die chinesische Grenze nicht bedrohten ... Uns kam es so vor, als hätte uns jemand einen Dolch in den Rücken gestoßen.«[37]

Wie eng Vietnam dann zum sowjetischen Lager gehörte, erlebte ich selbst, als ich das Land 1982 als junger moskautreuer Kommunist erstmals besuchte. Die Konkurrenz zwischen Moskau und Peking führte dazu, dass beide Seiten »Gratisreisen zu einer bunten Mischung kommunistischer Utopias anboten«, wie Julia Lovell es nennt, »Flüge rund um den Erdball in einer Ära vor den Billigflügen«[38]. Ich möchte nicht verhehlen: Auch auf mich übten diese revolutionären Reisen einen großen Reiz aus. Umso mehr damals eine Reise nach Vietnam. In das Land, das unter dem Krieg der Amerikaner gelitten hatte. Was die Exotik steigerte: Vietnam war in jener Zeit für Ausländer weitgehend verschlossen – und Verbindungen aus der Bundesrepublik gab es ohnehin nicht. So bummelten wir mit der DDR-Reichsbahn nach Westberlin, Bahnhof Zoo, von dort brachte uns der Transitbus zum Ostberliner Flughafen Schönefeld. Wir, das waren Werner Stürmann, der Bundesvorsitzende der DKP-Jugendorganisation Sozialistische Deutsche Arbeiterjugend (SDAJ), Klaus Weißmann, Mitglied des SDAJ-Bundessekretariats, und ich als engagierter und schreibkundiger Jungkader. Von Schönefeld nahmen wir eine Maschine der Interflug, der DDR-Fluggesellschaft. Mit uns reisten Herren im Alter um die fünfzig in DDR-Anzügen, offenbar von der ostdeutschen Regierung als Berater nach Fernost entsandt. Misstrauisch beäugten sie uns drei Jugendliche aus der Bundesrepublik, von denen nur der Bundesvorsitzende einen Anzug trug. Der Flug dauerte 20 Stunden, wir landeten zwischen in Karatschi, Pakistan. In der überfüllten Flughafenhalle dort fielen wir linken Jugendlichen aus der Bundesrepublik und die Berater aus der DDR gleichermaßen auf – alle anderen Fluggäste hockten in weiten weißen Gewändern auf dem Fußboden und hatten eingeschaltete Transistorradios bei sich, was zu einem Gewirr von Stimmen und Geräuschen führte.

Zurück im Flugzeug, tanzten wir Westdeutschen wieder allein aus der Reihe. Bereits als die Maschine über das Flugfeld von Vietnams Hauptstadt Hanoi rollte, versperrten die DDR-Berater mit ihren wichtigen Mienen den Gang, konnten ihren Ausstieg kaum erwarten. Die Flugbegleiterinnen stießen die Türen auf. Ein Soldat rannte die Gangway hoch und wies die Insassen an: Von den gemeinen Passagieren steigt noch keiner aus – zuerst begrüßt die Sozialistische Republik Vietnam ihre Ehrengäste, die führenden Genossen von der Sozialistischen Deutschen Arbeiterjugend aus der BRD! Mit ehrfürchtigen Mienen geleiteten uns die Flugbegleiterinnen an den noch griesgrämiger dreinblickenden DDR-Beratern vorbei. Sobald wir am Ausgang des Flugzeugs zu sehen waren, schmetterte unten eine Militärkapelle das Lied »Vietnam – Ho Chi Minh«. Das vietnamesische Fernsehen filmte, wie wir die Gangway hinabstiegen, Kameras von Pressefotografen klickten. Hunderte junge Frauen in eng anliegenden, bis zu den Füßen reichenden Seidenkleidern in grellbunten Farben schwenkten Blumen. Als wir den Boden des Flugfelds betraten, kamen drei schöne Vietnamesinnen auf uns zu, knicksten und überreichten jedem von uns einen Blumenstrauß. Der Vorsitzende des vietnamesischen Kommunistischen Jugendverbands Ho Chi Minh begrüßte und umarmte uns. Hinter ihm standen weitere Funktionäre, alle in dunklem Anzug mit Krawatte über weißem Hemd. Unauffällig nahm uns ein Assistent die Pässe ab, um uns wichtige Gäste nicht mit so banalen Dingen wie Pass- und Zollkontrolle zu belasten. Auf dem Flugfeld standen drei schwarze Mercedes-Limousinen bereit: Standesgemäß führte der Vorsitzende des vietnamesischen Jugendverbands den SDAJ-Bundesvorsitzenden Stürmann zur ersten Limousine, ein Mitglied des Jugendverband-Zentralkomitees Klaus Weißmann zur zweiten und ein Mitarbeiter des ZKs mich zur dritten. Wir erlebten unseren ersten Staatsbesuch.

Die Wagenkolonne raste vom Flughafen in die Innenstadt. Straßen und Brücken waren zu unseren Ehren für den übrigen Verkehr gesperrt. Polizisten mit weißem Helm eskortierten die Limousinen auf Motorrädern. Als Außenstehender hätte ich solche Privilegien verurteilt, als Betroffener fühlte ich mich geehrt: In der Bundesrepublik beschimpften und verachteten uns viele Leute. Hier feierte man uns als Helden, hier gehörte uns die Macht.

Die Straßen waren zum Teil nicht geteert, die Limousinen versanken im Matsch. Das Land litt unter den Folgen von Krieg und ausländischem Boykott. Wir passierten Wohnhäuser, die die Amerikaner bombardiert hatten, Ruß bedeckte den Stein, obere Etagen und Fenster fehlten. Eine katholische Kirche diente als Garage für Lastwagen. Die Reifen quietschten, die Wagenkolonne bog ab, raste durch einen Torbogen und fuhr in den grünen Park, der sich dahinter versteckte. Palmen und Mangobäume blühten. Orchideen wuchsen von Bäumen, die seit Jahrhunderten gediehen und deren Stämme dick wie Elefanten waren. Die Limousinen stoppten vor einer Villa aus der französischen Kolonialzeit, dem Gästehaus der Regierung. Ein Bediensteter geleitete mich in eine Suite mit drei Gemächern, die mit antiken Sesseln und Schränken geschmackvoll eingerichtet waren, es duftete nach Räucherstäbchen. Nach allen Seiten führten Türen zu verschnörkelten Balkonen, von denen man den Park genießen konnte. Doch nach zwei Tagen und Nächten in Zügen, Fliegern und auf Flughäfen schmiss ich zunächst meine verschwitzten Klamotten auf das Sofa und duschte mich in der vergoldeten Wanne des Marmorbads.

Der Vorsitzende des Kommunistischen Jugendverbands gab im Gästehaus ein Essen. Hinter jedem von uns wuselte eine Kellnerin herum. Fingerte ich mit den Stäbchen einen Bissen von meinem Teller, füllte ihn die Kellnerin wieder auf. Nippte ich von meinem Glas, schenkte die Kellnerin nach. Das nervte mich, aber die Speisen schmeckten lecker. Alle Spezialitäten wurden gereicht, die Vietnamesen in ihrer mehrtausendjährigen Geschichte gekocht hatten: Aale, Garnelen, Krebse, Fledermäuse, Schildkröten, Schlangen ... Dazu tranken wir Bier und Reiswein aus Vietnam im Wechsel mit Bordeaux. Wir beachteten das auch in Russland gebräuchliche Sprichwort, wonach säuft, wer ohne Trinkspruch trinkt – und brachten deshalb viele Toasts aus: auf Vietnam, auf die Solidarität, auf den Frieden, auf die Frauen. Ein Rätsel bleibt, wie wir den Weg in unsere Betten zurückfanden. Noch erstaunlicher: Ich bemerkte, dass die Klamotten fehlten, die ich auf dem Sofa verstreut hatte. Gestohlen? Hier im Gästehaus der Regierung? Nach einigen Minuten klärte sich auf: Ich verdächtigte das Volk von Vietnam zu Unrecht. Ein Bediensteter klopfte, brachte die Wäsche zurück – frisch gewaschen und gebügelt.

In den nächsten Tagen näherten wir uns dem Leben der Vietnamesen außerhalb von Palästen. Dutzende Kinder drängten sich lachend um uns exotische, riesige Langnasen. Bäuerinnen mit Strohhut balancierten Bambusstäbe, an denen Schalen mit Mandarinen und Mangos hingen wie auf einer Waage. Überall am Wegesrand dampften Garküchen, darum herum hockten Anwohner auf Holzschemeln und schlürften Pho, die klassische vietnamesische Nudelsuppe. Auf den nun nicht mehr gesperrten Straßen klingelten Fahrräder und brummten Mopeds, Ochsen zogen Holzwagen mit Reissäcken, dazwischen hupten verbeulte Autos, erzwangen ihre eingebaute Vorfahrt.

Noch belebter, wilder und bunter begrüßte uns Ho-Chi-Minh-Stadt im Süden Vietnams, das ehemalige Saigon, wohin uns ein Inlandsflug aus der nördlichen Hauptstadt Hanoi brachte. Hier füllten noch mehr Mopeds die Straßen. In kleinen Läden wurde gehandelt. Die Begleiter vom Kommunistischen Jugendverband meinten, die Stadt sei schwerer zu kontrollieren, da sie noch nicht so lange »befreit« sei. Wir erkundeten hier die Folgen des Kriegs. Im »Museum über die Verbrechen des US-Imperialismus« schockierten uns die Fotos von schmerzverzerrten Gesichtern – Vietnamesen, die gefoltert worden waren – und dem zynischen Lächeln amerikanischer Offiziere und ihrer südvietnamesischen Verbündeten, den Folterern. So die Bildunterschriften.

Neben mir stand Sau Lanh, eine junge, hübsche Frau, die viel lächelte, als hätten sie nie größere Sorgen geplagt. Doch Sau Lanh hatte selbst gelitten unter der Regierung Südvietnams, die von den USA ausgehalten worden war. Am ersten Weihnachtstag des Jahres 1968 hatten die Geheimpolizisten sie geholt. Sie wurde eingesperrt und gefoltert.

Damals war sie erst 20 Jahre alt. Ihr »Verbrechen«: Sie hatte für den Abzug der amerikanischen Truppen aus ihrem Land demonstriert. Ich zog mich mit Sau Lanh zu einer Tasse Tee zurück, denn ich sollte für *Elan* über die Vietnamreise berichten, also für die linke Jugendzeitschrift, bei der ich später als Redakteur arbeitete.

Sau Lanh erzählte mir aus ihrem Leben. Geboren und aufgewachsen war sie in einer kleinen Provinzhauptstadt im Süden Vietnams. Bei den Großeltern auf dem Land erlebte sie die Armut der Bevölkerung. Als sie im damaligen Saigon Englisch studierte, lernte sie die Amerikaner hassen. In Saigon war mit Dollars fast alles zu bekommen, ohne Dollars fast nichts. Eine halbe Million Mädchen, meist Töchter armer Bauernfamilien, mussten ihren Körper an amerikanische Geschäftsleute, Touristen und Soldaten verkaufen, so sagte mir Sau Lanh. Viele der damals 150 000 Drogenabhängigen starben erbärmlich auf der Straße. »Die Menschen misstrauten einander«, erinnerte sie sich. »Alle lebten ständig in Angst vor Terror und Unterdrückung.« Weil Sau Lanh das ändern wollte, schloss sie sich dem Kommunistischen Jugendverband an, machte bei Aktionen gegen die Amerikaner mit, leitete sie später selbst. Als sie wieder verhaftet werden sollte, flüchtete sie aufs Land, in das von den Revolutionären kontrollierte Gebiet. Sie unterrichtete kommunistische Soldaten, brachte ihnen Lesen und Schreiben bei und schloss sich selbst dem bewaffneten Kampf an. Am 30. April 1975 zogen die antiamerikanischen Kämpfer in Saigon ein. Unter ihnen die junge Frau, die hier mit mir plauderte. Die Amerikaner flohen mit Hubschraubern aus dem Land. Noch am gleichen Tag übernahm Sau Lanh die Verwaltung ihrer Universität. Da war sie 27 Jahre alt, musste dafür sorgen, dass der Studienbetrieb wieder anfing. Sie rief Studenten zusammen und gründete mit ihnen ein provisorisches Revolutionskomitee.

Doch es fiel nicht leicht, Vietnam nach dem Krieg wieder

aufzubauen. Die Amerikaner hatten 400 000 Tonnen der Brandwaffe Napalm gegen Kinder, Frauen und Männer eingesetzt. US-Bomber, so sagte Sau Lanh, zerstörten in den Städten die Hälfte aller Häuser, und chemische Waffen der Amerikaner vernichteten 44 Prozent des Waldes in Südvietnam. Schwarze Landflächen lagen brach, von den Vietnamesen selbst abgebrannt als Gegenwehr gegen ein Gras, das alle Nutzpflanzen überwucherte und erstickte. US-Truppen der biologischen Kriegsführung hatten es gepflanzt, um die Landwirtschaft Vietnams zu zerstören. Auch wir sahen Bäume, deren Blätter herunterhingen und gelb befleckt waren, fuhren vorbei an verkümmerten Reisfeldern. »Noch heute werden verkrüppelte, entstellte, an Leib und Seele kranke Kinder geboren«, erklärte Sau Lanh. »Spätopfer des chemischen und biologischen Kriegs, den die Amerikaner gegen uns führten. Die Krebsrate ist von 2,8 auf 9 Prozent gestiegen.« Sie spulte diese Fakten und Zahlen nicht zum ersten Mal ab, das spürte ich. Und natürlich erzählte sie nur das, was in das Bild passte, das man uns vermitteln wollte. Aber das Leid der Vietnamesen im Vietnamkrieg war unbestreitbar und wurde von Kritikern in den USA selbst angeprangert. Für mich war Sau Lanh eine Heldin, die mich in meiner damaligen kommunistischen Überzeugung bestätigte.

»Solidarität einmal umgekehrt«, so sahen wir es: Nachdem wir jahrelang für Vietnam demonstriert hatten, wurden wir an diesem Abend in Ho-Chi-Minh-Stadt selbst als Helden gefeiert. »Solidarität mit der kämpfenden Jugend der BRD«, forderte ein rotes Transparent, das über den Vorhang eines Kinos gespannt war. Vietnamesische Jugendliche standen Spalier, lauschten dann der Rede des SDAJ-Bundesvorsitzenden. Der Beifall wollte nicht enden. Ich fühlte mich an die Empfänge für Parteigrößen an der Jugendhochschule Wilhelm Pieck erinnert, nur wurden diesmal wir selbst beklatscht.

So wie wir uns naiv für Moskau und seine Verbündeten begeisterten, fühlten sich andere von Peking angezogen, darunter auffallend viele spätere Politiker der Grünen. Sie begannen ihre politische Karriere in maoistischen Gruppen: etwa Jürgen Trittin beim Kommunistischen Bund (KB), Winfried Kretschmann, Krista Sager und Reinhard Bütikofer beim Kommunistischen Bund Westdeutschland (KBW) und Antje Vollmer bei der Kommunistischen Partei Deutschlands – Aufbauorganisation (KPD-AO).[39]

Wie sich Moskau und Peking wieder annäherten (1985-2000)

Gorbi und die Demos auf dem Platz des Himmlischen Friedens

Was heute für Rechte die »Lügenpresse« ist, war damals für uns Linke die »bürgerliche Presse«. Die innere Logik: Da die Verlage Unternehmern, also Kapitalisten gehörten, schrieben sie natürlich die sozialistischen Länder schlecht, in denen sie ihre Macht verloren hatten. Wir dehnten das Misstrauen auf den öffentlich-rechtlichen Rundfunk aus, der ja, so unser Verständnis, im »staatsmonopolistischen Kapitalismus« gleichermaßen mit dem Staat und dem Kapital zusammenhing. (In unserem Jargon sprachen wir vom »Stamokap«.) Wie resistent man gegen Fakten aus den Medien war, hing allerdings vom Dogmatismus der jeweiligen Person ab. An einem Morgen im März 1985 hörte ich in den Frühstücksnachrichten von WDR 2, das sowjetische Radio sende seit 24 Stunden nur noch Trauermusik. Dies könne als Hinweis darauf gedeutet werden, dass Konstantin Tschernenko gestorben sei, der dritte überalterte Partei- und Staatschef in Folge. Brühwarm und genau so erzählte ich das, als ich im Büro eintraf, dem Genossen, der mir in unserer *Elan*-Redaktion gegenübersaß. »Du fällst auch auf alle Lügen der bürgerlichen Medien rein«, knurrte er. Wenige Stunden später bestätigte die sowjetische Nachrichtenagentur TASS nicht nur, dass Tschernenko schon mehr als einen Tag tot war, sie meldete auch die Wahl von Michail Gorbatschow zum neuen Generalsekretär der Kommunistischen Partei der Sowjetunion.

Der schlug schon bald neue Töne an – auch gegenüber China. Das hatte zum Teil persönliche Gründe. »Menschen meiner Generation erinnern sich noch, wie sehr man sich bei uns nach 1945 über die Entwicklung freundschaftlicher Beziehungen zu China freute«, erinnerte er sich später. »Einmütig sangen wir: ›Moskau, Peking‹, ›Russen und Chinesen sind Brüder für immer‹, ›Stalin und Mao hören uns zu‹.«[1] Im Juli 1986 hielt Gorbatschow eine Rede in Wladiwostok, also im Fernen Osten der Sowjetunion, nur 100 Kilometer Luftlinie von der chinesischen Grenze entfernt. Er sagte: »Die Sowjetunion ist jederzeit bereit, mit China verantwortungsvoll über die Herstellung einer gutnachbarlichen Atmosphäre zu sprechen. Wir hoffen, dass die uns trennende – man würde lieber sagen: die uns verbindende – Grenze sich bald in eine Zone des Friedens und der Freundschaft verwandelt.«[2]

Am 14. Mai 1989 schließlich war es so weit: Zum ersten Mal seit fast 30 Jahren flog mit Michail Gorbatschow ein sowjetischer Parteichef nach China. Nicht nur die UdSSR, auch die Volksrepublik hatte sich stark verändert: 1976 war Mao gestorben, seit 1978 wurde sie von dem pragmatischen, weniger ideologischen Deng Xiaoping geführt. Gorbatschows Besuch fiel mit den Protesten auf dem Platz des Himmlischen Friedens (Tian'anmen) zusammen. Das war alles andere als geplant, befeuerte diese Proteste aber. Denn während China die Wirtschaft schneller reformierte als die Sowjetunion, gab es dort schon *Glasnost*, Offenheit, also mehr Freiheiten, wie die Demonstrierenden sie nun auch für die Volksrepublik forderten. Das brachte Gorbatschows historischen Besuch durcheinander. Das offizielle Empfangszeremoniell wurde vom Platz des Himmlischen Friedens an den Flughafen verlegt, und Gorbatschows Wagenkolonne musste das Stadtzentrum umfahren. Chinesische Studierende wollten »Gorbi« treffen, doch die Behörden verhinderten das.[3]

Dafür trafen sich Gorbatschow und Deng Xiaoping, zwei Männer, die ihre beiden riesigen Länder stark verändert haben – und damit die Welt. Das Protokoll ihres Gesprächs zeugt davon: Hier sprachen zwei Anhänger des Marxismus, die aber bereit waren, stalinistische Dogmen über Bord zu werfen.

Deng Xiaoping: »Wir studieren den Marxismus-Leninismus mittlerweile seit vielen Jahren. Von 1957 an, als in Moskau die Beratung der kommunistischen Parteien stattfand, bis in die erste Hälfte der Sechzigerjahre hinein gab es zwischen unseren Parteien diesbezüglich eine scharfe Polemik.«

Gorbatschow: »Ich kann mich an die Auseinandersetzung zwischen Suslow [Chefideologe der KPdSU, Anm. A.G.] und Ihnen sehr wohl erinnern.«

Deng Xiaoping: »Bei dieser Polemik habe ich eine führende Rolle gespielt. Doch seitdem sind fast dreißig Jahre vergangen, und viel von dem, was damals geäußert wurde, hat sich als hohle Phrase erwiesen.«

Gorbatschow: »Ich wage kein Urteil darüber, verlasse mich lieber auf Ihre Einschätzung. Immerhin aber sind jene dreißig Jahre nicht umsonst verstrichen, denn wir haben in vielerlei Hinsicht Klarheit gewonnen. Unserer Treue zu den sozialistischen Idealen hat das keinen Abbruch getan, im Gegenteil: Wir haben in der geistigen Erfassung des Sozialismus sogar ein neues Niveau erreicht.«

Deng Xiaoping: »Ich stimme Ihnen zu. Seit der Geburtsstunde des Marxismus sind über hundert Jahre vergangen. Seither hat sich die Welt gewaltig verändert, und diese Veränderungen haben der Politik neue Bedingungen verschafft. Selbst Marx hätte nicht alle Fragen beantworten können, die seit seinem Tod aufgetaucht sind.«

Das entscheidende Ergebnis des Besuchs: Gorbatschow und Deng Xiaoping reichten sich die Hand und erklärten die sowjetisch-chinesischen Beziehungen für normalisiert.[4]

Anders als Xi Jinping heute wollte Deng Xiaoping nicht auf Lebenszeit alle wichtigen Posten behalten, im Gegenteil: Er zog die Fäden lieber aus dem Hintergrund. Generalsekretär der Kommunistischen Partei Chinas war zu diesem Zeitpunkt Zhao Ziyang. Gorbatschow speiste mit ihm in einem kleinen Restaurant namens »Garten der allgemeinen Freude«. Serviert wurde etwa das Gericht »Zwei Drachen in einem Schwalbennest«. Die beiden sprachen über die Proteste auf dem Platz des Himmlischen Friedens. Neben Studenten hatten sich mittlerweile auch Arbeiter und Angestellte angeschlossen. In mehr als 400 Städten demonstrierten Chinesinnen und Chinesen, allein in Peking zwei Millionen Menschen. Sie wollten Freiheit statt Diktatur. Davon zeugt etwa ein Brief der Peking-Universität an Gorbatschow, dessen Inhalt heute kaum denkbar wäre, zumindest aber scharfe Sanktionen nach sich ziehen würde: »Die Peking-Universität ist die Wiege der chinesischen Demokratie und Wissenschaft. Auch in jüngster Zeit war sie Ausgangspunkt vieler reformorientierter und fortschrittlicher Ideen, worauf die Studenten und Lehrkräfte der Universität sehr stolz sind. Deshalb würden wir uns freuen, wenn Sie während Ihres Aufenthalts in Peking zu uns kommen und Ihre Ansichten über die Umgestaltung der Gesellschaft in einem sozialistischen Staat darlegen könnten.«[5] Zhao und Gorbatschow stimmten hinsichtlich der Konflikte darin überein, »dass eine Lösung auf der Grundlage eines vernünftigen Kompromisses gefunden werden musste«. In seinen *Erinnerungen* schreibt Gorbatschow dazu: »Allerdings erwies sich jenes Gespräch nicht nur als das erste, sondern auch als das letzte, das wir miteinander führten.«[6]

Am frühen Morgen des 4. Juni 1989, gut zwei Wochen nach Gorbatschows Besuch, rückten Panzer der 27. und der 38. Armee auf den Platz des Himmlischen Friedens vor. In den Nebenstraßen eröffneten sie das Feuer. Die Volksbefreiungsarmee schoss auf das Volk. Das Bild eines Mannes mit Plastiktüte in der Hand, der sich den Panzern in den Weg stellte, ging um die Welt. Verzweifelt rief er: »Warum seid ihr hier? Ihr habt nichts anderes getan, als Unglück über uns zu bringen. Wegen euch ist meine Stadt ins Chaos geraten.« Die Panzer fuhren um ihn herum. An anderen Orten Pekings dagegen schlug der sozialistische Staat brutal zu. »Als die Panzer vorbei waren, da lagen nur Leichen, da blieben nur Tote zurück, und es kamen sofort Soldaten und Polizisten, die Benzin daraufgossen und die Leichen an Ort und Stelle verbrannten«, berichtete eine Pekingerin, die dabei war. »So wollten sie die Spuren löschen, damit man nicht zählen und nicht wissen konnte, wie viele Menschen ermordet wurden. Und dann stand ein Krankenwagen da. Drinnen saßen viele verletzte Studenten. Die Fahrer waren alle aus Angst weggelaufen. Dann sagte ein Student: ›Ich kann fahren, ich fahre euch weg.‹ Er ist eingestiegen. Als er gerade anfahren wollte, kam ein Polizist, ein ›Anti-Gewalt-Polizist‹, das ist eine Spezialeinheit, und der hat diesen Fahrer erst einmal erschossen. Dann kamen weitere Polizisten in den Wagen und haben alle Studenten, die darin saßen, erschossen. Einen voll besetzten Wagen.« Das chinesische Rote Kreuz hat die Unterlagen der Pekinger Krankenhäuser ausgewertet. Nach seinen Berechnungen wurden beim Tian'anmen-Massaker 2600 Menschen getötet und 7000 verwundet.[7] KP-Generalsekretär Zhao Ziyang entschuldigte sich unter Tränen bei den Protestierenden. Er wurde abgesetzt und stand bis zu seinem Tod im Jahr 2005 unter Hausarrest.

Viele ausländische Unternehmen zogen sich damals aus China zurück – aber nicht alle. Als erstes westliches Unternehmen überhaupt nahm Volkswagen wenige Wochen nach dem Massaker die Produktion in seinem Joint Venture in Shanghai wieder auf.[8] Auch die sowjetisch-chinesischen Beziehungen entwickelten sich weiter, insbesondere wirtschaftlich, aber auch schon wieder militärisch. Wobei Michail Gorbatschow wusste: »In der KP Chinas wurde der Kurs der ›Gorbatschowschen Perestroika‹ hinter verschlossenen Türen allerdings scharf kritisiert, auch wenn es die chinesischen Führer nie zu einer offenen Polemik kommen ließen.«[9]

Putsch in Moskau

Ab Januar 1990 lebte ich in Moskau, zunächst als Angestellter eines sowjetischen Verlags, dann als freier Mitarbeiter des legendären ARD-Korrespondenten Gerd Ruge. 19. August 1991, kurz nach 6 Uhr: Ich frühstückte, war auf dem Sprung zu einem Dreh in einem Lager der sowjetischen Kinderorganisation Leninpioniere. Es sollte um die Veränderungen der Erziehung mit der Perestroika, der Umgestaltung, gehen. Ich schaltete das Radio ein. Gewöhnlich lief um diese Zeit Musik, doch stattdessen wurde mit drohendem Unterton ein Text verlesen, gerade war der Sprecher an dieser Stelle: »Mancherorts werden revanchistische Stimmen laut, gefordert wird eine Revision unserer Grenzen. Man hört sogar Forderungen, die Sowjetunion aufzugliedern und eventuell einzelne Objekte und Regionen des Landes unter internationale Vormundschaft zu stellen. So sehen die bitteren Realitäten aus. Gestern noch fühlte sich ein Sowjetbürger im Ausland als ein würdevoller Bürger eines einflussreichen und angesehenen Staates. Heute wird er häufig als ein zweitklassiger Ausländer betrachtet und verächtlich oder mitleidvoll behandelt. Stolz und Ehre des Sowjetbürgers sollen im vollen Umfang wiederhergestellt werden.« Was war das? Wer sagte das? Kritiker der Perestroika hörte man immer mal wieder, aber normalerweise wurde das in dieser Zeit kritisch diskutiert. Der Sprecher verkündete: »Ich erinnere daran, wir verlesen den Aufruf an das sowjetische Volk, verbreitetet von der Nachrichtenagentur TASS.« Auch das Fernsehen wiederholte diesen Aufruf von nun an den ganzen Tag, unterbrochen nur durch Szenen aus dem Ballett *Schwanensee* von Tschaikowski, alle anderen Sendungen waren abgesetzt. Ein »Staatskomitee für den Ausnahmezustand in der UdSSR« habe die Macht übernommen, hieß es, der Verteidigungsminister gehöre dazu, der Innenminister und der KGB-Chef. Damit war klar: Es handelte sich um einen Putsch! Gorbatschow war abgesetzt. Heute will Putin die alte Sowjetunion mit Gewalt wiederherstellen – damals sollte ihr Zerfall mit Gewalt verhindert werden.

Der Dreh im Pionierlager hatte sich natürlich damit erledigt. Ich fuhr sofort ins ARD-Studio. In der Metro, der Moskauer U-Bahn, erlebte ich eine gespenstische Atmosphäre. Fast niemand sprach, die Menschen wichen den Blicken ihrer Nachbarn ängstlich aus. Stunden später besetzten Truppen die Stadt. Auf dem sechsspurigen Kutusowski-Prospekt, an dem unser ARD-Studio lag, rollten die Panzer auf die Brücke über die Moskwa zu. Die Putschisten verhängten einen Haftbefehl gegen den russischen Präsidenten Boris Jelzin, doch er entkam. Seine Anhänger errichteten Barrikaden, um das Weiße Haus zu verteidigen, den Sitz des Parlaments der russischen Teilrepublik innerhalb der Sowjetunion. Das Kamerateam und ich schlichen uns an den Panzern vorbei zu den Barrikaden. Plötzlich fuhr Boris Jelzin vor, ging furchtlos auf die Soldaten zu und stieg auf einen Panzer. »Es geht um einen ›rechten‹, reaktionären, antikonstitutionellen Staatsstreich!«, rief er. In den letzten Jahren der Sowjetunion galten die Befürworter einer liberalen Demokratie als links, die Altkommunisten als rechts. Vielleicht gar nicht so falsch, wenn man bedenkt, dass ihre Werte mit denen der

Rechten anderswo übereinstimmten: Sie wollten einen autoritären Staat, unterstützten ein starkes Militär und predigten eine konservative Moral.

Am nächsten Tag sammelten sich trotz des Verbots durch die Putschisten 100000 Menschen am Weißen Haus, demonstrierten gegen den Umsturz und für den russischen Präsidenten Jelzin. Die freie und spontane Atmosphäre und die lockere Kleidung der überwiegend jungen Leute erinnerten mich an die Demonstrationen der Friedensbewegung in der Bundesrepublik. Die Demonstranten hier trugen die weiß-blau-roten Fahnen des alten, neuen Russlands. Sie riefen: »*Putsch nje proidiot!*«, »Der Putsch kommt nicht durch!«

Am dritten Tag des Putsches begannen die Panzer morgens um 0:30 Uhr mit dem Angriff auf die Anhänger Jelzins. Mein Kameramann Slawa filmte, wie sie vom Kalinin-Prospekt aus in Richtung Weißes Haus rollten. Plötzlich feuerten die Panzer in die Luft, Slawa und ich duckten uns. Junge Männer versuchten, die Panzer zu stoppen, stellten sich ihnen in den Weg, warfen Decken auf die Sehschlitze der Fahrer und sprangen auf die Panzer, um die Luken zu öffnen. Die Soldaten schossen um sich, überrollten einen Mann mit dem Panzer. Sie töteten drei Demonstranten in dieser Nacht. Den mörderischen Panzer kommandierte Sergej Surowikin. Seinem späteren Aufstieg in der russischen Armee hat das nicht geschadet. Er wurde Armeegeneral, im Oktober 2022 ernannte Putin ihn zum Oberbefehlshaber der russischen Streitkräfte in der Ukraine. Im Juni 2023 stand er im Verdacht, in den Aufstand der »Wagner«-Söldner verwickelt zu sein.

Das Massaker auf dem Platz des Himmlischen Friedens 1989 und der Putsch in Moskau 1991 waren prägende Ereignisse der jüngeren Weltgeschichte. In China und Russland, wo all das passierte, ist das Gespräch darüber heute tabu. Das hängt auch mit dem zusammen, was ich am Ende des

Putsches erlebte. Nach dem Schrecken der Nacht verweigerten andere Offiziere den Befehl. Der Putsch brach zusammen. Wieder war ich mit Kamerateam dabei, als einen Tag später Zehntausende zum Lubjanka-Platz vor dem KGB-Hauptquartier strömten, um das Monument von Felix Dserschinski zu stürzen, dem Gründer der sowjetischen Geheimpolizei Tscheka. Ein Kran zog die sieben Meter hohe Granitstatue vom Sockel. Die freieste Zeit in der Geschichte des Riesenreichs begann. Vier Monate später hörte die Sowjetunion auf zu existieren.

In den Jelzin-Jahren kam China außenpolitisch mit Russland klar, verfolgte aber dessen innere Entwicklung mit Argwohn. Für unsere Biografie *Xi Jinping – der mächtigste Mann der Welt* interviewten Stefan Aust und ich den Präsidenten der Europäischen Handelskammer in China, Jörg Wuttke. Er ist Schwiegersohn von Igor Rogatschow, dem einstigen sowjetischen Vizeaußenminister für Asien, der dann 13 Jahre lang Russland als Botschafter in Peking vertrat. Aufgrund dieser Beziehung weiß Wuttke aus erster Hand: »Die Jelzin-Periode in Russland war für chinesische KP-Funktionäre der Horror. Die Privatisierung in massivem Umfang führte dazu, dass Leute unverschämt reich geworden sind und dann versuchten, das in politische Macht umzubauen. Symbolisch für diese Periode war das legendäre Bild, wo Jelzin mit zwei Schönheiten im Minikleid getanzt und sich so lächerlich gemacht hat. So etwas ist für Xi Jinping undenkbar. Wenn Privatunternehmer größer werden und die Klappe aufmachen, werden sie kalt abserviert wie Jack Ma zum Beispiel, der Gründer von Alibaba – auf nette Art vielleicht, aber mit der klaren Ansage: Privatunternehmer dürfen nicht politisch Einfluss nehmen.«[10]

Das gilt mittlerweile auch in Russland. Im Reich des Tschekisten Wladimir Putin ist der Massenmörder Dserschinski wieder ein Held. Die Kräfte der Revanche sammelten sich bereits damals.

Atomkrieger Schirinowski – ein geistiger Wegbereiter Putins

Am 8. April 2022 verabschiedete sich Putin mit roten Rosen am aufgebahrten Leichnam von Wladimir Schirinowski, der im Alter von 75 Jahren an Corona gestorben war. Die Geste ließ tief blicken, denn in den Wochen davor, nach dem Beginn seines Angriffs auf die ganze Ukraine, hatte sich Putin nur an einem langen Tisch im Kreml gezeigt. Jetzt suchte er erstmals wieder die Öffentlichkeit – für Schirinowski. Das wirft die Frage auf: Wer war dieser Mann?

In den 1970er-Jahren arbeitete er für das »Sowjetische Komitee zum Schutz des Friedens«, das dem KGB nahestand.[11] Das erste Mal traf ich ihn im Dezember 1991, als ich im Moskauer ARD-Studio arbeitete. Ich erinnere mich auch deshalb noch so genau daran, weil es darum einen Konflikt im Büro gab. Die damalige Korrespondentin und spätere Putin-Versteherin Gabriele Krone-Schmalz wollte verhindern, dass ich dieses Interview führte. Schirinowski, der einige Monate davor 8 Prozent bei den Präsidentenwahlen gewonnen hatte, sei eine Randerscheinung der russischen Politik. Ein Interview mit ihm würde die deutschen Zuschauer verschrecken und »Angst vor den Russen« schüren. Doch Studioleiter Gerd Ruge setzte sich gegen sie durch, und ich durfte mit dem Kamerateam losfahren.

Wir warteten in der Eingangshalle des Moskauer Internationalen Handelszentrums lange auf Schirinowski, wo er mit einem türkischen Geschäftsmann dinierte.

Schließlich öffnete sich die Aufzugstür. Schirinowski hatte seinen einfachen grauen Wollmantel bereits zugeknöpft und die Pelzmütze aufgesetzt und wirkte nicht so, als wäre er noch zu einem Interview bereit. Doch bevor ich meine erste Frage stellte, polterte er schon los: »Ihr Leute aus dem Westen steckt eure Nase zu sehr bei uns rein. Aber das wird euch gründlich vergehen. Habt ihr Hiroshima und Nagasaki vergessen? Dann werden wir euch ein neues Hiroshima bescheren. Ich werde nicht zögern, Atomwaffen einzusetzen, wenn sich uns jemand widersetzt. Wir haben Tschernobyl schon gehabt, jetzt müsst ihr Deutsche euer Tschernobyl erleben.« Er störte sich nicht daran, dass wir seine Ausfälle mit der Kamera aufzeichneten und für alle Zeiten dokumentierten. Mit lauter Stimme drohte er der ganzen Welt: »Sobald ich Präsident bin, wird Großrussland wieder aufleben. All diese Missgebilde wie die Ukraine oder Moldawien sind künstlich geschaffen worden – ich liquidiere sie. Die Finnen haben sich 1917 von uns abgesondert, widerrechtlich. Ich werde Finnland heim ins russische Reich holen. Und die Amerikaner müssen uns Alaska zurückgeben, sonst kommt es zum Krieg. Ich werde nicht lange fackeln.«

Anders als von Gabriele Krone-Schmalz vorausgesagt, blieb Schirinowski keine Randerscheinung der russischen Politik, sondern wurde über die Jahre zu ihrem Mainstream. Seine Liberal-Demokratische Partei Russlands (LDPR), die weder liberal noch demokratisch ist, gewann bei den Parlamentswahlen im Dezember 1993 fast 23 Prozent der Stimmen und wurde damit stärkste Partei. Bei den letzten russischen Parlamentswahlen 2021 kam sie auf den dritten Platz, nach Putins Bewegung »Einiges Russland« und den Kommunisten. Im selben Jahr verlieh Putin Schirinowski den Vaterlandsverdienstorden I. Klasse, »für die Stärkung der russischen Staatlichkeit und die Entwicklung des Parlamentarismus«. Die LDPR hat eine wichtige Funktion im System Putin: eine scheinbar vom Kreml unabhängige Partei, die aber im Parlament für dessen Politik stimmt und Dinge ausspricht, die Putin so offen nicht sagen kann oder zumindest nicht konnte. Schirinowski veränderte sich nie – aber die russische Politik näherte sich Schritt für Schritt seinen Positionen an.

Ich begleitete ihn mehrmals für Fernsehreportagen, so auch vor den russischen Präsidentschaftswahlen im Juni

1996. Diesmal war seine Ehefrau Galina dabei. Ich fragte sie, ob er das ernst meine, was er alles sage. Sie antwortete: »Natürlich meint er das ernst. Alle seine politischen Aussagen sind ernst gemeint. Lyrische Abschweifungen mag es geben, er ist eine künstlerische Natur. Aber in der Politik meint er es ernst.« Um dem Ernst der Lage gerecht zu werden, traf uns der Präsidentschaftskandidat in einer Suite gegenüber dem Kreml im Hotel Rossija und vermittelte uns an einem voll gedeckten Tisch seine Sicht der Welt, die später von Putin übernommen wurde. Während einer seiner Mitarbeiter Wodka der Marke Schirinowski ausschenkte, fuchtelte ihr Namensgeber mit dem Finger und sagte: »Die USA sind ein krankes Land: Aids, Aids, Aids – außerdem Drogen und Kaugummi. Sogar Millionen von Amerikanern hassen Clinton und diese amerikanische Antizivilisation. Reagan nannte die Sowjetunion das Reich des Bösen. Nein, die Sowjetunion war ein menschenfreundlicher Staat, ein hervorragender Staat. Millionen Russen fühlten sich ausgezeichnet, waren stolz. UdSSR, Hymne der Sowjetunion.« Er und die anwesenden Mitglieder seiner Parteiführung, darunter ein hoher Offizier der russischen Armee, standen auf und sangen die sowjetische Nationalhymne. Vier Jahre später erklärte Putin diese Melodie wieder zur russischen Nationalhymne, nachdem das demokratische Russland eine andere Hymne gehabt hatte. Als sie ausgesungen hatten, nahm Schirinowski einen übervollen Suppenlöffel Kaviar und sagte: »Die beste Verpflegung gibt es in Russland. Kann es sich ein Deutscher leisten, Kaviar mit dem Löffel zu essen? Sehen Sie, roter Kaviar. Nur wir in Russland können es uns erlauben, ihn mit dem Löffel zu essen.« Um seinen Worten Ausdruck zu verleihen, fütterte er auch mich mit einem Löffel Kaviar.

Ein besonders makabres Beispiel, wie Schirinowski als Politclown vorwegnahm, was Putin dann im Ernst umsetzt: Im Juni 1995 schüttete Schirinowski in einer Talkshow Orangensaft in das Gesicht des demokratischen Politikers Boris Nemzow, der später zum wichtigsten Putin-Kritiker wurde. Am 27. Februar 2015 spazierte Nemzow mit seiner ukrainischen Freundin Anna Durizkaja über die Große Moskwa-Brücke in Sichtweite zum Kreml, als er durch vier Schüsse in Rücken und Hinterkopf aus einer Makarow-Pistole getötet wurde. Drei Stunden vor seinem Tod hatte er im Radiosender Echo Moskwy ein Interview gegeben, in dem er sagte, Putin habe mit seiner »verrückten, aggressiven und tödlichen Politik des Krieges gegen die Ukraine« Russland in die Krise gestürzt.

Putin würdigt Schirinowski jetzt als »erfahrenen Politiker«, der »offen für Diskussionen« und ein »brillanter Redner und Polemiker« gewesen sei. Er habe immer »eine patriotische Position« vertreten und »die Interessen Russlands verteidigt«. Es ist grotesk: Putin begründet seinen Ukraine-Feldzug damit, er wolle das Land »entnazifizieren«. Gleichzeitig verneigte er sich an dessen Sarg vor einem Mann, den man getrost als Nazi bezeichnen kann – und der offenbar bis zu seinem Tod in der russischen Führung bestens vernetzt war. In seiner letzten Rede vor dem russischen Parlament am 27. Dezember 2021 sagte Schirinowski den Ukrainekrieg voraus – fast auf den Tag genau: »Um 4 Uhr morgens am 22. Februar werdet ihr unsere neue Politik spüren. Ich hätte gerne, dass 2022 ein friedliches Jahr wird. Aber ich liebe die Wahrheit, seit 70 Jahren sage ich die Wahrheit. Es wird nicht friedlich sein. Es wird das Jahr sein, in dem Russland wieder groß wird.«

Menschenverachtende Sprüche, wie wir sie damals von Schirinowski vernahmen, gehören heute zum Repertoire Putins. Aber auch er sagte schon 2018 in einem Fernsehinterview: »Wenn jemand Russland zerstören will, haben wir das Recht zu antworten. Das wäre eine Katastrophe für die Menschheit und die Welt. Aber als Bürger Russlands und als russischer Präsident frage ich: Wozu brauchen wir eine Welt, in der es kein Russland gibt?«[12] So haben sich die Zeiten geändert: 1957 waren die Moskauer Machthaber noch empört, als Mao vorschlug, die Hälfte der Menschheit für einen Atomkrieg gegen den Imperialismus zu opfern. Als gut 60 Jahre später der russische Oppositionspolitiker Grigori Jawlinski Putin entgegenhielt, seine Politik führe zum Atomkrieg, antwortete dieser: »Ja – und wir werden ihn gewinnen.«[13] Und als am 24. Februar 2022 russische Panzer in die Ukraine rollten, drohte Putin in einer Fernsehansprache der freien Welt: »Wer auch immer versucht, uns zu behindern, geschweige denn eine Bedrohung für unser Land und unser Volk zu schaffen, muss wissen, dass die Antwort Russlands sofort erfolgen und zu Konsequenzen führen wird, die Sie in Ihrer Geschichte noch nie erlebt haben.«[14]

China als großer Bruder Russlands (seit 2000)

Die Seelenverwandten: Wladimir Putin und Xi Jinping

Eine besonders enge Beziehung zeichnete sich sofort ab, als Xi Jinping im März 2013 chinesischer Präsident wurde: Acht Tage später führte ihn seine erste Auslandsreise im neuen Amt nach Moskau zu Wladimir Putin. Der setzte ihn neben sich auf einen der goldumrahmten Stühle im Kreml.[1] Was für ein Kontrast dazu, wie Stalin Mao bei dessen erstem Besuch behandelte!

Wladimir Putin wurde am 7. Oktober 1952 in Leningrad geboren, Xi Jinping am 15. Juni 1953 in Peking. Sie sind also fast gleich alt und verbrachten beide ihre Kindheit in sozialistischen Metropolen. Ihr Hintergrund unterscheidet sich auf den ersten Blick, weist aber ebenfalls Parallelen auf, wenn man genauer hinschaut. Putins Vater war Fabrikarbeiter in einem Werk für Waggonbau, Xis Vater führte die Volksrepublik China als Vizepremier. Der Kommunistischen Partei ihrer Länder gehörten beide Väter an. Putin selbst behauptet, sein Großvater sei Koch von Lenin und Stalin gewesen.[2] Xi Jinpings Vater wiederum fiel in Ungnade, wurde entmachtet, verhaftet und eingesperrt, als sein Sohn neun Jahre alt war. Auch der junge Xi verbrachte Zeit im Gefängnis und wurde als 15-Jähriger aufs Land verbannt, musste in einer Höhle leben. Putin wohnte währenddessen in einem

Zimmer mit seinen Eltern, 20 Quadratmeter klein, in einer typisch sowjetischen *Kommunalka*, einer Gemeinschaftswohnung, in der sie sich Küche und Bad mit den Nachbarn teilten. Seine beiden älteren Brüder starben im Kindesalter. Xi Jinpings Halbschwester nahm sich während der Kulturrevolution das Leben. Zehn Mal stellte er einen Aufnahmeantrag für die Kommunistische Partei, immer wieder wurde er abgelehnt, weil sein Vater als »Abweichler« verurteilt war – bis er schließlich doch aufgenommen wurde.[3] Putin schaffte es zunächst nicht einmal in die Kinderorganisation Leninpioniere, weil er sich mit anderen Jungs geprügelt hatte.

Erniedrigt fühlten sie sich in ihrer Kindheit und Jugend also gleichermaßen. Und beide zogen daraus die gleiche Konsequenz: sich besonders gut an das System anzupassen und Karriere zu machen, Putin im Geheimdienst KGB, Xi in der Kommunistischen Partei. Und das auch mit vergleichbarer Beharrlichkeit. Putin ging schon als 15-Jähriger zum Leningrader KGB-Gebäude und fragte den Wachoffizier, wie er Spion werden könne. Der schickte ihn weg, *initiatiwniki*, also Freiwillige, brauche man für diese Aufgaben nicht, man rekrutiere selbst, wen man für geeignet halte, nach Militärdienst oder Universitätsstudium. »Und welche Studiengänge werden besonders gern gesehen?«, fragte der junge Putin. Der Wachoffizier empfahl ihm Jura – was Putin dann auch studierte.[4]

Xi Jinping machte deutlich schneller Karriere, auch deshalb, weil sein Vater mittlerweile rehabilitiert und ins Politbüro aufgerückt war. Putin hingegen musste sich in Dresden als KGB-Oberstleutnant im wahrsten Sinne des Wortes um die Drecksarbeit kümmern: westdeutschen Geschäftsmännern Prostituierte aufs Zimmer schicken und sie anschließend mit eindeutigen Fotos dazu erpressen, als Informanten tätig zu werden.[5] Immerhin erwarb er sich dabei Qualifikationen, die ihm Jahre später beim Aufstieg nach ganz oben helfen sollten. Zunächst einmal war er, wie Xi Jinping, loyal und fleißig und schaffte es so 1998 an die Spitze des FSB, des russischen Geheimdienstes in der Nachfolge von Tscheka und KGB. Gleichzeitig ermittelte der russische Generalstaatsanwalt Juri Skuratow wegen Korruption gegen beide Töchter Präsident Boris Jelzins und gegen dessen Schwiegersohn. Das russische Parlament, die Duma, leitete ein Amtsenthebungsverfahren gegen Jelzin ein, das ihn und seine Familie vor Gericht gebracht hätte. Bis das russische Fernsehen am 18. März 1999 ein Video mit dem Titel »Zu dritt im Bett« zeigte: Ein Mann, dessen Gesicht allerdings nicht zu erkennen war, vergnügte sich mit zwei nackten Damen in den Laken. Das wäre im damals sehr boulevardesken russischen Fernsehen einfach eine weitere Schmutzstory geblieben, hätte sich nicht ein wahrer Experte zu Wort gemeldet: FSB-Chef Wladimir Putin erklärte, man habe das Video geprüft, es sei echt, und zu sehen sei niemand anders als Juri Skuratow zusammen mit zwei Prostituierten. Der Generalstaatsanwalt wurde seines Amtes enthoben.[6]

Ein perfekt inszenierter Staatsstreich in mehreren Schritten folgte:

- Am 9. August 1999 ernannte Präsident Jelzin Putin zum Premierminister, offenbar als Dank für die geleisteten Dienste.
- Vom 31. August bis zum 16. September 1999 starben mehr als 300 Menschen bei vier Anschlägen, unter anderem gegen Moskauer Wohngebäude. Putin schob die Attentate Tschetschenen in die Schuhe: »Man kann sie nicht einmal Tiere nennen, wenn sie das wären, wären sie tollwütig ... Wir werden sie überallhin verfolgen ... Wenn wir sie auf der Toilette erwischen, dann werden wir sie eben dort auf dem Scheißhaus abknallen.« Mittlerweile weiß man, dass Putins eigene Leute vom Geheimdienst

FSB den Sprengstoff gelegt hatten.[7] Vorbild war der Reichstagsbrand 1933, den die Nazis inszenierten, um einen Vorwand für die Verfolgung politischer Gegner zu haben.

- Am 1. Oktober 1999 marschierte die russische Armee in Tschetschenien ein und brach damit das Abkommen von Chassawjurt, mit dem drei Jahre zuvor der Erste Tschetschenienkrieg beendet worden war.
- Am 31. Dezember 1999 trat Präsident Jelzin zurück und ernannte Putin zum Übergangspräsidenten. Dafür unterzeichnete Putin ein Dekret, das Jelzin und seiner Familie Straffreiheit zusicherte.[8]
- Die Präsidentschaftswahl am 26. März 2000 gewann Putin mit 52,9 Prozent der Stimmen, vor allem deshalb, weil er sich im Zweiten Tschetschenienkrieg als starker Mann im Kampf »gegen die Feinde Russlands« profilieren konnte. Dabei half ihm insbesondere ein Flug in einem Su-27-Kampfflugzeug, bei dem er sich sechs Tage vor der Wahl mit Pilotenhelm und Sauerstoffmaske ablichten ließ.

Politische Gegner mit angeblichen sexuellen Verfehlungen zu diskreditieren gehört auch beim Staatssender China Central Television (CCTV) zum Programm, beispielsweise 2015 bei einer Kampagne gegen Bürgerrechtsanwälte. »In Einspielfilmen würzte CCTV das Ganze noch mit einer kräftigen Prise Sex und Rufmord. Die Anwälte, die sich in ihrer Arbeit oft für einfache Menschen eingesetzt hatten, Opfer von Behördenwillkür meist, wurden in dem Spektakel zu geldgierigen Abzockern und moralisch verkommenen Subjekten. Kanzleichef Zhou Xifeng etwa, enthüllte das Staatsfernsehen, habe sich sechs Geliebte gleichzeitig gehalten. Dazu gab es eine Infografik, die von Nummer eins bis Nummer sechs alle aufführte.«[9] Und Xi Jinpings Aufstieg an die Spitze Chinas begann 2012 ebenfalls mit einem Kriminalfall: Sein wichtigster Rivale innerhalb der Partei, Bo Xilai, wurde verhaftet und zu lebenslanger Haft verurteilt, weil er 2,6 Millionen US-Dollar Bestechungsgelder angenommen und Ermittlungen gegen seine Ehefrau Gu Kailai behindert haben sollte. Allerdings waren diese Beschuldigungen nach allem, was man weiß, nicht vorgeschoben: Gu vergiftete den britischen Geschäftsmann Neil Heywood, der für sie arbeitete und mit dem sie in Streit geraten war.[10]

Eine weitere Gemeinsamkeit: Als Wladimir Putin und Xi Jinping an die Macht kamen, galten sie als unbeschriebenes Blatt. Man wusste nicht, was sie wollten, und erwartete zumindest nichts Schlimmes. Noch 2001, als Putin im Deutschen Bundestag sprach, wurde er von Abgeordneten aller Parteien begeistert beklatscht, vor allem deshalb, weil er seine Rede zum Teil auf Deutsch hielt. So leicht lassen sich Politiker beeindrucken. Dabei waren zu jener Zeit seine Verbrechen in Tschetschenien und die von ihm inszenierten Terroranschläge in Moskau längst bekannt. Xi Jinping wiederum wurde bei seinem Amtsantritt von manchen gar für einen chinesischen Gorbatschow gehalten. Selbst der Dalai Lama meinte damals: »Ich kann es nicht sicher sagen, aber von vielen chinesischen Freunden höre ich, die kommende chinesische Führung werde milder sein.«[11]

Putin begann seine Herrschaft mit einer Kampagne gegen die Oligarchen, Xi mit einer Kampagne gegen die Korruption. Sie schlugen damit zwei Fliegen mit einer Klappe: Sie gewannen Zustimmung in der Bevölkerung, denn Oligarchen, die sich bei der Privatisierung der Staatsbetriebe bereichert hatten, waren gleichermaßen unbeliebt wie korrupte Kader. Und sie entledigten sich damit potenzieller Konkurrenten. In China weiß seither jeder Parteifunktionär, dass etwas gefunden oder erfunden werden kann, um ihn einzusperren. Putin ließ den reichsten Russen, Michail Chodorkowski, Geschäftsführer des Ölkonzerns Yukos, verhaften und in eine Strafkolonie verbannen, weil er die Regierung kritisiert hatte. Oligarchen, die dem Präsidenten

Treue schwören, können hingegen weiter ihren Geschäften nachgehen. Auch gelang Putin so die Gleichschaltung der Fernsehsender, von denen die meisten Oligarchen gehörten.

Was die Illusionen vieler im Westen über die Regime in Moskau und Peking befördert: der Irrglaube, sie seien »nicht mehr kommunistisch«. In Russland trifft das formal zu, die sowjetische Misswirtschaft hat den Sozialismus so in Verruf gebracht, dass sich Putin lieber auf die russisch-orthodoxe Kirche beruft als auf den orthodoxen Leninismus. Mit »Einiges Russland« hat er sich aber wie eingangs gesagt eine Staatspartei nach dem Vorbild der KPdSU geschaffen – sogar die Mitglieder von heute und damals sind weitgehend dieselben, sofern sie alt genug sind. Der frühere Bundespräsident Joachim Gauck, der fast sein halbes Leben in der DDR verbracht hat, meint über Putin: »Für einen Menschen, der seine wesentlichen Prägungen als KGB-Offizier in Sowjetzeiten erfahren hat, ist es völlig klar, dass im Sinne Lenins die einmal errungene Macht niemals aufgegeben werden darf.«[12]

In China stand die Macht der Kommunistischen Partei nie infrage, und das ist nach leninistischer Ideologie, wie wir sie an der Jugendhochschule Wilhelm Pieck studierten, das entscheidende Kriterium für den Sozialismus, die erste Phase des Kommunismus. Während Lenins »Neuer Ökonomischer Politik«, die 1921 begann, investierten Privatunternehmer aus dem Ausland in Sowjetrussland, genauso wie in China heute. Entscheidend ist aus kommunistischer Sicht: Die Partei muss die Kontrolle behalten. Xi Jinping hat deren Rolle gewaltig erhöht, die Parteizellen in den Betrieben müssen jetzt in alle strategischen Unternehmensentscheidungen einbezogen werden. Das gilt auch für deutsche Unternehmen wie Volkswagen oder Siemens.[13] Übrigens spielt nicht nur in China, sondern auch in Russland der Staat für die Wirtschaft eine weitaus größere Rolle, als man gemeinhin denkt: Von 146 Millionen Russen werden einschließlich Familien 100 Millionen vom Staat bezahlt.[14]

Xi Jinpings Credo kann auch Putin unterschreiben: »Nach dem Ende des Kalten Krieges haben einige Länder an westlichen Werten furchtbaren Schaden genommen. Sie sind entweder vom Krieg zerrissen oder befinden sich im Chaos.«[15] Immer wieder warnen Xi Jinping und Putin vor »Farbrevolutionen« wie in der Ukraine oder in den Ländern des Arabischen Frühlings. Um diese zu verhindern, manipulieren sie Wahlen, sofern es diese noch gibt. 2005 veränderte Russland die Regelungen für Parlamentswahlen so, dass ausschließlich kremltreue Parteien teilnehmen können.[16] In Hongkong dürfen seit 2021 nur noch Kandidaten antreten, die aus Sicht Xi Jinpings »Patrioten« sind.[17] (Im Rest der Volksrepublik gab es ohnehin nie Wahlen.) Sowohl Putin als auch Xi Jinping hoben die bis dahin geltenden Amtszeitbeschränkungen für sich selbst auf und können damit quasi auf Lebenszeit regieren. Bei der Internetzensur hat Russland die Erfahrungen und Methoden Chinas übernommen. Da der Sozialismus seine Anziehungskraft verloren hat, peppen Xi Jinping und Putin ihre Politik mit nationalistischen Parolen auf.

Beispielhaft dafür ist Putins Umgang mit der Nationalhymne. Zu Stalins Zeiten komponierte Stalin-Preisträger Alexander Alexandrow, Leiter des Gesangs- und Tanzensembles der Roten Armee, die Nationalhymne der UdSSR. Der sowjetische Dichter Sergej Michalkow schrieb den Text dazu. Darin hieß es zum Beispiel:

Uns erzog Stalin
zur Treue zum Volk,
zu Arbeit und Heldentaten
regte er uns an!

Nachdem der 20. Parteitag der KPdSU die Verbrechen Stalins enthüllt hatte, waren diese Worte nicht mehr tragbar. Michalkow strich Stalin aus dem Text, jetzt hieß es, zur selben Melodie, zum Beispiel:

Es lebe, vereinigt durch den Willen der Völker,
die einige, mächtige Sowjetunion!
... Und der große Lenin erleuchtete uns den Weg.
Für die gerechte Sache erweckte er die Völker.

Nach dem Ende der Sowjetunion bekam das neue Russland eine andere Nationalhymne: Das »Patriotische Lied« von Michail Glinka (1804–1857), dem Begründer der klassischen Musik Russlands. Sie wurde ohne Text gespielt. Putin entschied nach seinem Amtsantritt im Jahr 2000, zur Melodie der sowjetischen Nationalhymne des Rotarmisten Alexandrow zurückzukehren. Der bisherige Text war natürlich überholt, da die Sowjetunion nicht mehr existierte. Was tat Putin? Er wandte sich wieder an Sergej Michalkow, den Dichter der zwei sowjetischen Hymnen, der zu diesem Zeitpunkt bereits 87 Jahre alt war. Putin bat ihn, zur alten sowjetischen Melodie im alten Geist einen neuen Text zu schreiben. So entstand Russlands heutige Nationalhymne, hier einige Zeilen daraus:

Russland, unsere geheiligte Macht,
Russland, unser geliebtes Land.
Mächtiger Wille, großer Ruhm,
dein Vermächtnis für alle Zeiten ...
Einmalig bist du in der Welt!
Einzigartig bist du,
von Gott beschützte heimatliche Erde!

In den Nationalismus mischt sich heute eine Prise Rassismus. Xi Jinping erklärt: »Seit Jahrtausenden ist das Bedürfnis nach Frieden uns Chinesen als Teil unserer DNA in Fleisch und Blut übergegangen.«[18] Das heißt im Umkehrschluss, andere Völker hätten den Willen zum Krieg in ihrer DNA. Bei Putin klingt das so: »Wir sind ein Volk von Siegern. Das liegt in unseren Genen.«[19] Beide sehen sich als Vollstrecker einer historischen Mission, ihre Reiche wieder groß zu machen. Sie sind überzeugt: Ihre Länder wurden vom Westen gedemütigt – Russland durch den Zerfall der Sowjetunion, China durch das, was ihm die Kolonialmächte vor Jahrhunderten angetan haben.

Über Jahrtausende war China eine führende Wirtschafts- und Kulturnation – ist es da nicht verständlich, dass es zu alter Größe zurückwill? Ja, ist es. Haben die Kolonialmächte nicht schlimmes Leid in China angerichtet? Ja, haben sie. Sind Chinesinnen und Chinesen nicht zu Recht stolz darauf, dass sie in den letzten Jahrzehnten mehr als 850 Millionen Menschen aus der Armut befreit haben? Ja, sind sie. Zu Unrecht aber instrumentalisiert die Kommunistische Partei das alles für sich. Den Kampf gegen die Kolonialmächte führten vor allem die Nationalisten der Guomindang, die dann 1949 nach Taiwan flohen. Bei vergleichbaren Ausgangsbedingungen wuchs die Wirtschaft dort schon sehr viel früher als in der Volksrepublik, das Bruttoinlandsprodukt pro Kopf ist auf der Insel heute fast dreimal so hoch wie auf dem Festland. Anders als die KPCh behauptet – und auch manche im Westen glauben –, begann Chinas Wiederaufstieg nicht mit Maos Revolution 1949. Im Gegenteil, der Diktator stürzte das Land erst einmal weiter in den Abgrund. Felix Lee beschreibt das am Beispiel der Geschichte seines Vaters: »Als er im Dezember 1977 das erste Mal in seine Heimatstadt zurückkehrte, war der Zustand Nanjings dennoch ein Schock für ihn: So ziemlich alles war noch genauso wie im Herbst 1948, die dicht gedrängten Häuser, die engen Gassen, das gesamte Stadtbild – nichts hatte sich verändert. Alles war nur noch verfallener, verschmutzter und ärmlicher. Kein Vergleich mit dem raschen Aufbau und dem technischen Höhenflug in Deutschland seit dem Zweiten Weltkrieg oder dem beginnenden Aufschwung in Taiwan Mitte der Fünfzigerjahre.«[20] Erst 1978 setzte auch in der Volksrepublik die schnelle wirtschaftliche Entwicklung ein, als Deng Xiaoping Schritt für Schritt private Initiativen erlaubte und so den Fleiß und Geschäftsgeist der Chinesen entfesselte, außerdem ausländisches Kapital ins Land holte. »Reform und Öffnung« nannte sich das. Xi Jinping bekennt sich dazu heute noch in Worten, verabschiedet sich aber in der Praxis immer mehr davon. Er zehrt von der Wirtschaftskraft, die China in den vergangenen Jahrzehnten anhäufte. Doch die Vorboten der Krise sind schon da: Schul- und Studienabgänger haben Schwierigkeiten, einen Arbeitsplatz zu finden; Stromausfälle legen Betriebe lahm; großen Immobilienunternehmen droht der Bankrott.

Russlands Wirtschaft entwickelte sich nie so imposant wie die Chinas, doch auch da finden sich im Ausland Gutgläubige, die Putin bescheinigen, er habe sein Land nach dem Chaos der Jelzin-Jahre gut geführt. Dabei hat er einfach Glück gehabt. Zufällig zeitgleich mit seinem Machtantritt einigte sich die Organisation erdölexportierender Länder (OPEC) auf einen Mindestpreis für Öl. Da Russland vor allem von Rohstoffen lebt, kam das dem Wohlstand dort zugute.[21]

Die Restalinisierung Russlands und Chinas

Putin mit nacktem Oberkörper zu Pferd, Putin als Tiger-Töter, Putins Porträt auf einem Designer-T-Shirt, Putin als Eishockeyspieler, Putin als lebensgroße Büste aus Schokolade, Putin auf den Oberschenkel tätowiert – um den Präsidenten wird ein Führerkult betrieben wie seit Stalin um keinen Herrscher in Moskau mehr. Das Gleiche passiert in

China mit Xi Jinping. Dabei war es eine der großen Lehren aus den Schrecken der Mao-Jahre: Nie mehr sollte ein Parteiführer wie ein Gott dargestellt werden. Xi wird heute nicht nur wie ein Gott dargestellt, sondern manchmal sogar als Gott: Beispielsweise startete die chinesische Jiangxi-Provinz, in der relativ viele Christen leben, die Kampagne »Religiöse Gläubige in Gläubige der Partei verwandeln«. In der Stadt Ji'an musste in einer katholischen Kirche das Bild der Jungfrau Maria durch ein Porträt von Xi Jinping ersetzt werden. Im Landkreis Yugan zwangen die Behörden 600 Dorfbewohner, statt der Jesusbilder in ihren Häusern Fotos von Xi aufzuhängen.[22] Übereifer von ein paar Provinzfunktionären? Cai Qi ist als Mitglied des Ständigen Ausschusses des Politbüros der Kommunistischen Partei Chinas einer der sieben mächtigsten Politiker des Reichs der Mitte. Er sagt: »Die erste Lektion, die einem Generalsekretär Xi Jinping erteilt, ist eine erleuchtende Taufe, die die Seele berührt.«[23]

Von gestern sind auch einige Titel, die Xi Jinping jetzt verliehen werden. Das Zentralorgan der Partei bezeichnet ihn als »Großen Steuermann« und »Führer des Volkes«[24] – so wurde seit Mao niemand mehr genannt. Und um keinen der Partei- und Staatschefs nach Mao wurde ein solcher Personenkult betrieben. Menschen aus ganz China pilgern in der Provinz Shaanxi ins Dorf Liangjiahe, um dort die Höhle zu besichtigen, in der Xi Jinping als Jugendlicher gelebt hat. Der Kult um den Führer richtet sich nicht nur an einfache Menschen, auch die Spitzen von Politik und Wirtschaft müssen die bizarren Floskeln nachbeten. Am 22. Mai 2023 erklärte Cai Qi bei einem Symposium über die Werke von Xi Jinping: »Die wichtigste politische Aufgabe besteht darin, die Seele mit Xi Jinpings sozialistischem Gedankengut für eine neue Ära zu kristallisieren.«[25] Die »Xi-Jinping-Gedanken« wurden ins Parteistatut der KPCh und in die chinesische Verfassung aufgenommen. Das ist so, als stünde im deutschen Grundgesetz, die Gedanken von Olaf Scholz seien auf ewig die Richtlinie der Politik.

Die Sowjetunion und die Volksrepublik China brachen miteinander, weil Chruschtschow den Personenkult um den Massenmörder Stalin verurteilte, was Mao nicht akzeptierte. Heute wird Stalin nicht nur in China verehrt, sondern auch in Russland wieder. Nachdem Xi Jinping 2012 auf dem 18. Parteitag der Kommunistischen Partei Chinas zum Generalsekretär gewählt worden war, machte er eine klare Ansage: »Die Geschichte der Sowjetunion und der Kommunistischen Partei der Sowjetunion abzulehnen, Lenin und Stalin abzulehnen, bedeutet historischen Nihilismus zu betreiben, und dies verwirrt unsere Gedanken und untergräbt die Organisationen der Partei auf allen Ebenen.«[26] Das ist genau die gleiche Motivation, aus der heraus Russland 2009 eine präsidiale Geschichtskommission mit dem Auftrag einsetzte, »Informationen zu sammeln über die Fälschung von Fakten und historischen Ereignissen, die das Ziel verfolgt, dem internationalen Prestige und den Interessen Russlands zu schaden«.[27] Als Kulturminister weihte Wladimir Medinski in mehreren russischen Städten Stalinstatuen ein.[28] Er bekleidete dieses Amt von 2012 bis 2020, 2022 führte er die russischen Verhandlungen mit der Ukraine. Selbst Stalins Großer Terror von 1937/38, bei dem 700000 Unschuldige erschossen wurden, wird in einem seit 2007 benutzten Geschichtsbuch für russische Schulen und Universitäten entschuldigt. Darin heißt es, dass »die Massenunterdrückung und der Terror rationale und praktische Methoden der politischen Organisation« gewesen seien, um für »Stabilität« zu sorgen.[29] Chruschtschow entstalinisierte die Sowjetunion, Gorbatschow sprach auch öffentlich in aller Klarheit über den Massenmord Stalins. Jetzt folgt auf die Entstalinisierung eine Restalinisierung. Ende 2021 verbot Putin »Memorial«, die Internationale Gesellschaft für historische Aufklärung, Menschenrechte und soziale Fürsorge, die während Gorbatschows Perestroika 1987 gegründet worden war, um die Verbrechen der Stalinzeit aufzuarbeiten. Offizielle Begründung für das Verbot: »Verzerrung des Bildes der UdSSR«.[30] Entsprechend geht China mit Mao Zedong um. Xi Jinping erklärte bei einem Parteitreffen: »Wenn wir uns ganz von Mao losgesagt hätten, wie die Sowjetunion es mit Stalin tat, dann wären wir jetzt nicht mehr an der Macht.«[31] Und damit sich auch sonst keiner von dem »Großen Führer« lossagen kann, beschloss Chinas Nationaler Volkskongress 2018 ein Gesetz, das jedem eine Strafe androht, der die kommunistischen »Helden und Märtyrer beleidigt oder verleumdet«, also die offizielle Geschichtsschreibung anzweifelt.[32]

Aus deutscher Sicht gilt es, die Singularität der Verbrechen der Nazis herauszuheben. Ohnehin hat jedes historische Phänomen seine Spezifik. Obwohl sie miteinander verbündet waren, unterschied sich etwa auch der italienische Faschismus vom deutschen Nationalsozialismus. Schon wegen meiner eigenen Biografie möchte ich betonen: Die meisten Kommunistinnen und Kommunisten hatten gute Absichten, während es bei den Nazis von Anfang an das erklärte Ziel war, Menschen anderer Nationalität oder Religion zu ermorden. Trotzdem stellt es sich aus fernöstlicher Sicht so dar, wie die chinesische Schriftstellerin Jung Chang im ersten Satz ihrer Mao-Biografie schreibt: »Mao Zedong, der jahrzehntelang absolute Macht ausübte über das Leben eines Viertels der Weltbevölkerung, war verantwortlich für über 70 Millionen Tote in Friedenszeiten – kein anderer politischer Führer des 20. Jahrhunderts reicht hier an ihn heran.«[33] Sein 6,50 Meter hohes und fünf Meter breites Bild prangt weiter am Tor des Himmlischen Friedens. In einem Interview sagte mir Jung Chang dazu: »Es ist, als würde Hitlers Porträt am Brandenburger Tor hängen.« Und als wäre der tote Hitler auf dem Berliner Alexanderplatz öffentlich aufgebahrt. Denn noch heute liegt Maos Leichnam in seinem Mausoleum am Platz des Himmlischen Friedens unter Kristallglas ausgestellt, stehen Menschen anderthalb Stunden Schlange, um ihm Ehre zu erweisen. Auch Xi Jinping hat ihm dort seine Aufwartung gemacht und sich dreimal vor ihm verbeugt. So wie es zu Recht uns alle empört, wenn Ewiggestrige Hitler verehren, so zeugt es von der Gefahr für die Welt, wenn sich die Führungen zweier mächtiger Länder zu Stalin und Mao bekennen. Man darf die Verbrechen des Stalinismus und des Maoismus nicht missbrauchen, um die Verbrechen des Nationalsozialismus zu relativieren. Umgekehrt gilt das aber auch. Die Russische Föderation und die Volksrepublik China bedrohen heute die Welt genauso wie vor dem Zweiten Weltkrieg das nationalsozialistische Deutschland, das faschistische Italien und das Japanische Kaiserreich.

Unverbesserliche leugnen, dass es im Dritten Reich den Holocaust gab. Die Existenz der sowjetischen Variante der Konzentrationslager wird nicht geleugnet – sie werden von manchen als Beispiel für die Gegenwart gepriesen. Im russischen Radiosender der gleichnamigen Zeitung *Komsomolskaja Prawda* forderte der Moderator Sergej Mardan, in den besetzten Gebieten der Ukraine den »guten alten Gulag« wieder einzuführen: »Sie wollen den Gulag, also gebt ihnen den Gulag, um es richtig zu genießen. Einen kleinen lokalen Gulag unter der sengenden Sonne der Steppe für alle Schüler, die noch nicht gelernt haben, unser wunderbares Vaterland zu lieben.«[34]

Am 23. Juni 2023 erhoben sich die Söldner der »Gruppe Wagner« gegen das russische Verteidigungsministerium. Es gelang ihnen, bis auf 200 Kilometer an Moskau heranzumarschieren, bevor sie sich mit Putin auf einen Deal einigten, vermittelt vom belarussischen Präsidenten Alexander Lukaschenko. Ist Russland also doch nicht gleichgeschaltet? Die »Gruppe Wagner« war eine Ausgeburt des Systems. Zwar saß ihr Anführer Jewgeni Prigoschin in sowjetischen

Zeiten im Gefängnis, weil er eine Frau überfallen, sie bis zur Bewusstlosigkeit gewürgt und ihre goldenen Ohrringe geraubt hatte. Doch er kam vorzeitig frei, wahrscheinlich aufgrund eines Handels mit dem KGB. Er wurde »Putins Koch«, sicherte sich Verträge für das Catering bei Staatsempfängen sowie der Armee und gründete schließlich im Auftrag des Militärgeheimdiensts GRU die »Gruppe Wagner«.[35] Sie diente Putin dazu, seinen Einfluss in Afrika und Syrien auszuweiten und Massaker in der Ukraine zu begehen. Solche gewaltsamen Auseinandersetzungen wie der »Wagner«-Aufstand sind in totalitären Staaten nichts Ungewöhnliches, gerade deshalb, weil demokratische Regierungswechsel unmöglich sind. Man denke etwa an die »Kulturrevolution« genannten Machtkämpfe in China. Der Funktionär Lin Biao beispielsweise stellte die Zitate der »Mao-Bibel« zusammen, das Buch begann mit seinem Satz: »Studiert die Werke des Vorsitzenden Mao Zedong, hört auf seine Worte und handelt nach seinen Weisungen!«[36] Lin Biao stieg zu Maos Stellvertreter und designiertem Nachfolger auf. Doch 1971 plante er einen Staatsstreich, so zumindest die offizielle chinesische Darstellung, floh mit einem Flugzeug Richtung Moskau und stürzte über der mongolischen Wüste ab. Bei einem Flugzeugabsturz, wahrscheinlich im Auftrag Putins herbeigeführt, kam auch Prigoschin ums Leben, am 23. August 2023.

Mao starb am 9. September 1976. Viele fürchteten, dass seine Frau Jiang Qing und die anderen Anführer der Kulturrevolution, die sogenannte Viererbande, jetzt die Macht übernehmen würden. Doch hinter den Kulissen tobte bereits der Kampf. Einen Monat nach Maos Tod wurde Jiang Qing in die Huairen-Halle der Funktionärssiedlung Zhongnanhai zu einer »Sitzung über die Veröffentlichung des fünften Bands von Maos *Gesammelten Werken*« einbestellt. Ausgewählte Soldaten des Korps 8341 hielten sich versteckt, um sie zu verhaften. Doch sie kam nicht. Die Verschwörer wurden nervös. War sie gewarnt worden? Bereitete sie einen Gegenangriff vor, etwa mit Einheiten der paramilitärischen Volksmiliz, die ihr treu ergeben waren? Die »Sitzung« war auf 20 Uhr angesetzt, um 22 Uhr war die gefürchtete Witwe noch nicht gekommen. Darauf stürmten die Soldaten ihr Wohnhaus. Jiang Qing lag im Bett, ergab sich sofort und sagte: »Lange schon habe ich diesen Tag vorausgesehen.« Ein Sondergericht verurteilte sie zum »Tod auf Bewährung«, später nahm sie sich selbst das Leben.

Im China von heute: Dutzende Jugendliche marschieren im Gleichschritt an schicken Restaurants vorbei, die Fäuste zum kommunistischen Gruß geballt. Sie tragen olivgrüne Uniformen und entsprechende Mützen mit rotem Stern, wie Jiang Qings Rotgardisten, die während der Kulturrevolution die Bevölkerung terrorisierten. Wie damals haben die Mädchen ihre Haare zu Zöpfen gebunden. Aus einem Lautsprecher plärrt das Lied von Maos Mustersoldaten Lei Feng. Die Jugendlichen singen mit:

Lernt vom guten Beispiel Lei Fengs,
loyal zur Revolution,
loyal zur Partei.
Seid euch klar darüber,
was ihr liebt und
was ihr hasst ...
Lernt vom guten Beispiel Lei Fengs,
erinnert euch an die Anweisungen des Vorsitzenden Mao
und bewahrt sie in eurem Herzen.

Solche »Traditionspflege« ist heute im China Xi Jinpings wieder gang und gäbe. Auch das haben totalitäre Staaten unabhängig von ihrer Ausrichtung gemeinsam: einheitliche Jugendorganisationen. Im Dritten Reich war es die Hitler-Jugend, in der Sowjetunion der Leninsche Kommunistische Allunions-Jugendverband (abgekürzt Komsomol), in

Russland ist es die Putin-Jugend (zunächst *Naschi*, »Die Unseren« genannt, jetzt *Molodaja Gwardija*, »Junge Garde«). In China heißt die Organisation Kommunistische Jugendliga.

Doch wichtiger noch ist die führende Rolle der Partei. In China stehen die Mitglieder des Politbüros über den Ministern, der Parteisekretär im Betrieb über dessen Direktor. Zumindest für den Staat hat Russland diese Struktur beibehalten, nur wurde das Politbüro durch die Verwaltung des Präsidenten und seine »Kommissionen« ersetzt.[37] In China untersteht die Volksbefreiungsarmee, wie gesagt, nicht dem Staat, sondern der Partei. Es lohnt sich, bei chinesischen Militärparaden genauer zuzuhören. Wenn die Soldaten in voller Kampfmontur vor dem uniformierten Xi Jinping antreten, salutieren sie nicht dem Präsidenten, sondern dem Vorsitzenden der Zentralen Militärkommission der Kommunistischen Partei. Er grüßt sie mit »Hallo, Genossen!«, und Tausende brüllen dann im Sprechchor zurück: »Hallo, Vorsitzender! Wir folgen der Partei! Wir kämpfen bis zum Sieg!« Und wiederholen das viele Male.

Ich habe in China Zeiten erlebt, in denen die Menschen relative Freiheiten genossen. Natürlich herrschte auch damals die Kommunistische Partei, doch wer sich aus der Politik heraushielt, konnte sich in anderen Bereichen entfalten, etwa als Unternehmerin oder als Künstler. Auch in chinesischen Medien und im Internet wurde gelegentlich offen über Probleme des Landes gesprochen. Während der Olympischen Sommerspiele von Peking 2008 besuchte ich den Künstler Ai Weiwei, der damals noch in seinem Atelier nahe der Hauptstadt arbeiten konnte. Sein Kater sprang zur Türklinke hoch und öffnete eine Zimmertür. »Das ist der Unterschied zwischen einem Kater und der Kommunistischen Partei«, meinte Ai Weiwei. »Ein Kater kann die Tür aufmachen. Aber er kann sie nicht wieder zumachen.«

Genau das ist passiert. Unter Xi Jinping ist die Volksrepublik kein autoritäres Land mehr, sondern ein totalitäres. In seinem Größen- und Kontrollwahn zerschlägt Xi Jinping gerade all das, was China in den letzten Jahrzehnten stark gemacht hat. Erfolgreiche Internetunternehmer wie Jack Ma, bis vor Kurzem noch das Idol der chinesischen Jugend, werden drangsaliert. An Shanghais Grundschulen wurde »Xi-Jinping-Kunde« als Schulfach eingeführt und dafür Englischunterricht gestrichen, dabei erfordert Handel in der Globalisierung Fremdsprachenkenntnisse. Der chinesische Frühling ist vorbei, jetzt greift der Staat wieder in totalitärer Manier in den Alltag ein. Populäre Boygroups werden verboten, weil ihre Sänger angeblich zu weiblich aussehen. Fußballspieler müssen ihre Tattoos entfernen. Und der Staat legt fest, wie viele Stunden pro Woche Kinder im Internet spielen dürfen. Heute ist China repressiv nach innen und aggressiv nach außen.

Russland hat sich unter Putin entsprechend entwickelt. Die jüdische deutsch-amerikanische Publizistin und promovierte Philosophin Hannah Arendt hat sich um die politische Theorie des Totalitarismus verdient gemacht. In meiner Jugend lehnte ich diesen Begriff ab, da er den Kommunismus mit dem Nationalsozialismus vergleicht. In Schulunterricht und Medien hingegen wurde damals ständig vom »Totalitarismus« gesprochen. Heute ist der Begriff etwas aus der Mode geraten. Dabei ist er aktueller denn je.

Nicht nur, dass Stalin in Russland heute wieder verehrt wird. Wie er lässt auch Putin seine Gegner ermorden. Wenn in kommunistischen Parteien früher über Abweichler in den eigenen Reihen gesprochen wurde, fiel oft das Wort »Eispickel«, ernsthaft oder ironisch gemeint. Jeder wusste, worauf sich das bezog: Stalin ließ seinen Widersacher Trotzki 1940 in Mexiko mit einem Eispickel erschlagen. Auch Putin liebt die Symbolik: An seinem Geburtstag, dem 7. Oktober, wurde die kritische russische Journalistin Anna Politkowskaja im Aufzug ihres Wohnhauses erschossen. Bei Alexej

Nawalny wird sich vielleicht nie zweifelsfrei aufklären lassen, ob er an den brutalen Haftbedingungen in der sibirischen Strafkolonie starb oder gezielt ermordet wurde. Indizien sprechen für das Letztere: Ein Video von einem Gerichtstermin einen Tag vor seinem Tod zeigt den 47-Jährigen trotz der bitteren Umstände gesund und munter, er reißt sogar Witze.[38] Die georgische Präsidentin Salome Surabischwili sieht einen Zusammenhang mit der Münchner Sicherheitskonferenz, die am 16. Februar 2024, dem Todestag Nawalnys, begann. Russland wolle zeigen, »dass es tut, was es will, wo es will. Und das war, denke ich, eine Botschaft für die Konferenz in München.«[39] Die Veranstalter hatten weder Putin noch andere Vertreter der russischen Regierung eingeladen, dafür Oppositionelle wie die Ehefrau des Oppositionsführers, Julia Nawalnaja.

Von Stalin übernommen hat Putin auch das Konzept für »Wahlen«. Dem Sowjetdiktator wird der Satz zugeschrieben: »Ich halte es für völlig unwichtig, wer abstimmt und für wen. Äußerst wichtig hingegen ist, wer die Stimmen auszählt und wie.«[40] Stimmzettel hinzufügen und falsche Ergebnisse melden ist nicht die einzige Methode. Schon in den Anfangsjahren der Putin-Herrschaft erzählten mir russische Bekannte, die in staatlichen Betrieben arbeiten, die Unternehmensleitung habe sie zur Teilnahme an der Wahl und zur Stimmabgabe für Putin aufgefordert. Damals war das noch nicht so einfach zu kontrollieren. Bei den sogenannten Präsidentenwahlen in Russland Mitte März 2024, mitten im Krieg, setzt man schließlich auf moderne Mittel: Jetzt kann man auch online abstimmen – und Angestellte von Staatskonzernen müssen per Screenshot ihren Chefs beweisen, dass sie Putin gewählt haben.[41] Deshalb kann das offizielle »Ergebnis« nicht überraschen: Mehr als 87 Prozent hätten für den Kreml-Herrscher gestimmt, behauptet die Wahlkommission. Ernsthafte Gegenkandidaten waren gar nicht erst zur Wahl zugelassen.

Jagd nach »Spionen« überall: der Fall des Außenministers Qin Gang

Wie oben gesagt, lehnt Xi Jinping ab, was China in den zurückliegenden Jahrzehnten stark gemacht hat: die schrittweise Öffnung, kaum politisch, aber wirtschaftlich und ein bisschen kulturell. Im Internet und in der Kunst gab es Freiräume. Das hat Xi erstickt, seit er 2012 Parteichef und 2013 zusätzlich Präsident wurde. »Wenn man die Fenster öffnet, um frische Luft hereinzulassen, kommen auch die Fliegen«,[42] sagte einst der Reformer Deng Xiaoping, er meinte damit: Wir brauchen frische Luft, da kann man mit den paar Fliegen umgehen. Xi Jinping sieht es genau umgekehrt, er will die Fenster schließen, damit keine Fliegen hereinkommen. Und wenn sie schon im Land sind? Dazu hat Xi Jinping seine eigene Fliegen-Metapher. Bei seinen öffentlichen Auftritten sagt er immer wieder: »Es gilt, Tiger und Fliegen gleichermaßen zu erlegen.«[43] Für Ausländer, die des Parteichinesischen nicht mächtig sind, hat der Pekinger Verlag für fremdsprachige Literatur im Buch mit Xis gesammelten Reden als Anmerkung hinzugefügt: »Diese Metapher bezieht sich auf hochrangige (Tiger) und eher unbedeutende (Fliegen) Straftäter.«[44]

Der Begriff »Straftäter« wird in Xis neostalinistischem Regime willkürlich ausgelegt. Im Sommer 2023 verschwand der chinesische Außenminister Qin Gang auf mysteriöse Weise. Er hatte auch beim deutschen Publikum eine gewisse Bekanntheit erreicht, seit er mit Außenministerin Annalena Baerbock in einem Hochgeschwindigkeitszug von seiner Heimatstadt Tianjin nach Peking gefahren war. Für Deutsche exotisch: Die Abfahrt war pünktlich, die Wagenreihung wurde nicht verkehrt, der Zug raste mit 330 Kilometern in der Stunde dahin. Qin trat klar in der Sache für die chinesischen Regierungspositionen ein, aber er wirkte höflicher als andere chinesische Diplomaten in den letzten Jahren. Mit seinen zu diesem Zeitpunkt 57 Jahren gehörte er zu den Jüngeren innerhalb der chinesischen Führungsriege und wirkte auch sehr jung. Ich lernte ihn in der zweiten Hälfte der Nullerjahre kennen, als er Sprecher des Außenministeriums war und ich Korrespondent in Peking, es also zu seinen Aufgaben gehörte, mich zu betreuen. Auch damals äußerte er sich scharf in Pressekonferenzen, war aber entspannt und offen, wenn man mit ihm bei Tee und Pekingente zusammensaß. Im Dezember 2022 wurde er zum Außenminister ernannt.

Ein gutes halbes Jahr später war Qin Gang verschwunden. Mehrere Wochen fehlte er bei allen Terminen: Sein Gespräch mit dem EU-Außenbeauftragten Josep Borrell wurde abgesagt, zum Treffen der Außenminister Südostasiens in der indonesischen Hauptstadt Jakarta reiste er nicht an. Dort sollte er auch mit dem US-Außenminister Antony Blinken zusammenkommen. Begründet wurde seine Abwesenheit zunächst mit »gesundheitlichen Gründen«. Dazu muss man wissen: »Gesundheitliche Gründe«, besonders wenn nicht genauer spezifiziert, sind in sozialistischen Ländern ein Synonym für »entmachtet«. Der Putsch in Moskau am 19. August 1991 wurde »mit der krankheitsbedingten Amtsunfähigkeit von Michail Sergejewitsch Gorbatschow« erklärt. Als Xi Jinping seinen Vorgänger Hu Jintao beim KP-Parteitag im Oktober 2022 öffentlich demütigte, indem er ihn vor laufenden Fernsehkameras aus dem Saal führen ließ, hing auch dies angeblich mit Hus Gesundheit zusammen, und einige im Westen glaubten diese Entschuldigung sogar. Dabei sprachen die Bilder eine eindeutige Sprache: Statt dem alten Mann zu helfen, wie es chinesische Sitten verlangen würden, zeigte Xi Jinping ihm demonstrativ die kalte Schulter.

Bei Qin Gang fiel auf, dass die »gesundheitlichen Gründe« zwar mündlich genannt wurden, aber auf der Website des

Ministeriums entfielen. Schnell machte im chinesischen Internet ein anderes Gerücht die Runde: Der verheiratete Außenminister habe eine Affäre mit Fu Xiaotian, einer in China bekannten Journalistin, Moderatorin der Sendung *Talk with World Leaders*. Sie habe den Außenminister nicht nur vor laufender Kamera getroffen, sondern seither immer wieder. Er sei sogar der Vater ihres gerade geborenen Sohnes. Zwar waren die Zensoren schnell dabei, solche Behauptungen im chinesischen Internet zu löschen, aber sie hatten ein Problem: Fu ist auch auf Instagram aktiv, und darauf haben sie keinen Zugriff. Dort steht zwar nichts von der Affäre, doch sind Fotos von Qin Gang zu sehen, dem gleichnamigen Baby, vor allem aber von Fus Villa in Los Angeles, die laut Recherchen die chinesische Internet-Community 60000 US-Dollar Miete im Monat kosten soll.

Damit wäre das ein Fall für Xi Jinpings Kampagne gegen Korruption – nicht nur wegen des Geldes: »Manche führende Kader berichten nicht, dass ihre Kinder oder Ehepartner lange Zeit im Ausland geblieben sind«, prangerte Xi in einer Rede vor der Kontrollkommission der Partei Fehlverhalten an. »Wieder andere Kader geben gravierende Familienvorfälle nicht an. Sie lassen sich scheiden oder sind schon lange Jahre wieder verheiratet, ohne dass die Parteiorganisation davon weiß.«[45] Sollte an den Vorwürfen etwas dran sein, hätte Qin Gang also in mehrfacher Hinsicht gegen den kommunistischen Moralkodex verstoßen.

Das ließe sich alles als wildes Gerücht abtun, hätte es nicht am 17. Juli 2023 einen bizarren Schlagabtausch zwischen der Sprecherin des chinesischen Außenministeriums, Mao Ning, und einem britischen Reporter gegeben, hier im Wortlaut:

»Hat das Außenministerium Neuigkeiten über Qin Gang und wann er seine Aufgaben wieder wahrnehmen wird?«, fragte der Reporter beim täglichen Pressebriefing des chinesischen Außenministeriums.

»Können Sie sich bitte identifizieren, von welchem Medium Sie kommen?«

»Ich bin von der *Financial Times*.«

»*Financial Times*, okay.« Dann schwieg die sonst sehr eloquente Sprecherin für einige Sekunden und sagte schließlich: »Können Sie die Frage bitte wiederholen?«

»Hat das Außenministerium Neuigkeiten über Qin Gang und wann er seine öffentlichen Aufgaben wieder wahrnehmen wird? Er ist seit dreieinhalb Wochen abwesend.«

»Zu dieser Frage habe ich keine Informationen, die ich Ihnen geben kann.«

»Die Londoner *Times* hat berichtet, dass Qin Gangs Verschwinden mit einer Untersuchung zusammenhängt über eine Affäre mit Fu Xiaotian, einer Reporterin von *Phoenix TV*, die kürzlich ein Kind in den USA geboren hat.«

»Ich weiß nichts über diese Situation, von der Sie sprechen.«

»Ist Qin Gang noch der Außenminister, und warum war er seit dreieinhalb Wochen nicht zu sehen?«

Wieder schwieg die Sprecherin einige Sekunden und sagte schließlich: »Zu Ihrer ersten Frage können Sie die Website des Außenministeriums checken, andere Informationen habe ich auch nicht.«

Und so blühten die Gerüchte in China immer weiter: Möglicherweise handle es sich um einen großen Spionagefall mit Bezügen zu Qin Gangs Zeit als chinesischer Botschafter in den USA. Vielleicht habe auch der vorangegangene Selbstmord des stellvertretenden Kommandeurs der chinesischen Raketentruppen damit zu tun. Oder es tobe ein Machtkampf auf höchster Ebene, schließlich habe Xi Jinping selbst Qin Gang zu seinem Posten verholfen und ihn zum Mitglied des Zentralkomitees der Kommunistischen Partei gemacht. Bei allem Moralisieren von Xi: Eine Geliebte zu haben ist unter chinesischen Spitzenpolitikern nichts Ungewöhnliches. Normalerweise wird das erst dann gegen die

Betreffenden verwendet, wenn es andere politische Gründe dafür gibt.

Mit eiserner Miene verlas dann am 25. Juli 2023 die Sprecherin in den chinesischen Abendnachrichten folgenden Text: »Präsident Xi Jinping hat am 25. Juli das Präsidialdekret Nummer 8 unterzeichnet.« Danach gelte ab sofort Folgendes: »1. Qin Gang ist von seinem Amt als Außenminister entfernt worden, Wang Yi zum neuen Außenminister ernannt. 2. Yi Gang ist von seinem Amt als Gouverneur der Zentralbank der Volksrepublik China entfernt worden, Pan Gongsheng zum neuen Gouverneur der Zentralbank ernannt.« Gründe wurden in beiden Fällen keine genannt. Das Signal an die chinesische Bevölkerung: Wenn nicht einmal der Außenminister und der Chefbanker sicher sind, kann es jeden zu jeder Zeit treffen. Xi Jinping, der oberste Führer des Landes, kann entscheiden, was er will, und hat es nicht nötig, dies zu begründen.

Qin Gang und Yi Gang sind keine Einzelfälle. In der gleichen Zeit wurden viele andere Spitzenfunktionäre abgesetzt und verschwanden, etwa der Verteidigungsminister Li Shangfu und der Chef der Raketentruppen Li Yuchao, sein Stellvertreter Liu Guangbin und sein ehemaliger Stellvertreter Zhang Zhenzhong – um nur einige zu nennen. Eine Säuberung wie unter Stalin. Es gibt bei diesen Fällen sogar eine russisch-chinesische Verbindung: Am 25. Juni 2023 besuchte Russlands stellvertretender Außenminister Andrej Rudenko Peking und soll dabei gegenüber Xi Jinping behauptet haben, Qin Gang und die hohen Offiziere hätten Informationen über chinesische Atomwaffen an westliche Geheimdienste verraten.[46] Die Paranoia, überall ausländische Spione zu sehen, war typisch für die Herrschaft Stalins.

Suspekt war auch Ende Oktober 2023 der Tod des ehemaligen Premierministers Li Keqiang, bis kurz davor noch Chinas zweithöchster Politiker, durch einen »Herzinfarkt in einem Swimmingpool«, wie es offiziell hieß – obwohl er erst 68 war und rund um die Uhr die beste medizinische Versorgung genoss. Er hatte sich in den letzten Jahren mit Andeutungen in seinen Reden vorsichtig von Xi Jinping abgesetzt, etwa während der extremen Corona-Lockdowns betont, dass man auch weiter die Wirtschaft entwickeln müsse.

Anders als bei Amtsveränderungen in demokratischen Ländern besteht keinerlei Transparenz: Was etwa soll Qin Gangs Fehler gewesen sein? Wo befindet er sich? In China macht das Gerücht die Runde, er sei zu Tode gefoltert worden oder habe sich das Leben genommen. Auch westliche Medien berichten das unter Berufung auf vertrauliche Quellen.[47] Diese Unklarheiten sind Absicht: Auch die höchsten Politiker der Partei sollen wissen, dass sie jeden Tag selbst das gleiche Schicksal erleiden können, wenn sie sich nicht genau so verhalten, wie der oberste Führer Xi Jinping es wünscht. Und da man nie genau wissen kann, was er gerade wünscht, verhält man sich in vorauseilendem Gehorsam besonders unterwürfig. Der andere Grund für die fehlende Information: Das Volk soll sich raushalten und deshalb nichts wissen. Als erste Maßnahme verfügte die chinesische Internetzensur: Es darf im Netz keine Diskussionen über Qin Gang mehr geben. Sein Name wurde auf der Website des chinesischen Außenministeriums aus der Liste der ehemaligen Außenminister gelöscht – als hätte es ihn nie gegeben. Unter Stalin und Mao wurden Politiker, die in Ungnade gefallen waren, aus alten Fotos wegretuschiert. Heute funktioniert so etwas digital.

Wenige Wochen später attackierte Xi Jinping die Ärzte, sie seien korrupt und mit der Pharmaindustrie verflochten. Gegen 150 Direktoren von Krankenhäusern wird seitdem ermittelt. Selbst ein Propagandist wie Hu Xijin, der ehemalige Chefredakteur des Parteiorgans *Global Times*, äußerte vorsichtiges Unbehagen: »Wir sollten umfassend sicherstellen, dass die Korruptionsbekämpfung innerhalb des gesetzlichen Rahmens durchgeführt wird. Dies ist keine sogenannte Massenbewegung.«[48] Das spielt auf Maos Kulturrevolution an, in der die Menschen dazu angehalten wurden, ihre Mitbürger zu denunzieren und per Lynchjustiz selbst zu bestrafen.

Zumindest das Denunzieren steht unter Xi Jinping wieder hoch im Kurs. Das fängt schon im Kindesalter an. In chinesischen Grundschulen gibt es seit Kurzem eine neue Disziplin: Alle Kinder müssen vor der Lehrerin antreten und Fehlverhalten eines Mitschülers aufdecken. Die Lehrerin quittiert jede Petze mit einem lobenden »gut«. Während der Kulturrevolution nannte man das »Kritik und Selbstkritik«.

Ernsthaftere Auswirkungen hat das neue Anti-Spionage-Gesetz, das am 1. Juli 2023 in Kraft trat. Es verpflichtet alle Bürger, mutmaßliche Spione anzuzeigen. Auch der Begriff »Spion« wird in Zeiten von Xi Jinping sehr weit ausgelegt. Bisher galt in China nur die Weitergabe von Staatsgeheimnissen als Spionage. Das neue Gesetz verbietet die Weitergabe von »Dokumenten, Daten, Materialien und Gegenständen, die Chinas nationale Sicherheit und nationale Interessen berühren«.[49] Das kann alles sein. Wer etwa Marktforschung betreibt, steht mit einem Bein im Gefängnis.

Nach Inkrafttreten des Gesetzes startete Chinas Regierung im Internet eine Kampagne, in der sie mit gezeichneten Bildchen aufklärt, was alles unter Spionage fallen kann und gemeldet werden soll: Ein Taxifahrer, der sich auf der Fahrt kritisch über die Regierung äußert. Jemand, der übers Internet versucht, eine Liebesbeziehung anzuknüpfen. Und als wichtigstes Hassobjekt: ein Ausländer, der vorgibt, sich für chinesische Kultur zu interessieren, in Wahrheit aber natürlich bösartige Absichten verfolgt.[50] Besonders infam: Wer »Spione« anzeigt, bekommt dafür Geldprämien. Dadurch werden falsche Beschuldigungen auch finanziell lukrativ.

Bilder aus China zeigen, wie selbst Grundschülern Angst vor Spionen gemacht wird. Im Klassenzimmer hängen Plakate, auf denen steht: »Nur wenn das Land sicher ist, bleibt alles unter dem Himmel ruhig.« Polizisten sprechen im Unterricht über die Gefahr durch feindliche Agenten. Im Text, den die Schule dazu veröffentlichte, heißt es: Die Kinder lernen, »äußerst wachsam zu sein und illegale und kriminelle Aktivitäten, die die nationale Sicherheit gefährden, entschlossen zu verhindern«.[51] Die Kleinen sollen auch ihre Eltern denunzieren – wie unter Mao, Stalin und Hitler.

Neue Seidenstraße - Weltrevolution mit wirtschaftlichen Mitteln

Imperialismus unter dem Deckmantel des Antiimperialismus, so einfach lässt sich die Strategie zusammenfassen. Die sozialistischen Länder haben das Ziel der Expansion nie aus den Augen verloren – ideologisch verklärt nannte sich das »Weltrevolution«. Es gab scheinbare Unterbrechungen wie unter Breschnew, als der Erhalt des Status quo wichtiger war als Neueroberungen, und unter Deng Xiaoping, als die wirtschaftliche Entwicklung Priorität genoss. Heute stehen die Zeichen wieder auf Angriff. Putins Russland kämpft dafür militärisch, in den letzten Jahren gegen die Ukraine, gegen Georgien und gegen Moldau. China setzt vor allem auf wirtschaftliche Macht und Propaganda. Für Letzteres reaktivierte Xi Jinping die Zentralabteilung Vereinigte Arbeitsfront des Zentralkomitees der Kommunistischen Partei Chinas, besser als Einheitsfront bekannt. Er nennt sie eine »magische Waffe«. »Eine beliebte Taktik ist es, Ausländern so lange Honig um den Bart zu schmieren und sie als wahre Freunde Chinas zu bezeichnen, bis man sie als Fürsprecher für die eigenen Ziele einsetzen kann«, sagt der chinesische Menschenrechtsanwalt Teng Biao, der in den USA im Exil lebt. Viele Ausländer merken dabei gar nicht, dass sie ein Werkzeug kommunistischer Propaganda sind. »Ihnen wird glaubhaft vermittelt, sie gehörten zu den wenigen, die Chinas vermeintlich wahre Anliegen verstehen.«[52]

Die offizielle chinesische Nachrichtenagentur Xinhua bezeichnet Xi Jinping nicht nur als »Kern der Kommunistischen Partei Chinas«, sondern nennt ihn auch »Weltführer«.[53] Sein wichtigstes Instrument zur Weltherrschaft, also der Weltdiktatur, ist seine Initiative »Neue Seidenstraße«. Offiziell hieß sie zunächst »One Belt, One Road«, also »Ein (Land-)Gürtel, eine Straße«, jetzt wird sie »Belt and Road Initiative« genannt, abgekürzt BRI. Xi Jinping sieht sich in einer großen Tradition: »Vor mehr als 2000 Jahren eröffneten unsere Vorfahren, die über weite Steppen und Wüsten wanderten, die transkontinentale Passage, die Asien, Europa und Afrika verband und heute als Seidenstraße bekannt ist«, erinnerte er beim Gipfelforum für internationale Zusammenarbeit im Rahmen der Initiative Neue Seidenstraße. Auf der alten Seidenstraße war chinesische Seide das wichtigste Produkt, daher der Name. »Unsere Vorfahren, die auf rauer See unterwegs waren, schufen Seewege zwischen Ost und West – die heute als die maritime Seidenstraße bekannt sind. Die alte Seidenstraße zu Wasser und zu Land eröffnete Fenster des freundschaftlichen Austausches zwischen den Völkern und schrieb ein neues Kapitel in der Entwicklungs- und Fortschrittsgeschichte der Menschheit.«[54] Die Neue Seidenstraße erstreckt sich, wie gesagt, über das Gebiet der alten, also Asien, Afrika und Europa, wird aber entsprechend Xi Jinpings Vision bei Bedarf bis nach Lateinamerika ausgedehnt.

Überall soll die Infrastruktur entwickelt, der Handel ausgebaut und in die Transportmittel investiert werden. Außerdem will man gemeinsam die Energieversorgung sichern, natürliche Ressourcen erschließen und Finanzmittel dafür bereitstellen. Innerhalb von einem Jahrzehnt will Xi Jinping dafür umgerechnet mehr als eine Billion US-Dollar ausgeben.[55] 64 Staaten sind in der einen oder anderen Form an dem Vorhaben beteiligt. Sie zählen 4,4 Milliarden Einwohner, das entspricht etwa 60 Prozent der Erdbevölkerung, und produzieren rund 40 Prozent des weltweiten Bruttoinlandsprodukts. Die Bahnverbindung von Duisburg nach Chongqing gehört ebenso dazu wie ein Hochgeschwindigkeitszug in Ungarn, der Hafen von Piräus, Ölraffinerien im Iran, Autobahnen in Pakistan, Atomkraftwerke in der Mongolei, Wasserkraftwerke in Kambodscha oder die Erschließung von Edelsteinen in Usbekistan.

Was erst einmal gut klingt, hat einen Haken: Die Volksrepublik sichert sich strategische Infrastruktur. Andere Länder nehmen bei ihr hohe Kredite auf, können diese aber oft nicht begleichen und geraten so in politische Abhängigkeit. Und das sozialistische China nutzt seine Wirtschaftskraft, um andere Länder unter Druck zu setzen. Es reicht der Kommunistischen Partei nicht mehr aus, Kritik im eigenen Land zu verfolgen. Sie strebt nach einer globalen Diktatur, will Widerspruch gegen die Partei überall auf der Welt verhindern. Der damalige australische Premierminister Scott Morrison forderte eine unabhängige Untersuchung der Ursachen der Coronapandemie – darauf verhängte China Zölle gegen Holz, Gerste, Fleisch und Hummer aus Australien. Im selben Land entbrannte eine kritische Diskussion über den chinesischen Einfluss, deshalb kauften Chinas Unternehmen dort keine Kohle mehr. Als Südkorea amerikanische Raketenabwehrsysteme stationierte, schikanierte China Unternehmen von dort und schränkte den Tourismus dorthin ein. Weil der Pekinger Regimekritiker Liu Xiaobo den Friedensnobelpreis erhielt, verbot die Regierung Lachsimporte aus Norwegen. In Kasachstan ließ Peking Flüchtlinge aus der Uiguren-Provinz Xinjiang einsperren, die aus den Umerziehungslagern dort entkommen waren und darüber berichteten. In Litauen eröffnete Taiwan eine Vertretung, worauf der chinesische Zoll den europäischen Staat aus seiner Datenbank strich; Lieferungen von Unternehmen weltweit sind damit blockiert, wenn sie auch nur ein einziges kleines Ersatzteil aus Litauen enthalten. Die kommunistische Parteipresse bezeichnete das baltische Land als »Witz von Nation«, den man »wie eine Fliege zerquetschen« werde.[56] Meist bedarf es dieses Drucks aber gar nicht, denn in den Beziehungen zwischen Staaten ist es wie im Privatleben: Wer reich ist, findet deutlich leichter Freunde und Geliebte.

Die Neue Seidenstraße ist nur eines von mehreren Bündnissen, über die das sozialistische China seine Macht weltweit ausdehnt. Ein anderes ist BRICS, die Abkürzung steht für »Brasilien, Russland, Indien, China, Südafrika«. Beim G-7-Gipfel auf Schloss Elmau in Bayern trafen sich Ende Juni 2022 die Staats- und Regierungschefs der wichtigsten sieben Länder der Welt. Wirklich? An den Tagen davor war Xi Jinping Gastgeber des BRICS-Gipfels. Dieses Bündnis wird jetzt unter dem neuen Namen »BRICS plus« erweitert um Staaten wie den Iran und Ägypten. Auch Russlands Präsident war zugeschaltet. Durch die Teilnahme Putins in Kriegszeiten hatte dieser Gipfel eine neue Brisanz – auch deshalb, weil Indien dazugehört, das der Westen gerne im demokratischen Lager hätte. Während die westliche G-7 eine Bevölkerung von knapp 771 Millionen Menschen vertritt, leben in den sieben Staaten des Gegenblocks mehr als drei Milliarden. »Die G-7 repräsentiert das 20. Jahrhundert, BRICS die Zukunft des 21. Jahrhunderts«, hieß es dazu in der chinesischen Parteizeitung *Global Times*.

Schon in seiner Eröffnungsansprache gab Xi Jinping den Ton an: »Die Ukraine-Krise ist ein Alarmsignal für die Welt«, sagte er, meinte damit aber nicht die russische Kriegsführung, sondern das Verhalten des Westens – der »missbrauche Sanktionen«, um seine »Hegemonie« zu behalten. Putin kündigte bei dem Treffen an, die Sanktionen durch verstärkte Zusammenarbeit mit den BRICS-Ländern zu umgehen. In Russland würden bald mehr chinesische Autos fahren, indische Supermarktketten ihre Filialen eröffnen. Russisches Öl fließt jetzt nach China, und Indien importiert russische Kohle. Andrej Denisow, Moskaus Botschafter in Peking, schlug vor, den US-Dollar als internationales Zahlungsmittel durch eine andere Währung zu ersetzen – wahrscheinlich den chinesischen Renminbi. Ein Vorgeschmack darauf: Da die Russen wegen der Sanktionen keine Visa oder Master Card mehr nutzen können, zahlen sie jetzt mit der chinesischen Kreditkarte UnionPay.

Auch internationale Gremien wie den UN-Sicherheitsrat wollen die BRICS-Staaten verändern. Derzeit gehören ihm neben den USA, China und Russland die europäischen Länder Frankreich und Großbritannien an. In ihrer gemeinsamen »Pekinger Erklärung« forderten die Gipfelteilnehmer, die Rolle von Brasilien, Indien und Südafrika in der UNO zu erhöhen. Menschenrechte sollten »ohne doppelte Standards« durchgesetzt werden, ein Seitenhieb gegen die USA. Der Patentschutz für Coronaimpfstoffe solle aufgehoben werden, damit Entwicklungsländer sie produzieren könnten. Die Erklärung verurteilte den russischen Angriff auf die Ukraine nicht, sagte dazu lediglich: »Wir unterstützen Gespräche zwischen Russland und der Ukraine.« Indirekt machte Xi Jinping die NATO für den Krieg verantwortlich: »Einige Länder streben jetzt absolute Sicherheit an, indem sie Militärbündnisse ausdehnen und so andere Länder zwingen, sich auf eine Seite zu stellen. Sie schaffen eine Konfrontation der Blöcke, übersehen die Interessen und Rechte anderer Länder und streben nach Vorherrschaft.«

Ungleiche Länder und Politiker eint die Ablehnung westlicher Vormacht und Werte. Brasiliens damaliger Präsident Jair Bolsonaro bewunderte als Rechtsradikaler Putins Führungsstil und verbat sich die Einmischung des Westens zum Schutz des Regenwalds am Amazonas. Gerade war dort der britische Journalist Dom Phillips ermordet worden, der über die Gewalt von Holzfällern und Wilderern gegen Indigene recherchiert hatte. Kommentar des Präsidenten: Der Brite sei dort »nicht willkommen« gewesen. Auch wirtschaftliche Verflechtungen spielen eine Rolle: China baut in Brasilien das 5-G-Netz aus. Russland ist ein wichtiger Düngemittel-Lieferant für das Exportland Nummer zwei bei Fleisch und Nummer eins bei Kaffee. »Dünger ist uns heilig«, sagt Bolsonaro. Sein Vorvorgänger und Nachfolger als Präsident Brasiliens, Lula da Silva von der Arbeiterpartei, lehnt als Linker die USA ohnehin ab. Er ließ verlauten: Der Westen habe nicht genügend mit Putin verhandelt – und Selenskyj nutze den Krieg für eine persönliche Show.

Indien trägt zwar Grenzkonflikte mit China aus, pflegte aber traditionell beste Beziehungen zur Sowjetunion und unterhält sie jetzt auch zu Russland. Dass Narendra Modi als Premierminister eines demokratischen Landes Rücksicht auf die Stimmung der Bevölkerung nehmen muss, sollte in der freien Welt keine falschen Hoffnungen wecken. Die populärsten Hashtags im indischen Internet lauten seit dem Angriff auf die Ukraine *#IStandWithRussia* und *#IStandWithPut*in.

Der Wind auf der Welt hat sich gedreht, auch in Lateinamerika, dem einstigen Hinterhof der Vereinigten Staaten. Das erlebte US-Präsident Joe Biden Anfang Juni 2022 beim Amerika-Gipfel in Los Angeles. Er lud Venezuela, Kuba und Nicaragua von dem Treffen aus, da ihre Politik nicht den demokratischen Werten entspreche. Darauf sagten auch die Präsidenten von Mexiko, Bolivien, Uruguay, Honduras, El Salvador und Guatemala ihre Teilnahme ab. Mexikos Präsident López Obrador verurteilte die westlichen Waffenlieferungen an die Ukraine als »unmoralisch«. Kein Land in Lateinamerika beteiligt sich an den Sanktionen gegen Russland, auch kein Land aus Afrika. In Asien sind es lediglich Japan, Südkorea und Taiwan.

Ein Beispiel dafür, was für die Volksrepublik China gut läuft und für die freie Welt schlecht, war die Fußballweltmeisterschaft in Katar im November und Dezember 2022. Sportlich war China nicht dabei. Die Volksrepublik hat bisher nur einmal an einer Fußball-WM der Männer teilgenommen, 2002 in Japan und Südkorea. Auch für Katar konnte sich die chinesische Mannschaft nicht qualifizieren. Trotzdem schrieb Chinas Botschafter in dem Emirat, Zhou Jian, auf dem in China selbst verbotenen Twitter: »Chinesische Elemente sind wie Sterne, die Katar erleuchten. Von der Infrastruktur bis zur Telekommunikation, von Business mit neuer Energie bis zu Solarkraftwerken, von der Ausrüstung für die Spiele bis zu Souvenirs – ›made in China‹ ist überall in Katar zu finden.« Das Endspiel lief vor 89000 Zuschauern im Lusail-Kultstadion, so sein offizieller Name in deutscher Übersetzung. Gebaut hat es die China Railway Construction Corporation, ein Staatsunternehmen, das aus der Eisenbahn-Truppe der Volksbefreiungsarmee hervorgegangen ist. Das Stadion gehört zur BRI, also zur Neuen Seidenstraße, Xi Jinpings Plan für die wirtschaftliche Eroberung der Welt.

Von den 220 Milliarden US-Dollar, die Katar für diese Weltmeisterschaft ausgegeben hat, flossen fast alle nach China. Die China International Marine Containers Group aus Shenzhen baute das Stadion Ras Abu Aboud mit 40000 Sitzplätzen, aus Schiffscontainern, die umweltfreundlich nach der WM wieder ihrer eigentlichen Verwendung zugeführt werden sollten, wie es zunächst hieß (allerdings, das sei hier einschränkend hinzugefügt, steht das Stadion nach Presseberichten im Februar 2024 noch immer leer und ungenutzt an Ort und Stelle). Die chinesische Gezhouba-Gruppe half Katar, aus Salzwasser Trinkwasser zu gewinnen, und errichtete dafür den laut *Guinnessbuch der Rekorde* größten Wassertank der Welt. Unternehmen wie Sany und Zoomlion steuerten die Bagger und Kräne für die WM-Baustellen bei. Das Unternehmen Yutong baute 1500 Busse, die durch Katar fahren, darunter 888 – nicht zufällig eine chinesische Glückszahl – elektrische. Von Klimaanlagen bis zu T-Shirts – die Liste chinesischer Lieferungen ließe sich endlos fortsetzen.[57]

Das hat nicht nur mit Chinas Wirtschaftskraft zu tun, sondern auch mit seiner Politik. Denn ob es der Emir von Katar ist oder der Kronprinz von Saudi-Arabien, der ägyptische Ex-Feldmarschall oder der Chef der FIFA – sie sehen die Welt ähnlich wie der Generalsekretär der Kommunistischen Partei Chinas. Gianni Infantino sagte in seiner berüchtigten Pressekonferenz einen Tag vor Beginn der WM: »Wir Europäer sollten uns für das, was wir in den letzten 3000 Jahren in der Welt getan haben, für die nächsten 3000 Jahre entschuldigen, bevor wir anfangen, den Menschen moralische Lektionen zu erteilen.«[58] Das könnte so ähnlich auch von Xi Jinping stammen. Der wäre nur bei den Jahreszahlen genauer und hätte es auf 600 Jahre Kolonialgeschichte bezogen. Auch ist der Präsident der korrupten FIFA als Überbringer der Botschaft nicht besonders glaubwürdig. Aber diese Sicht wird in vielen Ländern geteilt, darunter in fast allen arabischen und afrikanischen – und natürlich von der Kommunistischen Partei Chinas. Während man sich bei uns über die Äußerung Infantinos empörte oder darüber lachte, bejubelte ihn die *Global Times*, die unter der Schirmherrschaft des KP-Organs *Renmin Ribao* erscheint: »Leider haben einige Menschen in den USA und im Westen die Bemühungen Katars ignoriert – stattdessen brachten sie erneut die sogenannten Menschenrechte und andere Themen zur Sprache, um Katar zu kritisieren.«[59] Solch positive Berichterstattung über Katar bekam China gut. Zeitgleich zum Beginn der WM unterzeichnete der chinesische Energieriese Sinopec mit Katar einen Vertrag über die Lieferung von vier Millionen Tonnen verflüssigtem Erdgas (LNG) jährlich und mit einer Laufzeit von 27 Jahren.

Angesichts seiner Höhe von 60 Milliarden US-Dollar ist dies der größte Deal, den China je für den Kauf von LNG abgeschlossen hat.[60]

Xi Jinping ist es egal, ob in Katar Lesben und Schwule verfolgt werden. Er pflegt mit den arabischen Herrschern eine »Toleranz« auf Gegenseitigkeit. Die mischen sich dafür nicht ein, wenn Xi muslimische Uiguren und Kasachen verfolgt. Im Gegenteil: 2019 unterzeichneten 37 Staaten aus dem Nahen Osten, Afrika und Lateinamerika eine diplomatische Note, in der sie China »bemerkenswerte Erfolge« bei der Umsetzung der Menschenrechte in der Provinz Xinjiang bescheinigten. Dort waren nach Schätzungen eine Million Muslime und Muslimas in Umerziehungslagern eingesperrt, wurden gefoltert und vergewaltigt. Zu den Unterzeichnern des Persilscheins gehörten unter anderen Ägypten, Saudi-Arabien, Kuwait, Bahrain, die Vereinigten Arabischen Emirate und ursprünglich auch Katar – wobei sich das Emirat später mit der Begründung zurückzog, es wolle »neutral« bleiben und als »Vermittler« tätig werden.

Der saudische Kronprinz Mohammed bin Salman erklärte im chinesischen Fernsehen, die Volksrepublik habe das Recht, »für ihre nationale Sicherheit Antiterrorkampagnen und Deradikalisierungsprogramme durchzuführen«.[61] China ist der größte Rohölkunde Saudi-Arabiens, ein Viertel des saudischen Öls fließt dorthin. Im Gegenzug bauen die Chinesen eine Hochgeschwindigkeits-Eisenbahnverbindung zwischen Mekka und Medina, die sich über 453 Kilometer erstreckt. Sie soll jährlich 50 Millionen Fahrgäste befördern.[62]

Es geht dabei nicht nur um Wirtschaftsinteressen, sondern um die Vorherrschaft in der Welt. Im März 2023 vermittelte der damalige chinesische Außenminister Qin Gang einen Deal zwischen Saudi-Arabien und dem Iran. Die lange mit der schiitischen Macht verfeindete sunnitische Macht nahm mit der Kontrahentin wieder diplomatische Beziehungen auf. Klingt nach Frieden, auch westliche Regierungen begrüßten das Abkommen deshalb. Und übersahen dabei dessen welthistorische Bedeutung. Im Nahen Osten, wo bisher die USA großen Einfluss besaßen, ist die Volksrepublik China jetzt die wichtige Macht. Sie bringt Kronprinz Mohammed bin Salman, der den Journalisten Jamal Khashoggi zerstückeln ließ, zusammen mit den Mullahs, die Menschen hinrichten, weil sie gegen Kopftuchzwang und Polizeigewalt demonstrieren. China, Russland und der Iran halten bereits gemeinsame Manöver ihrer Seestreitkräfte ab.[63]

Willkommen ist in diesem Bündnis sogar eine offen antisemitische Verbrecherbande wie die Hamas, die Babys den Kopf abschlägt, Mädchen entführt und vergewaltigt – und sich nicht davor scheut, ihre eigene Bevölkerung als menschlichen Schutzschild zu missbrauchen. Als die Hamas im Oktober 2023 Israel überfiel, forderte die chinesische Führung lediglich allgemein »alle beteiligten Seiten zur Zurückhaltung« auf, ohne den Terroranschlag mit mehr als 1100 Toten klar zu verurteilen.[64] Das chinesische Fernsehen stellt Israel als den Gewalttäter und die Hamas als das Opfer dar. In Chinas sozialen Medien wird sogar zur »Auslöschung« Israels aufgerufen und mit Bezug auf den Holocaust geschrieben: »Es gab schon einen Grund, warum Deutschland das damals getan hat.«[65] Nun gibt es solche Hassbotschaften auch in anderen Ländern. Dass aber Antisemitismus ausgerechnet in China so verbreitet ist, liegt an der einseitigen offiziellen Berichterstattung. Und während die Internetzensur jede kleinste Kritik an der chinesischen Führung löscht, wird der Aufruf zum Völkermord an Juden geduldet. Moskau vertritt die gleiche Haltung zum Terror in Nahost: Das russische Außenministerium empfängt regelmäßig Vertreter der islamistischen Hamas.[66] Ausgerechnet in Moskau vereinbarten am 29. Februar 2024 die Hamas und die bis dahin mit ihr verfeindete Fatah, die stärkste

Fraktion innerhalb der Palästinensischen Befreiungsorganisation (PLO), in Zukunft zusammenzuarbeiten.[67]

China und Russland schmieden einen weltweiten Block der Gegner der Freiheit, wollen eine neue antidemokratische Weltordnung. Im südostasiatischen Myanmar, früher Burma, putschte 2021 das Militär gegen die vom Volk gewählte Regierung der Friedensnobelpreisträgerin Aung San Suu Kyi. Die Waffen, mit denen das Regime auf die eigene Bevölkerung schießt, stammen laut einer UN-Untersuchung aus Russland und China.[68] Nachdem die afghanischen Taliban Mädchen den Besuch weiterführender Schulen verboten hatten, war China das erste Land, das mit den Gotteskriegern einen Vertrag zur gemeinsamen Ölförderung aushandelte.[69] Die kommunistische Weltbewegung entstand einst mit dem Anspruch, für die Würde des Menschen zu kämpfen. Heute führen Peking und Moskau eine Internationale der Diktatoren. Statt »Proletarier aller Länder, vereinigt euch« heißt es jetzt »Unterdrücker aller Länder, vereinigt euch«.

Trotzdem verfängt bei vielen weiter das Narrativ der chinesischen Kommunisten, es gehe beim neuen Weltkonflikt nicht um Diktatur gegen Freiheit, sondern um »Globaler Süden« gegen den »Westen«. Mal abgesehen davon, dass die Begriffe zutiefst unpräzise sind – China und Indien etwa liegen auf der Nordhalbkugel, Australien hingegen weit im Süden und im Osten. Tatsächlich lassen sich auch mehr oder weniger demokratische Länder wie Indien, Brasilien und Südafrika von China in diese Allianz ziehen. Es ist bezeichnend, dass Südafrika vor dem Internationalen Gerichtshof Israel, das einzige demokratische Land des Nahen Ostens, des »Völkermords« bezichtigt, aber weder Russlands Aggression gegen die Ukraine verurteilt noch Chinas brutale Unterdrückung der einheimischen Bevölkerung in Tibet und Xinjiang. Vielleicht wirkt hier die Ausbildung nach, die Führer der Regierungspartei African National Congress

(ANC) gemeinsam mit mir an der Jugendhochschule Wilhelm Pieck in der DDR genossen haben.

Das Beispiel Indien zeigt: China verfolgt hier eine Doppelstrategie. Einerseits umwirbt es auch demokratische Staaten, wenn es gegen Europa und insbesondere die USA geht. Andererseits betreibt es den Sturz von demokratischen Regierungen. Nicht nur überrennt die chinesische Volksbefreiungsarmee immer mal wieder die indische Grenze, worauf dann Soldaten beider Länder mit Stöcken aufeinander losgehen, um eine weitere Eskalation zu verhindern.[70] Ein viel wichtigerer Faktor, der international jedoch kaum beachtet wird: Seit 1967 führen indische Maoisten einen Krieg gegen die Regierung – nicht mit Stöcken, sondern mit Bomben und Gewehren. Indiens damaliger Premierminister Manmohan Singh bezeichnete sie 2006 als »größte innere Bedrohung für die Sicherheit des indischen Staates«,[71] hielt sie also für noch gefährlicher als die islamistischen Terroristen. Chinas Regierung tut so, als hätte sie damit nichts zu tun, doch laut indischer Polizei erhalten die Guerillas ihr Training in Camps in China und werden von der Volksbefreiungsarmee mit Waffen ausgestattet.[72] 2001 gaben sie das Ziel einer »kompakten revolutionären Zone« aus, die sich von Andhra Pradesh im Süden Zentralindiens über die Bundesstaaten Madhya Pradesh, Orissa, Jharkhand, Chhattisgarh und Bihar bis nach Nepal erstrecken soll,[73] Indiens Nachbarland, in dem die Maoisten inzwischen an der Macht sind. Sie kontrollierten zeitweilig einen »Roten Korridor« quer durch die Hälfte der 28 Bundesstaaten Indiens, regierten dort ein Gebiet von der Größe Portugals.[74] Auch ihnen hilft Naivität. Die Starautorin Arundhati Roy besuchte Terrorcamps der maoistischen Naxaliten und pries das einfache Leben und die Kameradschaft dort.[75]

Man hört in Indien aber auch ganz andere Stimmen. »In den vier Jahren zuvor hatte ich mich intensiv mit Berichten über Chinas Viktimisierung durch das internationale System auseinandergesetzt, und nun rechnete ich fest damit, mit gemeinsamen indisch-chinesischen Erinnerungen an die Leiden der Kolonialzeit konfrontiert zu werden«, schreibt die Sinologin Julia Lovell über ihre Recherchen in Indien. »Doch die meisten meiner indischen Gesprächspartner sahen die Volksrepublik nicht etwa als geschädigte Partei, sondern als Bedrohung. Ich wurde durch eine Flut von Fragen über die heutigen chinesisch-indischen Beziehungen überrumpelt, wohingegen von den indischen Leiden im 19. Jahrhundert kaum die Rede war.«[76] Es hat gute Gründe, die Kommunistische Partei Chinas als akute Gefahr zu sehen: Die Maoisten haben sich vorgenommen, bis zum Jahr 2050 Indien, das jetzt bevölkerungsreichste Land der Erde, in einem bewaffneten Aufstand zu übernehmen.[77]

Was hat Putin gegen Schwule?

Bei seiner Rede zur Lage der Nation am 21. Februar 2023 malte Putin folgendes Bild vom Westen, den es zu bekämpfen gelte: »Es geht um die Zerstörung der Familie, der kulturellen und nationalen Identität, um Perversion und Missbrauch von Kindern, einschließlich Pädophilie, die in ihrem Leben als normal gelten. Sie zwingen die Priester, gleichgeschlechtliche Ehen zu segnen.« Das langjährige Mitglied der atheistischen Kommunistischen Partei der Sowjetunion bezog sich auf die Bibel und wetterte: »Berichten zufolge plant die anglikanische Kirche, die Idee eines geschlechtsneutralen Gottes zu untersuchen. Was gibt es da zu sagen? Vater, vergib ihnen, denn sie wissen nicht, was sie tun.«[78]

Woher kommt Putins Obsession mit diesem Thema? Was will er damit erreichen? Um das zu begreifen, muss man etwas weiter zurückgehen. 1989 schrieb ich gemeinsam mit der Moskauer Journalistin Tatjana Suworowa ein Buch über Sexualität in der Sowjetunion. Wir sprachen mit Russinnen ebenso wie mit Aserbaidschanern und Esten, mit chauvinistischen Männern und emanzipierten Frauen, mit Professoren und Prostituierten, mit Lesben und Schwulen. Wir reisten durch das ganze Land, aber Kern unserer Recherchen waren teils schriftliche, teils mündliche Befragungen einer bewusst eingegrenzten Gruppe von 112 jungen Erwachsenen in Moskau. Die 54 Frauen und 58 Männer waren zwischen 18 und 28 Jahren alt und wurden nach dem Zufallsprinzip, aber entsprechend der sozialen Struktur dieser Altersgruppe ausgewählt. Es ging vor allem darum, wie sich das Verhältnis zur Sexualität mit den Umgestaltungen der Perestroika verändert hatte. Ein Kapitel hieß: »Lesben und Schwule – wieder befreit?«[79]

»Die Geschlechtsbeziehungen zwischen Männern (Unzucht zwischen Männern) werden mit Freiheitsentzug bis zu fünf Jahren bestraft«, hieß es in Artikel 121 des Strafgesetzbuches der Russischen Sozialistischen Föderativen Sowjet-Republik (RSFSR, dem russischen Teil der Sowjetunion). In den anderen sowjetischen Republiken galten entsprechende Artikel. Ob und wie dieses Gesetz angewandt wurde, war der Willkür lokaler Polizei- und Justizbehörden überlassen. »Es existiert keine Statistik über die Zahl der Verurteilungen nach diesem Artikel«, sagte uns der Moskauer Kriminologieprofessor Alexej Ignatow. »Die einen interpretieren ihn als Verbot jeglicher homosexueller Kontakte zwischen Männern, die anderen als Verbot der sexuellen Praktik des Analverkehrs.« Einen Schock erlebten im Januar 1989, also schon zu Gorbatschow-Zeiten, die überwiegend politisch links orientierten Leserinnen und Leser der Zeitschrift *Sowjetunion heute*, die von der Botschaft der UdSSR in der Bundesrepublik herausgegeben wurde: »Homosexualität ist eine nicht einfache, schwer heilbare und ohne Zweifel gefährliche Krankheit.« Gleichgeschlechtliche Liebe ist kriminell oder krankhaft – das war das Meinungsspektrum dazu in der Sowjetunion.

Dabei hatte alles gut angefangen. Auf diesem Gebiet war das Land einmal führend in der Welt. Im Dezember 1917, also unmittelbar nach dem Sieg der Oktoberrevolution, hob die Sowjetregierung die Strafbarkeit der Homosexualität auf. Die Gesetzbücher von 1922 und 1926 enthielten keinen Paragrafen gegen die gleichgeschlechtliche Liebe. Damit kam die Sowjetunion westlichen Ländern zuvor, wo die Verbotsparagrafen gegen einfache Homosexualität erst Jahrzehnte später gestrichen wurden. (In der Bundesrepublik beispielsweise waren selbst einvernehmliche schwule Beziehungen zwischen Erwachsenen noch bis 1969 strafbar.) Den wissenschaftlichen Erkenntnissen standen dort die Positionen konservativ-klerikaler Kräfte gegenüber. Diese stützten sich auf die Schriften des mittelalterlichen Theologen Thomas von Aquin (1225–1274), der jegliche sexuelle Betätigung, die nicht der Fortpflanzung dient, als Sünde bezeichnete. »Die Revolution ließ nichts übrig von den alten despotischen und ungeheuerlich unwissenschaftlichen Gesetzen«, erklärte Grigori Batkis, einer der führenden sowjetischen Sexualpolitiker nach 1917. »Alle Formen des Geschlechtsverkehrs sind Privatsache.« Die erste Ausgabe der *Großen Sowjetenzyklopädie* schrieb 1930 unter dem Stichwort »Homosexualität«: »Die sowjetische Gesellschaft erteilt denen, die sie ausüben, keinen Tadel und kann sie auch nicht für schuldig erklären. Dies reißt als sichtbares Zeichen die Mauer ein, die in Wirklichkeit zwischen Homosexuellen und der Gesellschaft errichtet worden ist.«

1933 wurde dann zum schwarzen Jahr für Lesben und Schwule. In Deutschland kam Adolf Hitler an die Macht. Für die Nazis waren Homosexuelle »Untermenschen«, ihre massenhafte Verfolgung begann. In den Konzentrationslagern mussten sie rosa Winkel tragen. Namen wie Auschwitz, Treblinka und Sachsenhausen stehen auch für die Leiden und das Sterben der europäischen Lesben und Schwulen. In ebendiesem Jahr 1933 führte Stalin in der Sowjetunion den Verbotsparagrafen gegen männliche Homosexualität ein – begleitet von einer Pressekampagne, in der die Homosexualität als »Entartungserscheinung der faschistischen Bourgeoisie« bezeichnet wurde. Paradox? Vielleicht, aber konsequent: Stalin nutzte wie Hitler Vorurteile gegen sexuelle Minderheiten, um seine totalitäre Herrschaft auszubauen. Für diese Kampagne ließ sich der Schriftsteller Maxim Gorki missbrauchen, der ausgerechnet in der Zeitschrift *Proletarischer Humanismus* schrieb: »Während in den Ländern des Faschismus die Homosexualität, die die Jugend verdirbt, ungestraft agiert, ist sie in dem Land, wo das Proletariat kühn und mannhaft die Staatsmacht erobert hat, als ein soziales Verbrechen erklärt und wird streng bestraft. In Deutschland ist schon ein geflügeltes Wort entstanden: Rottet die Homosexuellen aus, und der Faschismus ist verschwunden.« Im Deutschen Reich wurde unterdessen daran gearbeitet, Homosexuelle auszurotten – allerdings gerade durch die Faschisten. Um seine Macht zu festigen, ließ Hitler 1934 innerparteiliche Gegner um den SA-Führer Ernst Röhm erschießen. Einer der Vorwände war deren vermeintliche Homosexualität. Im selben Jahr setzten in Moskau, Leningrad, Charkiw und Odessa Massenverhaftungen von Schwulen ein. Schauspieler, Artisten und Musiker wurden wegen angeblicher »homosexueller Orgien« eingesperrt oder verbannt. Unter schwulen Soldaten und Kommandeuren der Roten Armee soll es zu zahlreichen Selbstmorden gekommen sein.

»Eine undemokratische, autoritäre Gesellschaft duldet keine Unterschiede«, sagte uns Igor Kon, der Pionier der sowjetischen Sexualwissenschaft. »Das Verhalten einer solchen Gesellschaft zur Homosexualität entspricht ihrem Verhalten zu anderen Minderheiten: Alle Unterschiede sollen zerstört werden, jegliche Individualität wird als gefährlich oder zumindest als störend empfunden, alle sollen gleichgeschaltet sein – auch sexuell. Es sollen keine anderen Ideen geäußert werden, keine andere Kultur soll sich entfalten, keine andere sexuelle Orientierung soll existieren.« Dass sich das gesetzliche Verbot in der Sowjetunion, wie auch in anderen Ländern, nur auf die männliche Homosexualität bezog, erklärte Kon mit der »Unaufgeklärtheit« und mit »dem Leugnen einer eigenständigen weiblichen Sexualität«. »Diese Herren glauben: Wo es keinen Penis gibt, da gibt es auch keine Sexualität.«

Das waren Meinungen, die wir 1989 in unseren Interviews mit sowjetischen Jugendlichen hörten:

»Man muss die Homosexuellen erschießen, sie sind doch minderwertig.« (Laborantin, 21 Jahre alt)

»Das ist eine unangenehme Erscheinung, sie sollten verhaftet werden.« (Textilarbeiterin, 26)

»Die Gesellschaft soll sie ausrotten.« (Journalistikstudent, 27)

»Man muss sie quälen.« (Fahrer, 22)

Geradezu moderat erschienen im Vergleich solche Ansichten:

»Sie sind anormal. Aber auch die kranken Menschen müssen ihr eigenes Recht haben, zum Beispiel mit sich selbst zu kommunizieren ... Wir sollten sie wie Geisteskranke behandeln.« (Schlosser, 25)

»Vielleicht sollten sie behandelt werden, aber aggressives Verhalten ihnen gegenüber ist eine schreckliche Sache. Einige Jungen aus unserer Fabrik schließen sich zu Gruppen zusammen, gehen zum Treffpunkt der Schwulen am Bolschoi-Theater und verprügeln sie. Das finde ich schlimm.« (Dreher, 27)

Ein knappes Drittel der von uns Befragten akzeptierte Homosexualität:

Ein Journalistikstudent (17) hielt »Lesben und Schwule nicht für Menschen zweiter Wahl, wie bei uns allgemein angenommen wird«.

Eine Deutschstudentin (21) sagte uns: »Homosexualität stammt von der Natur, wir sollten das Recht auf ihre Existenz anerkennen.«

Eine Studentin der Filmhochschule (20) meinte: »Was Menschen Freude bringt, sollten wir gestatten.«

Die Sowjetunion brach zusammen, und die weitere Entwicklung in Russland bestätigte den Zusammenhang zwischen politischer Freiheit und Toleranz gegenüber Minderheiten: 1993 wurden in Russland homosexuelle Handlungen zwischen Erwachsenen legalisiert, und seit 1999 steht Homosexualität dort nicht mehr auf der Liste der Geisteskrankheiten. Mit Putins Machtantritt zur Jahrtausendwende begann dann die erneute Kehrtwende. 2013 unterzeichnete er ein Gesetz »gegen die Propaganda von nicht traditionellen sexuellen Beziehungen«, das unter dem Vorwand des Jugendschutzes öffentliche Darstellungen des Lebens von Lesben, Schwulen und Transsexuellen verbietet. Anders als in der Sowjetunion sind ihre sexuellen Handlungen heute also de jure nicht mehr verboten, aber das Gespräch darüber. Damit ist genau der Zustand eingetreten, den der Sexualwissenschaftler Igor Kon uns gegenüber damals voraussah: »Das Gesetz wird wahrscheinlich geändert werden. Aber das Bewusstsein der Bevölkerung wird sich erst ändern, wenn jahrelang zielgerichtet aufgeklärt wird.« Genau diese Aufklärung wird aber durch Putins neues Gesetz »gegen homosexuelle Propaganda« verhindert.

Es ist nicht davon auszugehen, dass dieses Thema Putin persönlich aufregt. Vielmehr nutzt er es für seine Herrschaft, instrumentalisiert tief verwurzelte Vorurteile gegen sexuelle Minderheiten für seine Propaganda. Das passt auch in seine Strategie, eine weltweite Front gegen die Freiheit aufzubauen. 69 Staaten der Erde verbieten gleichgeschlechtliche Beziehungen, 33 davon liegen in Afrika. In Ländern wie Gambia und Sierra Leone droht Homosexuellen lebenslange Haft, in folgenden Regionen gar die Todesstrafe: Mauretanien, Somaliland, Südsomalia und Nordnigeria. Robert Mugabe schoss sich mit Chinas Hilfe an die Macht und regierte Simbabwe mehr als drei Jahrzehnte lang. Er meinte: »Schwule sind schlimmer als Hunde und Schweine.«[80]

In China selbst gibt es, anders als in Russland, kaum homophobe Propaganda. Aber auch dort treffen die zunehmenden Einschränkungen der Freiheit unter Xi Jinping die Gruppen, die sich für sexuelle Minderheiten eingesetzt haben. So wurde am 15. Mai 2023 das Beijing LGBT Center geschlossen, das 2008 gegründet worden war.[81] Der Kommunistischen Partei Chinas missfallen nicht nur Partnerschaften, die dem traditionellen Familienbild widersprechen, sondern alle Gruppen, die außerhalb der Kontrolle der Partei stehen.

Chinesische Lösungen für die Welt: die Corona-Diktatur in Shanghai und anderswo

Wie Putin, so möchte auch Xi Jinping sein Modell weltweit verbreiten. Er sagte bei der Feier zum 95-jährigen Jubiläum der Gründung der Kommunistischen Partei: »Die KP Chinas und das chinesische Volk sind voller Zuversicht, der Menschheit bei ihren Bemühungen um eine bessere Gesellschaftsordnung chinesische Lösungsansätze anzubieten.«[82] Mit einem gewissen Sarkasmus lässt sich sagen: In den weltweiten Lockdowns wurden die chinesischen Lösungen bereits übernommen. Corona scheint heute zwar weit weg zu sein. Auch lässt sich einwenden, dass zumindest am Anfang der Pandemie die Politik nur Fehler machen konnte, mit zu strengen wie zu lockeren Maßnahmen gleichermaßen, denn Virus und Krankheit waren noch unbekannt. Trotzdem meine ich: Der »Weg von Wuhan« hat sich damals, wenngleich in abgeschwächter Form, auch deshalb international durchgesetzt, weil der Westen mit Donald

Trump an der Spitze kopf- und hirnlos war. Eine freie Gesellschaft muss ihre eigenen Wege finden, um einer Pandemie Herr zu werden. Heribert Prantl, langjähriges Mitglied der Chefredaktion der *Süddeutschen Zeitung*, steht bestimmt nicht im Verdacht, ein »Schwurbler« zu sein. Er meinte damals: »Das Wesen der Grundrechte ist jedoch, dass sie gerade in einer Krise gelten müssen.«[83] Wozu es führt, wenn Grundrechte außer Kraft gesetzt werden, zeigt das Beispiel der Volksrepublik China.

Es gab Zeiten, da wurde auch in deutschen Talkshows eine Null-Covid-Politik gefordert. Einen Aufruf dafür unterzeichneten die Klimaaktivistin Luisa Neubauer und der *Monitor*-Moderator Georg Restle, die Poliklinik Veddel in Hamburg und das LGBTIQA*-Soli-Party-Kollektiv Rattenbar aus Berlin. Sie konnten sich freuen, denn ihre Forderung wurde verwirklicht – vom chinesischen Diktator Xi Jinping. Tatsächlich lässt sich eine solche Idee nur in einem totalitären System umsetzen. Die Bilder, die wir dazu aus China sahen, waren auch deshalb rar, weil sie selten nach außen drangen. Sie wurden im chinesischen Internet veröffentlicht, aber nach wenigen Minuten von den Zensoren gelöscht. Erhalten blieb nur das, was schnell heruntergeladen und weiterverbreitet wurde. Doch das war schlimm genug. Einige Szenen aus diesen Videos:

Testpflicht gibt es zu dieser Zeit in Deutschland auch – in China wird sie aber mit körperlicher Gewalt durchgesetzt. Zwei Beamte werfen eine Frau zu Boden, der eine setzt sich wie ein Vergewaltiger auf sie, der andere stößt ihr den Wattestab in den Mund, um sie auf Corona zu testen. Kein Einzelfall. Auf einem anderen Video sieht man, wie gleich vier Männer an einer schreienden 90-Jährigen zerren. Ein fünfter versucht, ihr den Teststab in den Mund zu stecken. Er gehört zu den *Da Bai* (chinesisch für »groß« und »weiß«), den gefürchteten Weißen Garden, die in ihren weißen Ganzkörperkondomen wie Außerirdische aussehen. Wurden diese Corona-Bekämpfer zu Beginn der Pandemie als Helden gefeiert, sind sie inzwischen zu einer Truppe von Schlägern verkommen, die über dem Recht stehen und willkürlich Bürgerinnen und Bürger misshandeln.

Das sieht man auch auf einem Video aus Shanghai. Weißgardisten stehen vor dem Fenster einer Wohnung, in der zwei Frauen leben. Die fragen freundlich nach dem Anliegen der Beamten. Diese fuchteln drohend mit den Fingern und behaupten, die Frauen seien positiv auf Corona getestet worden. Die Frauen weisen darauf hin, dass sie das Resultat ihres heutigen PCR-Tests noch gar nicht bekommen haben. (In China wurde teilweise täglich getestet.) Darauf treten die Weißgardisten die Tür ein – nicht im übertragenen Sinn, sie zerstören sie tatsächlich. Vier Vermummte stürmen in die Wohnung, schreien die Frauen an. In diesem Fall handelt es sich bei den Weißgardisten um Polizisten. Zu ihnen gehören sonst aber auch Aktivisten der Nachbarschaftskomitees und Freiwillige – im Normalfall Männer, die ihre Gewalt- und Machtfantasien ausleben. Die Weißgardisten zwingen die beiden Bürgerinnen, ihnen in eines der Quarantänezentren zu folgen. Dort werden Tausende wirklich oder vermeintlich positiv getestete Menschen unter katastrophalen hygienischen Bedingungen zusammengepfercht.

In diesem Fall handelt es sich um zwei Erwachsene. Wird ein Kind positiv getestet, nehmen die Behörden es den Eltern weg. Vorher muss es selbst einen solchen Astronautenanzug anziehen. Das belegen Bilder aus der Provinz Sichuan und aus Shanghai. Hier sind es mehr als ein Dutzend Kinder, die abgeführt werden. Chinesische Internetnutzer haben das mit Trauermusik unterlegt, man hört ein Kind schreien: »Mama, ich will nach Hause!«

Auch wer sich nicht angesteckt hat, darf in vielen Städten Chinas sein Apartment nicht verlassen. Dafür verschließen Weißgardisten Wohnungstüren von außen, indem sie Stahlseile in die Wände bohren. Wie gefährlich das ist, zeigt ein anderes Video aus Shanghai: Ein Haus brennt ab, die Schreie der Bewohner sind zu hören. Doch auch sie dürfen ihre Wohnungen nicht verlassen, der Schutz vor Corona geht vor Brandschutz. (Ein ähnlicher Fall wird im November 2022 in der Stadt Urumtschi zu zehn Toten führen.) Wer in einer der vom Lockdown betroffenen chinesischen Städte einen Herzinfarkt erleidet oder aus anderen Gründen ins Krankenhaus muss, darf sein Haus meist ebenso wenig verlassen wie alle anderen. Denn draußen warten die Weißgardisten, die auf einen einprügeln – auch mal zu zehnt auf einen Mann, wie auf einem der Videos zu sehen ist. Zudem führen die irren Corona-Bestimmungen in Shanghai und anderen Städten zu Schwierigkeiten bei der Nahrungsmittel- und Medikamentenversorgung.

Um die Gesundheit der Bevölkerung geht es dabei schon lange nicht mehr, sondern nur um eine Person: Xi Jinping. Der will auf dem 20. Parteitag der KPCh im Oktober 2022 seine Amtszeit verlängern, entgegen allen bisherigen Gepflogenheiten. Dazu muss er sich als Sieger über Covid präsentieren. Deshalb steht dieses Ziel über allem anderen. Und deshalb greifen die Funktionäre vor Ort zu solchen absurden Maßnahmen, in blindem und zum Teil vorauseilendem Gehorsam. So funktioniert eine Gesellschaft, in der Menschen nicht mehr selbst denken dürfen. Wie während Maos Kulturrevolution die Rotgardisten fahren jetzt die weißen Marsmenschen auf der Ladefläche von Lastwagen durch Shanghai und schwenken rote Fahnen, aus ihrem Lautsprecher plärrt das Lied: »Die rote Flagge mit fünf gelben Sternen ist mir wichtiger als mein Leben.« Es geht dabei nicht nur darum, den Sozialismus als angeblich überlegenes System in der Pandemiebekämpfung zu präsentieren. Mit solchen Maßnahmen soll auch die ganze Gesellschaft militärisch durchorganisiert werden – wie der Dialog eines der Außerirdischen mit einer Shanghaierin zeigt, die sich weigern will, in ein Quarantänezentrum zu gehen: »Beruhigen Sie sich. Es sind nicht wir Polizisten, die dies verursacht haben. Die internationale Situation ist daran schuld. Wenn Sie hier weiter Ärger machen, hat China keine Zukunft. Wissen Sie es nicht? Wir werden Krieg mit den USA haben!«

Wer dem Lockdown von Shanghai entfliehen will, wird wie ein Schwerverbrecher gesucht: Polizisten schießen scharf und liefern sich Verfolgungsjagden mit Autofahrern, die der Quarantäne müde sind. Chinesen in Shanghais Nachbarprovinz Jiangsu haben das mit dem Handy aufgenommen. Wird irgendwo der Lockdown aufgehoben, feiert die Kommunistische Partei das als ihren Erfolg, mit Autokorsos, Chinakrachern und natürlich roten Fahnen und revolutionären Liedern. Gern wird dabei gesungen: »Ohne Kommunistische Partei kein neues China.«

Was Hoffnung gibt für die Welt: Immer mehr Menschen in China haben den Mut, gegen die Zwangsmaßnahmen der Regierung zu protestieren. Manchmal gehen Tausende auf die Straße, trotz eines massiven Aufgebots von Weißgardisten mit Knüppeln und Schutzschilden. »Ihr wollt die Polizei des Volkes sein?«, entgegnen ihnen Demonstrierende. (Wie in der DDR nennen sich die Sicherheitskräfte in China »Volkspolizei«.) Dann ruft die Menge im Sprechchor: »Lasst uns frei! Lasst uns frei!« Solche Proteste weiten sich auf 71 chinesische Städte aus und werden immer politischer. An den Hochschulen halten Studierende leere weiße Blätter in die Höhe, um ihre Ablehnung der Zensur zu zeigen. Demonstrierende rufen: »Nieder mit der Kommunistischen Partei! Nieder mit Xi Jinping!«

Die Angst vor diesen Protesten und der gewaltige wirtschaftliche Schaden führten dann dazu, dass die Kommunistische Partei die harten Coronamaßnahmen von einem Tag auf den anderen aufhob. Gleichzeitig nutzte sie die Kombination aus flächendeckender Videoüberwachung und Software zur Gesichtserkennung dazu, diejenigen ins

Gefängnis zu stecken, die sich bei diesen Demonstrationen besonders hervorgetan hatten. Es lohnt sich, an jene Jahre zu erinnern, denn sie zeigen: Die Gegner der Freiheit bedrohen nicht nur Dissidenten, sondern machen bei Bedarf den Alltag aller Menschen zur Hölle.

Nicht überall wirkt das so brutal wie im totalitären China. Doch auch in anderen Ländern geben Behörden Vollmachten ungern wieder ab, wenn sie in einem Notstand wie der Pandemie auf den Geschmack gekommen sind. Das erlebe ich immer wieder bei einer knapp dreimonatigen Reise durch Asien um die Jahreswende 2023/2024 herum. Eine an sich weltoffene Stadt wie Singapur verlangt jetzt von Besuchern ein digitales Einreiseformular und Fingerabdrücke, was bei der Passkontrolle auch schon mal zu dreistündigen Wartezeiten führt. Wer in Hanoi auch nur in die Nähe des Mausoleums von Ho Chi Minh kommen will, muss nun durch eine Sicherheitskontrolle wie am Flughafen. Das sei während Corona eingeführt worden, erklärt mir einer der Beamten dort – und seither nicht mehr abgeschafft. Was das mit dem Schutz vor Infektionen zu tun hat, erschließt sich nicht. Im Gegenteil, es führt zu zusätzlichen Schlangen, in denen Menschen dicht an dicht stehen.

Das streng geheime Biowaffenlabor von Wuhan

2018 zeichnete China die britische Biologin Alice Hughes als »Hochrangiges Talent der Provinz Yunnan« aus, sie bekam sogar eine Professur an der Chinesischen Akademie der Wissenschaften. 2021 musste sie das Land fluchtartig verlassen. »Mein Institut hielt mich wie eine Geisel fest, sie wollten mich nicht zum Flughafen lassen«, erzählt sie mir, als ich sie per Skype in Hongkong erreiche, wo sie jetzt lehrt. Schließlich schaffte sie es auf einen innerchinesischen Flug nach Guangzhou und von dort mit dem Zug nach Shenzhen, wo sie zu Fuß die Grenze nach Hongkong überquerte. Die Kontrollen am Bahnhof sind weniger streng als auf Flughäfen.

Was war inzwischen passiert? Als Expertin war Hughes in China gefragt. Antikommunistischer Aktivitäten ist sie nicht verdächtig. Zum Verhängnis wurde ihr das Fachgebiet, in dem sie führend ist: Fledermäuse. Und die wurden mit Corona zum Politikum. Im Juni 2020 fuhr die Wissenschaftlerin mit ihrem überwiegend chinesischen Team in den Landkreis Mojiang, der zur südwestlichen Provinz Yunnan gehört. In ehemaligen Kupferminen und Höhlen von Mojiang hatten sich große Fledermauskolonien angesiedelt. Alice Hughes und ihre Leute taten dort, womit sie sich seit Jahren beschäftigen: Proben von Fledermäusen nehmen, Fellstücke von toten Tieren oder Kot von lebenden. Sie hatten die ausdrückliche Genehmigung der lokalen Seuchenschutzbehörde, in diesen Minen und Höhlen zu arbeiten. Doch plötzlich kam die Polizei, erklärte die Forschung für verboten und beschlagnahmte die Proben. Sie brachte die Britin und ihr Team auf eine Polizeistation, verhörte sie und hielt sie für 48 Stunden fest. Beamte stürmten das Hotel der Forscher, durchsuchten die Zimmer und konfiszierten früher genommene Proben. »Später haben es Kollegen von anderen Instituten ebenfalls versucht«, berichtet Alice Hughes. »Mittlerweile hat die Polizei Checkpoints rund um die Minen errichtet, sie stoppen jedes fremde Auto, das in die Nähe kommt. Es wurden sogar Barrikaden gebaut.« Die persönliche Folge für Alice Hughes: Seit ihrem Besuch in Mojiang wurde sie permanent von der Staatssicherheit überwacht – ihre chinesischen Vorgesetzten haben ihr das ausdrücklich bestätigt. Als der britische Botschafter ihre Institution besuchte, bildeten chinesische Sicherheitsleute eine Menschenkette, um zu verhindern, dass sie mit ihm zusammentraf. Das zeigt, wie heikel das Thema für die chinesische Führung ist. Die Minen von Mojiang stehen im

Mittelpunkt einer Debatte, die seit 2020 die Welt bewegt: Woher kommt das Coronavirus? Es spricht einiges dafür, dass Mojiang der Ground Zero für die Pandemie ist.

Die Vorgeschichte: Im April 2012 sollten sechs Arbeiter den Eingangsbereich einer Kupfermine in Mojiang reinigen, den die Fledermäuse mit ihren Fäkalien verschmutzt hatten. Alle sechs erkrankten an schwerer Lungenentzündung. Einige Wochen später waren drei von ihnen tot.[84] Das führte aber keineswegs dazu, dass die Mine gesperrt wurde, zumindest nicht für alle. Denn der Vorfall fand besonderes Interesse bei einer Forscherin, die später als *Bat Woman* (»Fledermausfrau«) weltbekannt wurde: Shi Zhengli, Leiterin des Wuhan-Instituts für Virologie. Sie kletterte selbst in die Kupfermine, sammelte dort über tausend Proben und legte die Gensequenzen in einer Datenbank in ihrem Institut in Wuhan an.[85]

Was dort dann damit passierte, beschäftigt seit dem Ausbruch von Corona die US-Geheimdienste. Dafür hörten sie nach eigenen Angaben Telefongespräche ab und beschafften wissenschaftliche Papiere. Ein Investigativteam der seriösen britischen *Sunday Times* hat Hunderte Dokumente gesehen, darunter zuvor vertrauliche Berichte, interne Memos, wissenschaftliche Arbeiten und E-Mail-Korrespondenz.[86] Das kam dabei heraus:

Das Wuhan-Institut für Virologie, dies war schon vorher bekannt (und Anlass für Verschwörungstheorien), arbeitete mit US-Wissenschaftlern zusammen, führte mit ihnen riskante Experimente durch, die in den USA verboten sind, und bekam dafür großzügige finanzielle Fördermittel aus den Vereinigten Staaten. Die gemeinsamen Forschungsergebnisse wurden weitgehend in wissenschaftlichen Fachzeitschriften veröffentlicht. Doch daneben – und dies ist das Neue – liefen in dem Wuhaner Institut streng geheime Arbeiten. Dazu gehörte alles, was mit den Funden in der Mine von Mojiang zusammenhing. China verschwieg die

Todesfälle dort und warnte die Welt nicht vor dem neu entdeckten Virus. Dabei sind die Viren von dort die einzigen aus der unmittelbaren Covid-19-Familie, die vor der Pandemie bekannt waren. »Mit Mojiang beginnt sich die Spur der Papiere zu verdunkeln«, sagt einer der US-Ermittler. »Genau zu diesem Zeitpunkt startete das Geheimprogramm. Meiner Ansicht nach lag der Grund für die Vertuschung von Mojiang in der militärischen Geheimhaltung. Die Armee strebte nach einer doppelten Verwendung des neuen Virus: für virologische biologische Waffen einerseits und Impfstoffe andererseits.«[87]

Im November 2019, also einen Monat bevor das Coronavirus bekannt wurde, kamen drei Mitarbeiter des Wuhan-Instituts für Virologie mit covidähnlichen Symptomen ins Krankenhaus, einer ihrer Verwandten starb. Das Institut selbst behauptet, sie hätten eine Grippe gehabt. »Wir sind davon überzeugt, dass es sich um Covid-19 handelte«, entgegnet einer der US-Ermittler. »Sie arbeiteten im Labor an fortgeschrittener Coronavirus-Forschung. Sie sind ausgebildete Biologen in ihren Dreißigern und Vierzigern. 35-jährige Wissenschaftler erkranken nicht sehr stark an Grippe.«[88] Um die Zusammenhänge weiter zu verschleiern, griff das Wuhan-Institut für Virologie zu einem ungewöhnlichen Trick: Es änderte den Namen des Virus. Das in Mojiang gefundene Virus war bisher in den Dokumenten des Instituts als RaBtCoV/4991 geführt worden. Plötzlich hieß es RaTG13, ganz offensichtlich, um die Herkunft aus Mojiang zu vertuschen. All das würde die breite Öffentlichkeit wahrscheinlich wenig interessieren, wäre RaBtCoV/4991 alias RaTG13 nicht SARS-CoV-1 so ähnlich wie kein anderes bisher bekanntes Virus. »Sieht nach Betrug aus«, twitterte die Mikrobiologin Monali Rahalkar vom Agharkar Research Institute im indischen Pune. »Vielleicht haben sie die Sequenz geändert, sodass die Leute auf Fahrten zur Mojiang-Mine verzichten.«[89]

Das natürliche Virus aus Mojiang war gefährlich genug. Doch die Forscher aus Wuhan beließen es nicht dabei, dies festzustellen. Ihre Spezialität sind Experimente zur *gain of function*, also zur »Steigerung der Wirkung«. Das hat Wuhan für amerikanische Wissenschaftler so attraktiv gemacht, denn solche Experimente sind in den USA wie gesagt mittlerweile verboten. Wie sie funktionieren, weiß man aus einem Projekt des Wuhan-Instituts für Virologie, abgekürzt WIV, das dieses mittlerweile veröffentlicht hat, wenn auch mit Verzögerung: In diesem Fall handelte es sich um ein anderes Virus aus der Yunnan-Provinz, aus der Höhle Shitou. Das Institut war sehr stolz auf dieses Virus, weshalb es dieses nach sich selbst benannte, WIV1. Um die Wirkung dieses Virus noch zu verstärken, verschmolzen die chinesischen Forscher es mit anderen Viren. Gleichzeitig »humanisierten« sie Albinomäuse, indem sie ihnen Gene spritzten, damit sie Lungen und Blutgefäße wie bei Menschen entwickelten. Diese Mäuse steckten sie mit dem neuen, in seiner Wirkung gesteigerten Virus an. Das Experiment verlief erfolgreich: Das künstlich erzeugte Virus erwies sich als dreimal so gefährlich wie das ursprüngliche – nach kurzer Zeit waren 75 Prozent der Tiere tot. Der Wissenschaftler Dr. Steven Quay erklärte vor dem US-Senat, wie so das neue Coronavirus entstanden ist: »Sie infizieren die Mäuse, warten etwa eine Woche und stellen dann das Virus der am stärksten erkrankten Mäuse wieder her. Dann wiederholen sie das. Innerhalb weniger Wochen wird diese gezielte Evolution ein Virus hervorbringen, das jede humanisierte Maus töten kann.«[90]

Warum machen Menschen so etwas? Die Entschuldigung für Experimente zur *gain of function* ist immer, diese würden helfen, Impfstoffe zu entwickeln. Das ist tatsächlich möglich. Damit lässt sich die eigene Bevölkerung schützen. Doch gleichzeitig können mit dem geschaffenen gefährlicheren Virus Menschen in anderen Ländern attackiert werden.

Man nennt das biologische Kriegsführung. Genau darum ging es in Wuhan, so das Ergebnis der US-Ermittler. In ihrem Bericht schreiben sie: »Obwohl sich das Wuhan-Institut für Virologie als zivile Institution präsentiert, haben die Vereinigten Staaten festgestellt, dass das Institut bei Veröffentlichungen und geheimen Projekten mit dem chinesischen Militär zusammenarbeitet. Das Wuhan-Institut für Virologie betreibt seit mindestens 2017 im Auftrag des chinesischen Militärs geheime Forschung, darunter auch Tierversuche.«[91] Dem Militär seien maßgebliche Positionen in dem Institut übertragen worden. Auch in China veröffentlichte Dokumente bestätigen eine Kooperation des Wuhan-Instituts für Virologie mit der Akademie für Militärische Medizinische Wissenschaften, einer Forschungseinheit der Volksbefreiungsarmee. In einem 2015 veröffentlichten Buch diskutiert die Militär-Akademie SARS-Viren als Chance für eine »neue Ära genetischer Waffen«, die Viren könnten »künstlich manipuliert werden, um ein neu entstehendes menschliches Krankheitsvirus zu erzeugen, das dann als Waffe eingesetzt und freigesetzt werden kann«.[92] Einer der Autoren dieses Buchs verfasste zahlreiche wissenschaftliche Papiere gemeinsam mit Wissenschaftlern des Wuhan-Instituts.

Alice Hughes, die wegen ihrer Forschung in den Minen von Mojiang bedrängt wurde, war Professorin bei der Chinesischen Akademie der Wissenschaften, der auch das Institut in Wuhan untersteht. Hughes hat mit Kollegen zusammengearbeitet, die dort tätig sind. Sie denkt nicht, dass das Wuhan-Institut für Virologie schon eine Biowaffe gebaut hat. »Sonst hätten sie bereits viel bessere Impfstoffe für die eigene Bevölkerung entwickelt«, sagt sie. Doch in einem Labor könne vieles schiefgehen: »Etwa wenn Schutzanzüge nicht richtig verschlossen sind. Oder wenn Flüssigkeiten, die Viren enthalten, nicht korrekt entsorgt werden. Wir wissen, dass SARS-CoV-1 dreimal aus Laboren entwichen ist.«

Es zeugt von der naiven Sicht vieler internationaler Medien auf das Regime in Peking, dass die offenkundigen Indizien für einen Laborunfall in Wuhan lange ignoriert wurden. Dabei finden sich Hinweise darauf sogar auf der Website des Wuhan-Instituts für Virologie selbst. Am 19. November 2019, also wenige Wochen vor der weltweiten Ausbreitung von Covid, besuchte der Sicherheitsdirektor der Chinesischen Akademie der Wissenschaften das Institut. Er wandte sich an dessen Leitung mit »mündlichen und schriftlichen« Instruktionen von Partei- und Staatschef Xi Jinping angesichts »einer komplexen und ernsten Situation«.[93]

Wenigstens erklärt das militärische Schattenprojekt in Wuhan, warum Chinas Regierung bis heute eine umfassende internationale wissenschaftliche Untersuchung über die Entstehung von Covid-19 verhindert. Selbst der Peking gegenüber freundlich gesinnte Generaldirektor der Weltgesundheitsorganisation, Tedros Adhanom Ghebreyesus, fordert weitere Aufklärung eines möglichen Laborunfalls in Wuhan.[94] Was geschehen ist, zeigt: Die Vorbereitung eines Dritten Weltkriegs tötet bereits dann, wenn er noch gar nicht begonnen hat. Fast sieben Millionen Menschen auf dieser Erde sind an Covid-19 gestorben.[95]

Krieg gegen die Ukraine – und gegen Taiwan?

Am 24. Februar 2022 begannen russische Truppen mit dem Überfall auf die ganze Ukraine. Wladimir Putin befahl den Krieg, weil er sich bedroht fühlte. Aber nicht von der NATO, wie er gelegentlich behauptet und wie seine Fans in Deutschland ständig wiederkäuen. Die Propagandalüge wird widerlegt – von Putin selbst. »Hinsichtlich der NATO-Erweiterung haben wir keine Sorgen mit Blick auf die Sicherheit der Russischen Föderation«, erklärte er am 2. April 2004 auf einer gemeinsamen Pressekonferenz mit dem deutschen

Bundeskanzler Gerhard Schröder. Sechs Tage später traf er in Moskau den damaligen NATO-Generalsekretär Jaap de Hoop Scheffer und sagte ihm: »Jedes Land hat das Recht, seine eigene Form der Sicherheit zu wählen.«[96] Dabei waren damals bereits folgende Länder der NATO beigetreten: Polen, Tschechien und Ungarn 1999 sowie Bulgarien, Estland, Lettland, Litauen, Rumänien, die Slowakei und Slowenien 2004. Danach kamen nur noch Albanien, Kroatien (beide 2009), Montenegro (2017) und Nordmazedonien (2020) hinzu – alles Länder, die relativ klein sind und nicht an Russland grenzen. (Die späteren NATO-Beitritte Finnlands und Schwedens sowie eventuell der Ukraine können schon gar nicht als Ursachen des Krieges zählen, sie sind oder wären Folgen davon.)

Bedroht fühlte sich Putin vielmehr von den Russen. Die demonstrierten Ende 2011, Anfang 2012 zu Hunderttausenden gegen dreiste Fälschungen bei den Parlamentswahlen. Die Volksbewegungen in Georgien, Kirgisistan und vor allem in der Ukraine ließen ihn fürchten, der Geist der Freiheit könnte auch nach Russland hinüberschwappen.

2014 annektierte er die ukrainische Halbinsel Krim, um zwei Ziele auf einen Schlag zu erreichen: die neue demokratische Regierung in der Ukraine schwächen und zu Hause neue Popularität erreichen als einer, der Russlands Größe wiederherstellt. Tatsächlich hatte die Krim in der Geschichte lange zu Russland gehört, aber länger noch zum Khanat der Krimtataren. Die Freiheitsbewegung in Belarus 2020 erhöhte Putins Panik, doch dort gelang es dem Diktator Alexander Lukaschenko, die Proteste gewaltsam niederzuschlagen. Der Westen reagierte relativ zurückhaltend.

Auch Hongkong wurde von der Welt im Stich gelassen. Seit dem Jahr 1997, in dem ich in der Metropole lebte, dem Jahr ihrer Rückkehr zu China, habe ich sie immer wieder besucht.

Zur Jahreswende von 2023 auf 2024 verbringe ich Silvester und Neujahr dort, dolmetsche für eine deutsche Reisegruppe. Den Namen der etwa 40-jährigen Tourguide darf ich nicht nennen. Denn als ich sie auf die Veränderungen anspreche, bittet sie mich, dies nicht vor dem Fahrer zu tun und sicherheitshalber auch nicht vor ihren Kolleginnen. Ein Klima der Angst, wie es noch vor wenigen Jahren in Hongkong undenkbar war. »Wir stehen unter starkem Druck«, sagt sie mir dann, als wir allein sind. »Ich unterrichte auch an einer Schule. Da mussten wir unterschreiben, dass wir nichts tun oder sagen, was sich gegen die Kommunistische Partei Chinas richten könnte.«

Bei Protesten in den letzten Jahren demonstrierten bis zu zwei Millionen Hongkonger gleichzeitig, bei nur siebeneinhalb Millionen Einwohnern der Stadt. »Alle gingen auf die Straße, weil das Leben unerträglich geworden ist«, erzählt sie. »Es sind nicht nur die Freiheiten, die sie uns genommen haben. Auch wirtschaftlich hat sich die Lage verschlechtert wegen stumpfsinniger Entscheidungen, die nur getroffen wurden, um der chinesischen Regierung zu gefallen. Zum Beispiel Bauaufträge, die zu überhöhten Preisen an chinesische Unternehmen vergeben wurden.« Am 30. Juni 2020 unterzeichnete Xi Jinping ein »Gesetz zur Wahrung der nationalen Sicherheit« für Hongkong, das jegliche abweichende Meinung verbietet.

Bei den Bezirksratswahlen in Hongkong im Dezember 2023 fiel die Wahlbeteiligung auf ein Rekordtief von 27,5 Prozent.[97] Auch die Reiseführerin ging nicht hin: »Sie haben versucht, uns zum Wählen zu bewegen, etwa über SMS und Videos in den sozialen Medien. Doch es macht keinen Sinn zu wählen, denn nach dem neuen Gesetz waren nur pekingtreue Kandidaten zugelassen. Wir, das Volk, haben keinen Einfluss.« Ohnehin werden nur 88 Abgeordnete von der Bevölkerung gewählt, die restlichen 382 Sitze gehen an regierungsnahe Organisationen.[98] Vor den Gästen im Bus möchte die Chinesin über all das nicht sprechen, sie wählt einen stillen Weg des Protests. Immer wieder lässt sie den Satz einfließen: »Das haben wir den Briten zu verdanken« – die gut ausgebauten öffentlichen Verkehrsmittel, den sozialen Wohnungsbau und so weiter. Als ich 1997 in Hongkong lebte, waren die Briten nicht besonders beliebt. Jetzt lobt man sie, aus Trotz gegen die Machthaber aus Peking. Oder man stichelt gegen diejenigen, die mit diesen kollaborieren. »Wir mögen Jackie Chan nicht mehr«, sagt die Tourguide zur Reisegruppe und deutet an, es gehe dabei um Sexaffären. Mir sagt sie später, die Hongkonger hassten ihren berühmten Filmstar, weil er sich gerne öffentlich mit Xi Jinping und dessen Gattin Peng Liyuan zeigt.

Einige sind in den letzten Jahren emigriert, aber meine Gesprächspartnerin möchte Hongkong nicht verlassen: »Wo sollte ich hin, hier ist meine Familie, und Hongkong bleibt eine schöne Stadt.« Eine faszinierende Metropole auch für mich weiterhin, gerade an Silvester mit dem traditionellen gigantischen Feuerwerk. Man sollte sich aber davon nicht blenden lassen und nicht übersehen, was sich in den letzten Jahren verschlechtert hat.

Die von Xi Jinping verbreitete Angst wirkt weltweit, auch bei Chinesen außerhalb Chinas. Eine Verlegerin chinesischer Bücher in den USA, die ich noch aus Pekinger Tagen kenne, schreibt mir, als ich sie frage, ob sie eine chinesische Ausgabe unserer Biografie *Xi Jinping – der mächtigste Mann der Welt* veröffentlichen will: »Ich fühle mich durch die Anfrage geehrt. Aber ich bin ehrlich: Ich würde es vermeiden, direkt über Xi zu sprechen. Die KPCh hat Gui Minhai, den von China entführten Buchhändler aus Hongkong, als einschüchterndes Beispiel für alle chinesischen Verleger und Buchhändler inhaftiert. Ich schäme mich, das zu sagen – aber ich kann das Xi-Buch nicht veröffentlichen.«

Die Abschaffung der letzten demokratischen Rechte in Hongkong wurde vom Rest der Welt einfach so hingenommen. US-Präsident Donald Trump twitterte damals: »Ich kenne Präsident Xi von China sehr gut. Er ist ein großartiger Führer, der sehr stark den Respekt seines Volkes genießt. Er ist auch ein guter Mann in einem ›toughen Business‹. Ich habe NULL Zweifel, dass Präsident Xi das Hongkong-Problem schnell und human lösen wird.«[99] Als dann noch die Steinzeitkrieger der Taliban die Hightech-Armee der USA besiegten, war bei Putin endgültig der Appetit gekommen, seine Diktatur nach Westen auszudehnen.

Er erhält Rückendeckung von der Kommunistischen Partei Chinas, denn auch sie arbeitet an der Expansion. Als Xi Jinping am 4. Februar 2022 die Olympischen Winterspiele von Peking eröffnete, empfing er Putin. Sie verabschiedeten eine »Gemeinsame Erklärung zu den internationalen Beziehungen auf dem Weg in ein neues Zeitalter und zur globalen nachhaltigen Entwicklung«. Wie dieses »neue Zeitalter« aussieht, zeigen die Bilder aus der Ukraine, von Butscha bis Mariupol. Sie werden von Putin-Verstehern oft mit dem Argument relativiert, andere Länder hätten auch Kriegsverbrechen begangen, etwa die USA in Vietnam und im Irak. Das ist leider wahr. Aber die Medien in den USA haben darüber berichtet, Menschen dort durften dagegen demonstrieren. Demokratien haben, bei aller Trägheit manchmal, eine viel größere Fähigkeit zur Selbstkorrektur als Diktaturen. In der Erklärung wandten sich Putin und Xi gegen die NATO-Osterweiterung, was Putin als Blankoscheck für seinen Einmarsch im Nachbarland verstand. Xi ließ sich auf diesen Pakt ein, weil Putin in derselben Erklärung den Plan unterstützt, Taiwan heim ins chinesische Reich zu holen. Xi Jinping hat sich von der Öffnungspolitik seiner Vorgänger verabschiedet, denen wirtschaftliche Erfolge wichtiger waren als der Kampf gegen die freie Welt. Eine gefährliche Kursänderung.

In ihrer »Gemeinsamen Erklärung« sprachen sich Putin und Xi Jinping für »echte Multipolarität« aus und für »demokratischere internationale Beziehungen«. Dabei ist die von ihnen angestrebte neue Weltordnung so wenig demokratisch, wie die DDR als Deutsche Demokratische Republik ein demokratisches Land war. In beiden Fällen beruht das irreführende Etikett »demokratisch« auf der gleichen Idee, die wir schon an der Jugendhochschule Wilhelm Pieck studierten: Man müsse unterscheiden zwischen der »subjektiven« Meinung der Mehrheit der Bevölkerung einerseits und ihrem »objektiven« Interesse andererseits, das von dem »bewussten Vortrupp«, also der Staatspartei, besser verstanden werde als von den Leuten selbst. So wird der direkte Raketenangriff des iranischen Mullah-Regimes, eines engen Verbündeten von Xi und Putin, auf Israel am 13. April 2024 als »antiimperialistisch« und damit als »demokratisch« angesehen, obwohl die Mehrheit der Bevölkerung des Iran Frieden will und traditionell eine positive Haltung zu Israel hat.

Hinter dem Stichwort »Multipolarität« verbirgt sich der Gedanke, bisher habe eine »Hegemonie« der USA und Europas geherrscht, die ehemalige Kolonialvölker nun aufbrechen würden. Auch bei uns beten das einige nach. Dabei vergessen sie: Russland und China, die jetzt als Vorkämpfer gegen den Kolonialismus auftreten, gehören selbst zu den größten Kolonialmächten der Geschichte. Russland eroberte den Kaukasus, Zentralasien und den Fernen Osten. Mit dem Zusammenbruch der Sowjetunion gingen einige dieser Gebiete verloren, aber nicht alle. Putin bezeichnet das Ende der UdSSR als »größte geopolitische Katastrophe des 20. Jahrhunderts« und will deshalb das alte Imperium wiederherstellen. China beherrschte als Kolonialmacht mehr als tausend Jahre Vietnam (weshalb selbst Mitglieder der Kommunistischen Partei Vietnams wenig Sympathien für den großen Nachbarn hegen). Noch heute hält China seine Kolonien Tibet und Ostturkestan (von Peking offiziell Uigurisches Autonomes Gebiet Xinjiang genannt), wie einst in Kolonien der europäischen Mächte sind die wichtigen Positionen in Politik und Wirtschaft hier weiterhin mit Kolonialherren (also in diesem Fall Chinesen) besetzt, die einheimische Bevölkerung wird unterdrückt. Nach der Wahl Barack Obamas zum ersten schwarzen Präsidenten der USA fragte ich einen Vertreter des chinesischen Außenministeriums, ob es vorstellbar sei, dass ein Tibeter oder Uigure chinesischer Präsident wird. Der Diplomat schüttelte entsetzt den Kopf. Statt auf Dekolonialisierung setzt die chinesische Führung auf Rekolonialisierung: So möchte sie sich Chinas ehemalige Kolonie Taiwan, 1682 von der Qing-Dynastie unterworfen, zurückholen. Natürlich auch das, ohne die betroffene Bevölkerung zu fragen.

China und Russland haben in einer Roadmap festgelegt, wie sie sich gegenseitig stärken. Im November 2021 vereinbarten der damalige chinesische Verteidigungsminister Wei Fenghe und sein russischer Amtskollege Sergej Schoigu, die Zahl der gemeinsamen Militärmanöver zu erhöhen und koordiniert den Luftraum ihrer beiden Länder zu schützen. Noch im gleichen Monat flogen chinesische strategische Bomber vom Typ Xian H-6K und russische strategische Bomber vom Typ Tupolew Tu-95MS gemeinsame Patrouillen über dem Japanischen und dem Ostchinesischen Meer. Auch im Ukrainekrieg ist China nicht neutral, wie ein Blick in die Medien beweist: Chinesische Zeitungen vermeiden sogar das Wort »Krieg« und sprechen verharmlosend von einem »Konflikt«. Sie übernehmen die Behauptungen der russischen Propaganda, wonach die Ukraine im Bündnis mit den USA biologische Waffen entwickle. Umgekehrt wird der chinesische Software-Ingenieur Wang Jixian in seinem Land als »Verräter« beschimpft und in den sozialen Medien geblockt, nur weil er Bilder vom Krieg aus Odessa zeigte, wo er lebt.

Die militärische Roadmap wird durch die wirtschaftliche ergänzt. Das Handelsvolumen zwischen China und Russland sollte von umgerechnet 138 Milliarden US-Dollar im Jahr 2021 auf 196 Milliarden 2024 steigen – doch 2023 wurden bereits 240 Milliarden erreicht.[100] Xi Jinping und Putin vereinbarten 65 Investitionsvorhaben im Wert von 120 Milliarden Dollar. Während Deutschland aus Kohle und Atomenergie aussteigt, investiert China in die Förderung und Verarbeitung von Rohstoffen in Russland und steckt dort Geld in Solar- und Windparks, Russland wiederum hilft China beim Bau von vier Atomkraftwerken und will seine Gaslieferungen in die Volksrepublik verzehnfachen! Dazu müssen die Pipelines erweitert und modernisiert werden, aber es gibt keine Zweifel, dass die Chinesen das schnell schaffen. Wie die Volksrepublik es bereits erfolgreich in Afrika getan hat, will sie in Russland die Infrastruktur entwickeln, zum Beispiel Autobahnen bauen und Getreidespeicher für die Landwirtschaft einrichten. Die Rohstoffe in den Weiten Sibiriens und Chinas mit Hunderten Millionen fleißigen und gut ausgebildeten Arbeitskräften – eine fruchtbare Verbindung, aber möglicherweise eine todbringende für die Freunde der Freiheit.

In Deutschland hört man oft, Xi Jinping sei doch viel rationaler als Putin und sorge sich mehr um die Wirtschaft. Seine Drohung, Taiwan zu erobern, werde er nicht so schnell wahr machen. Dabei hat seine Regierung im August 2022 ein neues Weißbuch veröffentlicht, das die Rhetorik noch deutlich verschärft. Überschrieben ist es: »Die Taiwan-Frage und Chinas Vereinigung in der Neuen Ära«.[101] Als »Neue Ära« bezeichnet Pekings Propaganda die Zeit seit der Machtübernahme von Xi Jinping, die durch verstärkte Repression nach innen und Aggression nach außen geprägt ist. Das habe, so das Papier, auch unmittelbare Folgen für Taiwan: »Unter der starken Führung des Zentralkomitees der Kommunistischen Partei Chinas mit Xi Jinping als Kern haben die Kommunistische Partei Chinas und die chinesische Regierung neue und innovative Maßnahmen in Bezug auf

Taiwan ergriffen.« Im Ergebnis »rollt das Rad der Geschichte weiter in Richtung der nationalen Wiedervereinigung, und es wird von keinem Einzelnen und keiner Kraft aufgehalten werden«.

Damit ist vor allem die Regierung der damaligen taiwanesischen Präsidentin Tsai Ing-wen und ihrer Demokratischen Fortschrittspartei (DPP) gemeint. Anders als die Machthaber in China ist sie vom Volk gewählt. Das Weißbuch aber spricht abschätzig von »DPP-Behörden«, »die beseitigt werden müssen«. Was die Taiwanesen selbst wollen, spielt keine Rolle. In rassistischem Jargon schwärmt das Weißbuch vom »gleichen Blut«, das sie mit den Chinesen in der Volksrepublik verbinde. Zwar sei eine Wiedervereinigung mit friedlichen Mitteln die »erste Wahl« der chinesischen Regierung. »Aber wir verzichten nicht auf die Anwendung von Gewalt und behalten uns die Möglichkeit vor, alle notwendigen Maßnahmen zu ergreifen.« In den vorherigen Weißbüchern der chinesischen Regierung zu Taiwan, die 1993 und 2000 erschienen, hieß es noch, Peking werde »keine Truppen und kein Verwaltungspersonal« dauerhaft in Taiwan stationieren. Dieser Satz wurde nun gestrichen. Damit bricht Xi Jinping mit der Politik des Reformers Deng Xiaoping. Der hatte eine gute Idee, zunächst für Hongkong und Macau, dann auch für Taiwan: ein Land, zwei Systeme. Die Gebiete sollten nominell zu China gehören, sich aber intern selbst regieren und ihr bisheriges System behalten. Xis Problem: In seinem Kontrollwahn hat er dieses Modell gerade in Hongkong zerschlagen. Das Weißbuch spricht dies offen an: »Eine Zeit lang war Hongkong mit schädlichen sozialen Unruhen konfrontiert, die von Anti-China-Agitatoren innerhalb und außerhalb der Region verursacht wurden.« Darauf habe die chinesische Führung dort »einige angemessene Verbesserungen vorgenommen«. Wie die aussehen, ist bekannt: Demokratisch gewählten Abgeordneten wurden ihre Mandate entzogen. Wer sich kritisch äußert, wird zu jahrelangen Gefängnisstrafen verurteilt. Selbst die wahrheitsgemäße Darstellung der chinesischen Geschichte ist verboten, etwa des Massakers auf dem Platz des Himmlischen Friedens am 4. Juni 1989.

Ende Dezember 2023 besuche ich Taiwan, wenige Tage vor historischen Präsidentschafts- und Parlamentswahlen. Ich erlebe eine lebendige Demokratie, wie es sie sonst in der chinesischsprachigen Welt nirgendwo gibt. Die Wahlkundgebungen gleichen Rockfestivals, Zehntausende nehmen teil, sie singen und tanzen. An Häuserwänden erstrecken sich die Anschlagtafeln mit den Porträtfotos der Kandidaten über mehrere Stockwerke. Darauf stehen die Namen der Kandidaten, ihre Slogans und die Zahl, mit der sie auf dem Wahlzettel stehen. Anders als etwa in Deutschland folgt die Nummerierung nicht dem Ergebnis der vorherigen Wahlen, sondern wird per Los gezogen, um allen gleiche Chancen zu geben. In Kaohsiung, mit 2,8 Millionen Einwohnern Taiwans zweitgrößte Stadt, begleitet mich Vincent, Manager eines taiwanesischen Unternehmens für Hafen-Services, der sich wie viele ethnische Chinesen auf beiden Seiten der Taiwanstraße einen englischen Vornamen zugelegt hat, um internationale Kontakte zu erleichtern. Er sagt: »Wir trauen Xi Jinping nicht, er ist ein Betrüger. Was von den Versprechen der Kommunistischen Partei Chinas zu halten ist, haben wir in Hongkong gesehen. Vertraglich vereinbart war: ein Land, zwei Systeme. Doch Xi Jinping hat den Menschen in Hongkong alle Freiheiten genommen.« Deshalb werde nicht wie sonst üblich die wirtschaftliche Lage diese Wahlen in Taiwan entscheiden, sondern das Verhältnis zu China.

Dabei geht es nicht um das Land China oder die chinesische Kultur, sondern um die Diktatur Xi Jinpings und seiner Kommunistischen Partei. Kaum ein Ort könnte chinesischer sein als der Mengjia Longshan-Tempel, der älteste und bekannteste Tempel von Taiwans Hauptstadt Taipeh.

Wie viele wichtige Gebäude im alten China ist er exakt in Nord-Süd-Richtung ausgerichtet. Einwanderer vom chinesischen Festland erbauten ihn 1738. Im Mittelpunkt der 1600 Quadratmeter großen Anlage erhebt sich auf einer wuchtigen Steinterrasse ein reich verziertes gewaltiges Gebäude mit geschwungenen, überkragenden Dachsparren. An diesem ganz normalen Donnerstagnachmittag drängen sich hier Hunderte Gläubige, darunter viele jünger als 30, ihre Handflächen zum Gebet aufeinandergelegt. Zum Gesang eines Mantras werfen sich Frauen und Männer in schwarzen Umhängen vor einem Priester mit Kopfschmuck und orangem Kleid auf den Boden. In dem Tempel mischen sich Buddhismus, Taoismus und Konfuzianismus. »Hier in Taiwan haben wir Meinungsfreiheit, Pressefreiheit und Religionsfreiheit«, betont Vincent. »Bei uns kann man glauben, was man will. In China hingegen gibt es nur einen Gott: Xi Jinping.«

Die Menschen in Taiwan schätzen ihre Freiheit. Wenn sie sich also nicht freiwillig mit China vereinigen möchten – bleibt dann für Xi nur die militärische Lösung? »Ich habe keine Angst vor einem Krieg«, entgegnet Vincent trotzig. »Seit ich lebe, bedroht uns die Kommunistische Partei Chinas. Und heute sind wir militärisch stärker als früher, vor allem dank unserer modernen Technologie. Im Falle eines Angriffs werden uns auch die Amerikaner unterstützen.« Andererseits räumt er ein: »Xi Jinping hat den Verstand verloren. Er ist nur noch von Jasagern umgeben, deshalb weiß er nicht, was auf der Welt vorgeht.«

Dabei hatten sich die Beziehungen zwischen Taiwan und dem chinesischen Festland in den letzten Jahrzehnten alles in allem positiv entwickelt, insbesondere die wirtschaftlichen. Das Volumen des Handels über die Taiwanstraße betrug 1978 umgerechnet nur 46 Millionen US-Dollar. Es wuchs auf 328,34 Milliarden US-Dollar im Jahr 2021, ist also fast auf das 7000-Fache gestiegen. Die Volksrepublik war in den letzten 21 Jahren Taiwans größter Exportmarkt und erwirtschaftete einen gewaltigen Jahresüberschuss für die Insel. Das chinesische Festland ist auch das größte Ziel für Taiwans Investitionen. Bis Ende 2021 hatten taiwanesische Unternehmen in fast 124000 Projekte auf dem Festland mit einem Gesamtwert von 71,34 Milliarden US-Dollar investiert. Sie profitierten von ihrer Kenntnis der chinesischen Kultur und der gemeinsamen Sprache. Statt dies konstruktiv weiterzuentwickeln und auf Augenhöhe zusammenzuarbeiten, hebt Chinas Regierung in dem Weißbuch hervor, wie sich das Kräfteverhältnis zu ihren Gunsten verändert hat: »Statistiken des Internationalen Währungsfonds zeigen, dass das Bruttoinlandsprodukt (BIP) des Festlandes 1980 etwa 303 Milliarden US-Dollar betrug, etwas mehr als das Siebenfache des BIPs Taiwans, das etwa 42,3 Milliarden US-Dollar betrug; 2021 betrug das BIP des Festlandes etwa 17,46 Billionen US-Dollar, mehr als das 22-Fache des BIP Taiwans, das etwa 790 Milliarden US-Dollar betrug.«

Angesichts dessen »versteht es sich von selbst, dass die chinesische Regierung berechtigt ist, alle erforderlichen Maßnahmen zu ergreifen, um die Taiwan-Frage zu lösen und eine nationale Wiedervereinigung ohne äußere Einmischung zu erreichen«. Dies richtet sich gegen ein mögliches Eingreifen der USA. Wie ein solcher Konflikt ablaufen könnte, wird in dem Weißbuch ungeschminkt dargestellt – mit Hinweis auf den Koreakrieg von 1950 bis 1953: »China und sein Volk errangen kurz nach der Gründung der VR China einen überwältigenden Sieg im Krieg gegen die US-Aggression und zur Hilfe für Korea.« Dabei haben »wir unseren Heldengeist, unsere Furchtlosigkeit und unseren Willen demonstriert«. Was nicht erwähnt wird: Vier Millionen Menschen, darunter eine Million Chinesen, bezahlten ihren »Heldengeist« im Koreakrieg mit dem Leben.

Tatsächlich, auch das wird in Europa angesichts der Nähe von Russlands Krieg gegen die Ukraine unterschätzt: Ein

Krieg um Taiwan droht weitaus größere Ausmaße anzunehmen, vielleicht die ganze Welt in den Abgrund zu ziehen. Aus Sicht der USA handelt es sich bei dem Krieg in der Ukraine um einen regionalen Konflikt. Unter dem dadurch bedingten Ausfall von Weizenlieferungen leiden vor allem Afrika und der Nahe Osten, schlimm genug, die Probleme bei der Gasversorgung treffen nur Deutschland und einige andere Länder in Europa. Die Bedeutung von Taiwan für die Weltwirtschaft ist ungleich größer. Von dort kommen 64 Prozent der Halbleiter auf dieser Erde.[102] Bei den besonders hochwertigen Computerchips sind es sogar 92 Prozent.[103] Ohne sie lassen sich weder Smartphones noch Computer bauen, weder Autos noch medizinische Geräte. Wem Taiwan gehört, dem gehört die Welt.

Die USA dürften sich deshalb bei einer militärischen Aggression Chinas gegen Taiwan nicht auf Waffenlieferungen beschränken – auch aus strategischen Gründen, denn die Insel ist entscheidend für die Vormacht im Pazifik und damit auf der Erde. »Für Taiwan ist es nicht fünf Minuten vor zwölf, sondern zwei Minuten vor zwölf«, sagt May-Britt Stumbaum von der Universität der Bundeswehr München. »Taiwan hat eine extrem wichtige strategische Position für Peking. Chinas U-Boote liegen derzeit vor der Insel Hainan und damit in sehr seichtem Gewässer. Ringsherum befinden sich lauter US-Alliierte: Japan, Südkorea, die Philippinen, die wieder enger mit Amerika zusammenarbeiten wollen, und eben Taiwan. Jedes U-Boot, das China verlässt, kann deswegen von den USA entdeckt werden. Auf der Ostseite von Taiwan geht es hingegen direkt in die Tiefsee. Wenn China Taiwan kontrollieren würde, könnten chinesische U-Boote von dort aus unentdeckt abtauchen – und erst vor San Francisco wieder an die Oberfläche kommen.« Die habilitierte Expertin für internationale Beziehungen schlussfolgert: »Und deswegen würden die Amerikaner eingreifen. Sie wollen ein zweites Pearl Harbor verhindern. Es liegt im ureigensten strategischen Interesse der Amerikaner, dass Taiwan nicht in die Hände der Volksrepublik China gerät.«[104]

Taiwan jedenfalls bereitet sich auf die Selbstverteidigung vor. Im Hafen liegen bei meinem aktuellen Besuch Kreuzer der Kriegsmarine, auf der Autobahn sehe ich immer wieder Militärlastwagen. Das Land hat gerade die Wehrpflicht für junge Männer von vier auf zwölf Monate verlängert. Ein Gefühl für die gespannte Atmosphäre vermittelt die stündliche Wachablösung am Schrein der Märtyrer, der am Hang des Chingshan-Bergs in Taipeh liegt. Dort stehen auf Holztafeln die Namen von 390000 Gefallenen aus den Kriegen des letzten Jahrhunderts, insbesondere dem Bürgerkrieg mit den Kommunisten. Von vielen liegen auch die Gebeine hier begraben. Doch sieht man keine zeremoniellen Soldaten in roten Uniformen und altmodischen Fellmützen wie beim *Changing of the Guard* vor dem Buckingham Palace in London. Die Soldaten hier gehören zur taiwanesischen Luftwaffe, die sich mit Heer und Marine in dieser Aufgabe alle drei Monate abwechselt. Sie tragen dunkelblaue Uniformen und weiße Stahlhelme. Sie strecken ihre Arme im rechten Winkel nach vorne, bewegen sich wie Roboter. Die Schritte ihrer Stiefel hallen über den Platz. Mit ihren Gewehren schlagen sie mehrmals laut auf den Boden des Podests.

Ironie der Geschichte: Es war die nationalistische Partei Guomindang, die gegen die Kommunisten kämpfte und gegen sie verlor. Doch ist es genau diese heutige Oppositionspartei, die nun in Taiwan für enge Beziehungen zu Peking eintritt. »Sie haben sie gekauft«, meint Vincent. »Leitet jemand einen Landkreis mit viel Fischfang, bieten sie ihm an, den Fisch zu guten Preisen abzunehmen. Besitzt jemand ein Unternehmen, erlauben sie ihm, in China profitabel zu investieren.« Vincent hält eine schleichende Übernahme wie in Hongkong für wahrscheinlicher als einen Krieg. China mit seiner Wirtschaftsmacht investiere viel dafür, überflute Taiwan auch mit Fake News in den sozialen Medien, vor allem über TikTok – etwa mit Behauptungen, die Regierung habe vergiftete Hühnereier importiert, und mit Deepfake-Videos, in denen William Lai, Präsidentschaftskandidat der chinakritischen Demokratischen Fortschrittspartei (DPP), scheinbar für Kryptowährungen wirbt. Der taiwanesische Außenminister Joseph Wu schreibt dazu auf X, ehemals Twitter: »Ehrlich gesagt, sollte Peking aufhören, sich in die Wahlen anderer Länder einzumischen, und stattdessen seine eigenen Wahlen abhalten.« Peking lockt vor den Wahlen mit einer »kooperativen Entwicklungszone«, die Taiwan mit der gegenüberliegenden chinesischen Küstenprovinz Fujian bilden könnte, falls sich die chinafreundlichen Kräfte durchsetzen, verhängt aber vorsorglich ein Importverbot für Obst und Gemüse aus Taiwan. Die Wahlen, so heißt es aus Peking, seien eine Entscheidung zwischen Krieg und Frieden. Wobei Lai und die DPP Krieg bedeuteten.

Doch die Menschen in Taiwan lassen sich nicht einschüchtern. Um Wahlmanipulationen zu verhindern, werden die Stimmen öffentlich ausgezählt, jeder darf zuschauen. Am 13. Januar 2024, gegen 20 Uhr, gesteht Hou Youyi (taiwanesische Schreibweise Hou Yu-ih), der Präsidentschaftskandidat der Guomindang, seine Niederlage ein, wenige Minuten später auch Ke Wenzhe (taiwanesische Schreibweise Ko Wen-je) von der Taiwanesischen Volkspartei, die einen dritten Weg zwischen Taiwans traditionellen großen Parteien beschreiten will. William Lai, chinesisch Lai Qingde (taiwanesische Schreibweise Lai Ching-te), wurde mit einer relativen Mehrheit von über 40 Prozent der Stimmen zum neuen Präsidenten Taiwans gewählt. »Heute Nacht haben wir der Welt gezeigt, dass Taiwan auf der Seite der Demokratie steht«, sagt Lai in seiner Siegesrede vor Hunderttausenden jubelnden Anhängern. Die Wahlen gewonnen hat also genau der, der laut der chinesischen Parteipropaganda »Krieg« bedeutet. Als wollte das kleine Taiwan mit seinen 23,5 Millionen Einwohnern das große China mit 1,4 Milliarden Einwohnern überfallen.

Westliche Biedermänner (und -frauen) setzen darauf, dass Xi Jinping »vernünftig« sein und Taiwan vorerst nicht angreifen wird, um Chinas globale Handelsbeziehungen nicht zu gefährden. Oft sind es die gleichen Leute, die vorher glaubten, Putin werde die Ukraine nicht angreifen. Erneut ist hier der Wunsch Mutter des Gedankens. Verkannt wird dabei: Die »Neue Ära« unter Xi ist genau das Gegenteil von Deng Xiaopings pragmatischem Vorrang für die Wirtschaft. Die Bürger Shanghais und anderer Metropolen monatelang in ihren Wohnungen einzusperren und fast drei Jahre lang Reisen von und nach China de facto zu verbieten, beides wegen seiner Null-Covid-Strategie, war ebenfalls wirtschaftlich unvernünftig – aber Xi legt den Vorrang auf Macht und Ideologie.

Man sollte sich auch fragen, warum er genau im August 2022 das neue Weißbuch zu Taiwan veröffentlichen ließ, das erste seit 22 Jahren. Am Taiwan-Besuch von Nancy Pelosi, der Sprecherin des US-Repräsentantenhauses, im selben Monat kann es nicht liegen – so kurzfristig werden in China keine Grundsatzpapiere verfasst. Xi wird den für sich günstigsten Zeitpunkt zu einem Angriff nutzen. Und der könnte auch jetzt sein, solange die freie Welt mit dem Ukrainekrieg beschäftigt ist und noch keine starke Produktion von Halbleitern aufgebaut hat. Oder wenn die USA durch ihre Präsidentenwahlen abgelenkt sind. Das Weißbuch beginnt mit diesen Sätzen: »Die Lösung der Taiwan-Frage und die Verwirklichung der vollständigen Wiedervereinigung Chinas ist ein gemeinsames Bestreben aller Söhne und Töchter der chinesischen Nation. Sie ist unverzichtbar für die Verwirklichung der Wiederbelebung Chinas. Es ist auch eine historische Mission der Kommunistischen Partei Chinas. Die Partei, die chinesische Regierung und das chinesische Volk haben sich jahrzehntelang bemüht, dieses Ziel zu erreichen.« Und Xi Jinping möchte in die Geschichte eingehen als derjenige, der es in seiner Amtszeit erreicht. Die Volksrepublik will Taiwan annektieren, das ist keine Frage des Ob, sondern nur noch eine Frage des Wann und Wie. Und mit der Insel allein wird sich Chinas Führer nicht zufriedengeben. Im Ostchinesischen Meer erhebt er Gebietsansprüche gegen Japan, im Südchinesischen Meer gegen die Philippinen, Malaysia, Brunei und Vietnam. So wie Putin ein russisches Imperium in den Grenzen der Sowjetunion wiederherstellen will, so strebt Xi Jinping nach einem chinesischen Großreich wie vor Hunderten Jahren.

Das hindert europäische Politiker und Beobachter nicht daran, sich Illusionen über einen angeblich mäßigenden Einfluss von Xi Jinping auf Putin zu machen. Am 20. März 2023 trifft Xi in Moskau zu einer »Reise der Freundschaft, Kooperation und des Friedens« ein, wie es offiziell heißt. Drei Tage vorher hat der Internationale Strafgerichtshof einen Haftbefehl gegen Putin erlassen wegen der Entführung ukrainischer Kinder. Xi ist der erste internationale Politiker, der den mutmaßlichen Kriegsverbrecher seither trifft. Sie bezeichnen sich gegenseitig als »liebe Freunde«. In Anwesenheit von Verteidigungsminister Sergej Schoigu, der die Invasion in der Ukraine führt, vereinbaren sie »allumfassende Partnerschaft« und »strategische Zusammenarbeit«. Bei einem gemeinsamen Sechs-Gänge-Menü im Kreml stehen Weißlachs und Rentier zur Wahl. Dazu gibt es Meeresfrüchte, einen Pfannkuchen mit Wachteln und Pilzen und die russische Fischsuppe Ucha. Zum Nachtisch werden ein Granatapfel-Sorbet und das Sahne-Früchte-Baiser Pawlowa gereicht. Sie trinken Weine des russischen Edelwinzerguts Diwnomorskoje. Xi toastet Putin zu und versichert ihm, er werde die nächsten russischen Präsidentenwahlen gewinnen. Putin gesteht in dem Gespräch ein, dass Xi die Führungsrolle in ihrem gemeinsamen Kampf gewonnen hat: »China hat ein sehr effektives System geschaffen, um die Wirtschaft zu entwickeln und den Staat zu stärken.«[105]

Am nächsten Abend wird Xi Jinping mit einem Staatsbankett verabschiedet. Dabei sagt er zu Wladimir Putin: »Im Moment gibt es Veränderungen, wie wir sie seit 100 Jahren nicht mehr gesehen haben. Und wir sind es, die diesen Wandel gemeinsam vorantreiben.«[106] Mehr als sechs Jahrzehnte nachdem Mao in Moskau einen gemeinsamen Atomkrieg gegen den »Imperialismus« vorschlug, sind China und Russland wieder Brüder – und beide Feinde der USA und Europas. Doch während nach 1949 Mao der kleine Bruder von Stalin war, haben sich die Verhältnisse jetzt umgekehrt – Xi Jinping ist der große Bruder und Putin der kleine.

Nordkorea – vom Paria zum Partner auf Augenhöhe

September 2023: 40 Sekunden lang schütteln sie einander die Hände, schauen sich tief in die Augen, Wladimir Putin und der nordkoreanische Diktator Kim Jong Un. »Ich bin froh, Sie zu sehen«, sagt Putin zu seinem Gast auf dem neuen russischen Weltraumbahnhof Wostotschny, wohin Kim mit seinem schwer gepanzerten Sonderzug gekommen ist. Russland möchte Nordkorea beim Bau von Satelliten und Atom-U-Booten helfen und benötigt im Gegenzug für seinen Ukrainekrieg Munition aus nordkoreanischer Produktion.[107]

Dass Russland und Nordkorea gegenseitig voneinander abhängen, ist etwas Neues. Früher war Nordkorea einseitig von der Sowjetunion abhängig – und von China. Weshalb der Konflikt zwischen den beiden kommunistischen Supermächten ein Problem für Kim Il Sung war, den Staatsgründer Nordkoreas und Großvater von Kim Jong Un. »Kim Il Sung war sich lange nicht schlüssig, ob das Zentrum der

Weltrevolution nun in Moskau oder in Peking zu finden sei«, schrieb Michail Gorbatschow in seinen *Erinnerungen.* »Letzten Endes entschied er sich für sich selbst.« Das bedeutet: »Neben einem Personenkult, der seinesgleichen sucht, bereicherte Kim Il Sung die revolutionäre Praxis durch eine weitere Neuerung: Indem er seinem Sohn Kim Jong Il offiziell den Status seines Nachfolgers sicherte, stiftete er die erste ›sozialistische Monarchie‹.«[108] Kim Jong Un führt das jetzt in der dritten Generation weiter.

Mit dem bizarren Personenkult und der sozialistischen Monarchie in Nordkorea habe ich meine eigenen Erfahrungen gesammelt.[109] Während weltweit Mauern fielen, blieb dieser Staat mit 26 Millionen Einwohnern abgeschottet. Das erste Mal besuchte ich Nordkorea 2001 mit einer Touristengruppe während meiner Zeit als Manager in Shanghai.

Die Teilnahme ist begrenzt und an strenge Voraussetzungen geknüpft. Bei der nordkoreanischen Botschaft muss ein Lebenslauf mit Firmenstempel eingereicht werden. Ein Diplomat ruft bei der Firma an und fragt nach, ob die Angaben stimmen. Nicht mitfahren dürfen Amerikaner, Südkoreaner und Journalisten. Da ich Letzteres zu jenem Zeitpunkt nicht bin, sehe ich eine Chance. Und tatsächlich – ich werde »reingelassen« in das Land, das sich offiziell Demokratische Volksrepublik Korea (DVRK) nennt.

Die zehnköpfige Reisegruppe besteht überwiegend aus abenteuerlustigen Engländern. Die Anreise erfolgt mit dem Zug. Dieser hat am chinesischen Grenzbahnhof Dandong einen längeren Halt, bei dem wir genügend Zeit haben, durch die Bahnhofshalle zu wandeln. Noch ein letztes Mal sind wir im »Westen«, wie man China aus nordkoreanischer Sicht nennen muss – und das keineswegs nur geografisch. Lachende, modern gekleidete Menschen, die durch Geschäfte wuseln und dort Bonbons und Cola kaufen. Dann fährt der Zug über die Grenze und hält wieder, im nordkoreanischen Grenzbahnhof Ryongchon, diesmal für unbestimmte Zeit. Zunächst sitzen wir in unserem Zugabteil. Nordkoreanische Grenzbeamte sammeln unsere Pässe und unsere Handys ein. Anschließend durchwühlen sie unsere Koffer – es könnte ja feindliche Literatur darin sein. Anschließend dürfen wir in den Bahnhof, aber nicht auf die Straße. Doch durch ein Fenster des Gebäudes bekommen wir einen ersten Eindruck. Wagen werden von Pferden und Ochsen gezogen. Die Frauen und Männer tragen einfache uniformähnliche Kleidung, Häuser sind mit Propagandabildern bemalt. Es erinnert an Szenen, die ich aus Filmen über die Sowjetunion der 1930er-Jahre oder das China der Kulturrevolution kenne.

Reiseleiter ist Nick Bonner, ein in Peking lebender Engländer mit sehr guten Beziehungen nach Nordkorea. Er stellt uns einen Einheimischen in beiger Uniform vor – ein guter Bekannter von ihm und zuständiger Funktionär für ausländische Touristen. Er werde uns bei der Weiterreise in die Hauptstadt Pjöngjang begleiten. Der Zug fahre jetzt gleich los. Und wo sind unsere Pässe und Handys? »Die bekommt ihr bei der Ausreise zurück.«

Nordkorea unterscheidet sich deutlich von anderen Ländern. Der Zug passiert Felder, auf denen abgemagerte Menschen mit bloßer Hand Reis anbauen. In der Hauptstadt Pjöngjang empfangen uns zwei Englisch sprechende Guides, eine Frau und ein Mann, die gleichzeitig unsere Aufpasser sind. Nick erklärt, dass wir ohne die beiden nirgendwohin gehen und mit niemandem sprechen dürfen, sonst werde es Ärger geben. Wir gehören zu den insgesamt 2000 Touristen, die pro Jahr das Land – weniger als den Kölner Dom an einem Tag – besuchen. Südkoreanische Touristen dürfen zu dieser Zeit ausschließlich ein Naturschutzgebiet an der Grenze betreten, wo die Brüder und Schwestern als Devisenbringer willkommen sind.

Eine Woche lang besichtigen wir Denkmäler und Wandgemälde für den »*Great Leader*« Kim Il Sung und seinen

Sohn, den *»Dear Leader«* Kim Jong Il (den Vater von Kim Jong Un). Ich habe eine gewisse Vorstellung von den Verhältnissen in Nordkorea. Selbst in meinen linksradikalen Jugendjahren witzelten wir über den Kult dort. Doch die Realität übertrifft alle meine Erwartungen. So erklären die beiden Reiseführer allen Ernstes, der *Great Leader,* obwohl schon einige Jahre tot, sei weiterhin der Präsident des Landes. Das sei auch rechtens, denn nach der Verfassung sei er auf »ewig« Präsident, nicht nur auf Lebenszeit. Er habe seine Vollmachten an den *Dear Leader* übertragen, der dementsprechend auch nur Generalsekretär sei und nicht Präsident. Unsere Betreuer sagen kaum einen Satz, in dem der *Great Leader* oder der *Dear Leader* nicht vorkommen. Meist kommen beide vor. Als ich die Reiseführerin für ihr gutes Englisch lobe, entgegnet sie: »Das spreche ich dank dem *Dear Leader,* der mir ermöglicht hat, Englisch zu studieren.« Als Kinder auf der Straße marschieren und ein Lied singen, frage ich, wovon es handelt. Die Reiseführerin antwortet: »Sie singen das Lied vom Großen Führer. Wir haben zwei Lieder in unserem Land – das Lied vom Großen Führer und das Lied vom Geliebten Führer.« Ob Fabriken oder Denkmäler – wir sehen nichts, was nicht mit persönlicher *»on-spot guidance«* (diese »Führung vor Ort« ist in Nordkorea ein viel gebrauchter Begriff) des *Great Leader* oder des *Dear Leader* oder beider zusammen errichtet worden sei. Als wir einen Staudamm besichtigen, wird uns ein Dokumentarfilm über den Bau vorgeführt, in dem wir sehen, wie das funktioniert: Kim Il Sung steht vor den Ingenieuren und schreit sie an, erklärt ihnen, wie sie den Damm zu bauen haben.

Ein Besuch Nordkoreas ist wie eine Zeitreise, in eine Epoche ohne Handys, ja, ohne Straßenverkehr. Selbst in der Hauptstadt Pjöngjang fahren nur wenige Autos. Diese werden auf den Kreuzungen von Polizistinnen in weißen Uniformen dirigiert, die sich und ihren Stock elegant bewegen, was wie ein Tanz aussieht. Es ist kein Geheimnis, dass ein schönes Gesicht und eine gute Figur die entscheidenden Kriterien bei der Auswahl dieser Polizistinnen sind. Außerhalb der Hauptstadt erblickt man so gut wie keine Autos, selbst kaum Busse oder Fahrräder. Die Leute sind zu Fuß unterwegs.

Ausnahmslos jeder Erwachsene hat ein Abzeichen mit dem Porträt des *Great Leader* angesteckt. Die Menschen auf der Straße haben sichtbar Angst, wagen nicht einmal, uns anzuschauen, geschweige denn mit uns zu reden. Wie alle Besucher müssen wir an der 23 Meter hohen bronzenen Kim-Il-Sung-Statue Blumen niederlegen und uns vor ihr verbeugen. Aus Lautsprechern dröhnt, nicht überraschend, der »Song of the Great Leader«.

Ein weiterer Höhepunkt der Reise ist der Besuch des Museums der Völkerfreundschaft. Zwei riesige Paläste, jeder so groß wie drei Museen in New York oder Hamburg zusammengenommen. In dem einen werden die Geschenke von Repräsentanten aus aller Welt für den *Great Leader* ausgestellt, im anderen die Geschenke von Gästen aus aller Welt für den *Dear Leader*. Besonders großzügig waren die Sowjetunion und China, ihre Gaben füllen jeweils ein ganzes Stockwerk. Dazu gehören etwa eine Lokomotive und daran angehängte Zugwaggons. Der syrische Präsident Assad spendierte einen Schreibtisch aus Elfenbein, die Sandinisten aus Nicaragua ein ausgestopftes Krokodil, das Wein einschenkt. Die gesamte revolutionäre Welt ist vertreten. Doch auch internationale Unternehmen wie Samsung bedachten die Kim-Dynastie mit Geschenken. Wahrscheinlich entspricht all das internationalen diplomatischen Gepflogenheiten. Die Besonderheit in Nordkorea ist, dass die Mitbringsel hier für ein breites Publikum ausgestellt werden.

Natürlich besucht unsere Reisegruppe die Hütte, in der der *Great Leader* angeblich geboren wurde. Ein Glücksfall:

Dieses Gebäude blieb in Pjöngjang als einziges aus der Zeit vor dem Koreakrieg erhalten, ansonsten ist die Stadt einheitlich mit Bauklötzen im sowjetischen Stil zubetoniert. In Erwartung des Schicksals errichteten die Vorfahren des Führers die Hütte zudem auf dem besten Aussichtshügel der Hauptstadt. Über die Geburt des *Dear Leader* wird ebenso Wundersames erzählt, auf Wandmalereien, die an christliche Fresken über den Heiligen Geist erinnern. Danach wurde er »auf der Spitze des Paektusan, des höchsten Bergs Koreas, geboren«. Das hing wahrscheinlich mit der »genialen militärischen Strategie« des *Great Leader* zusammen, von der eine Museumsführerin berichtet: Man steige auf Berge und beschieße den Feind von oben. Mit diesem Trick besiegte der *Great Leader* erst die Japaner und dann die Amerikaner. Sie erwähnt nicht, dass im ersten Krieg die Sowjetarmee mitkämpfte und im zweiten eine Million Chinesen auf der Seite des Nordens fiel.

»Im Alter von zwölf Jahren verließ der *Great Leader* sein Elternhaus, um sein Land zu befreien.« Auch diese Begebenheit wird auf zahlreichen Gemälden dargestellt. Sein Sohn steht ihm nicht nach. Im Kriegsmuseum zeigt eine junge Offizierin ein Flugzeug, auf dem der zehnjährige *Dear Leader* den Piloten *on-spot guidance* gegeben haben soll, was prompt zum Sieg über die Amerikaner geführt habe. Später litt der angebliche Spitzenpilot allerdings unter Flugangst, weshalb er weite Strecken bis nach Moskau mit dem Zug zurücklegte.

Die Demokratische Volksrepublik Korea lebt in einer anderen Zeit – und das wortwörtlich: Sie hat eine neue Zeitrechnung eingeführt, beginnend mit der Geburt des *Great Leader* 1912. Ich besuche Korea knapp vier Monate vor Beginn des Jahres 90 der modernen Zeitrechnung. Studentinnen und Arbeiter verbringen die Hälfte ihrer Zeit damit, auf der Straße die bevorstehenden Massenaufmärsche zu proben, bei denen sich Zehntausende mit Papieren in verschiedenen Farben zu stadiongroßen wechselnden Bildern formieren.

An einem Tag fahren wir zur Grenze nach Südkorea. Dort besichtigen wir Panmunjeom, die Siedlung in der demilitarisierten Zone zwischen den beiden Ländern. Drei blaue Baracken haben je eine Tür auf nordkoreanischer und südkoreanischer Seite. Die Grenze verläuft in der Mitte der Baracken. In einer von ihnen finden Verhandlungen statt, aber hierhin dürfen auch beide Seiten ihre Besucher führen, wenn auch niemals gleichzeitig, das muss abgesprochen werden.

Der Weg von Pjöngjang zur Grenze ist eine moderne Autobahn mit einer einzigen Besonderheit: Es fahren auf ihr keine Autos. Wir haben einen etwa 20-minütigen Stopp, kein einziges kommt vorbei. Zweck der Autobahn ist es, im Kriegsfall den Panzern einen schnellen Vormarsch auf die südkoreanische Hauptstadt Seoul zu ermöglichen. Als wir am Abend nach dem Besuch der Baracke in einer staatlichen Pension nahe der Grenze zusammensitzen, fragt einer der Mitreisenden: »Wann kommen wir morgen in Pjöngjang an?« Ich scherze: »Das hängt vom Verkehr ab.« Dies ist der einzige Moment, in dem unsere ansonsten so strengen nordkoreanischen Aufpasser Humor zeigen und mitlachen.

Auf der Rückfahrt besichtigen wir ein Kloster ohne Mönche und Nonnen. Leben noch Buddhisten in Nordkorea? »Nein«, antwortet unser Betreuer entschieden. »Es gab sie vor dem Koreakrieg. Aber die Amerikaner haben sie mit Bomben getötet. Die wenigen Überlebenden beteten zu Buddha – vergeblich. Dann half ihnen unser Großer Führer Kim Il Sung. Seither glauben sie an ihn.«

Das zweite Mal besuche ich Nordkorea ganz offiziell als Journalist, in meiner Zeit als Asien-Korrespondent des *Stern*. Journalisten, die sich als solche zu erkennen geben, dürfen nicht an Touristenreisen nach Nordkorea teilnehmen. Aber es gibt Anlässe, zu denen das Land einzelnen Journalisten Visa zur Berichterstattung erteilt. In meinem Fall: Der Berliner Rechtsanwalt Wilhelm J. Linden möchte Geschäftsbeziehungen zwischen Deutschland und Nordkorea einfädeln. Er hat dort schon gute Beziehungen angeknüpft und lässt sich bei seinem nächsten Trip von der Presse begleiten – genauer gesagt, von Gudrun Dometeit, der späteren Auslandschefin des *Focus*, und mir für eben den *Stern*. Diesmal reisen wir per Flugzeug an, von Peking nach Pjöngjang. Der Flughafen dort ist verwaist und die Prozedur mir bereits gut bekannt: Pässe und Handys abgeben, am Ende der Reise bekommt ihr sie zurück.

Das Programm der Journalistenreise ist weitgehend identisch mit dem Programm der Touristenreise: Statue von Kim Il Sung, Geburtshütte von Kim Il Sung, Museum der Völkerfreundschaft ... Doch es kommen zwei Highlights hinzu: Das Arirang-Festival, benannt nach dem gleichnamigen koreanischen Volkslied, bei dem 100000 Menschen mit Massentänzen und Massengymnastik die Geschichte des Landes darstellen. Eine präzise Megachoreografie lässt bunte Gemälde und Inschriften entstehen. Das ist einerseits ein beeindruckendes Riesenspektakel. Andererseits zeigt es, wie hier die Einzelnen nur eine winzige Schraube im großen Getriebe sind.

Außerdem besuchen wir das Mausoleum für Staatsgründer Kim Il Sung. Der kommunistischen Tradition entsprechend ist das nicht einfach nur ein monumentales Grabmal, vielmehr ist der Leichnam des Führers öffentlich ausgestellt. Lenin in Moskau, Mao in Peking und Ho Chi Minh in Hanoi habe ich bereits gesehen. Doch hier muss ich erkennen: Deren Mausoleen sind Hundehütten im Vergleich zum Mausoleum des *Great Leader* von Nordkorea. Um zu seiner Leiche zu kommen, bewegen wir uns kilometerlang durch ein riesiges Gebäude aus Marmor. Genauer gesagt, wir werden bewegt, denn wie in langen Gängen von

Flughäfen steht man auf einem Laufband. Ginge man darauf, wäre das schneller, doch aus Ehrerbietung soll man stehen. Dann müssen wir über eine überdimensionale Schuhputzmaschine treten, um nicht mit schmutzigen Füßen zum Führer zu kommen. Eine weitere Maschine durchbläst unsere Poren, um jeglichen Staub zu entfernen. Die anderen Besucher sind Nordkoreaner. Als wir endlich den Raum erreichen, in dem der Leichnam aufgebahrt liegt, stürzen sie sich auf den Boden und schluchzen laut – als wäre dies ihr eigener Vater, der überraschend vor einigen Stunden gestorben ist.

Gorbatschow schrieb in seinen Memoiren über die Haltung der Sowjetunion zu solchen Dingen in Nordkorea: »In unserer Führung wurden diese ›Schrullen‹ nachsichtig belächelt.«[110] Heute lächelt niemand mehr. Auch die Kommunistische Partei Chinas ist wegen ihrer Konfrontation mit den USA und den demokratischen Ländern Asiens auf Kooperation mit Nordkorea angewiesen. Peking erhebt beispielsweise Anspruch auf südkoreanische Gebiete im Ostchinesischen Meer. Dafür lassen sich Xi Jinping und Putin mit Nordkorea ein, das von einer irren Familiendynastie geführt wird. Kim Jong Un besitzt Atomwaffen und provoziert regelmäßig mit dem Abschuss von Raketen. Auch das kann einen Weltkrieg auslösen – und sei es nur aus Versehen.

Nützliche Idioten

Unternehmer/Manager mit kurzfristigen Profitinteressen – und willfährige Politiker

Als Wladimir Putin am 24. Februar 2022 seinen Angriffskrieg gegen die gesamte Ukraine begann, kamen 55 Prozent der deutschen Gasimporte von dort. Die Raffinerie im brandenburgischen Schwedt, entscheidend für die Ölversorgung, gehörte mehrheitlich dem Rosneft-Konzern.[1] Die BASF-Tochter Wintershall hatte alle deutschen Gasspeicher dem russischen Konzern Gazprom überlassen, im Austausch gegen Anteile an einem Erdgasfeld in Sibirien.[2] Deutsche Unternehmen wie die BASF und Ruhrgas profitierten jahrzehntelang von dem billigen Gas aus dem Osten. Ruhrgas wurde dann von E.ON übernommen, davon Uniper abgespalten – aber das Geschäftsmodell blieb das gleiche. Dabei war schon lange klar: Putin setzt Gas als Druckmittel ein. Er verknappte es wegen Konflikten mit den dortigen Regierungen zwischen 2004 und 2014 mehrfach für die Ukraine und erpresste südosteuropäische Staaten. Der langjährige Moskau-Korrespondent der *Zeit*, Michael Thumann, schreibt: »Gas ist in Russland keine Handelsware, sondern ein politischer Rohstoff.«[3]

Unsere Abhängigkeit von China hat vielfach größere Ausmaße als die von Russland. Von Computern bis zu Smartphones, Medikamenten oder Atemschutzmasken – fast alles kommt von dort. Wobei die Kommunistische Partei Chinas noch cleverer war als Putin: Sie bekommt für ihre Lieferungen nicht nur Devisen, sondern auch Fachwissen und Firmengeheimnisse. Know-how-Transfer ist die offen erklärte Bedingung für alle ausländischen Investitionen in China. Das lernte ich aus eigener Innenansicht kennen, als ich der Geschäftsführer, offiziell Chief Executive Officer (CEO), von Gruner + Jahr in China war, also die chinesischen Zeitschriften des deutschen Verlagshauses aufbaute. Die chinesischen Partnerverlage, die von Gesetzes wegen daran beteiligt sein mussten, stellten sicher: Ich musste die lokalen Redaktionen, Anzeigenabteilungen und den Vertrieb mit Sorge ums Detail anleiten, sodass diese bald alles selbstständig machen konnten. Wir trainierten Mitarbeiterinnen (tatsächlich alles junge Frauen) in mehrwöchigen Aufenthalten bei Zeitschriftenredaktionen in München und New York. Das habe ich alles gerne getan, und bei uns ging es ja nur darum, wie man gute Überschriften schreibt oder Coverfotos auswählt. Doch andere Unternehmen übertragen das Know-how von Chemiewerken oder Computertechnik.

Lenin wird der Spruch unterstellt: »In ihrer Profitgier verkaufen uns die Kapitalisten den Strick, an dem wir sie aufhängen werden.« Ob er das wirklich so gesagt hat, ist fraglich. Aber auf das sozialistische China von heute trifft es zu. Ein Beispiel dafür sind die Eisenbahnen. Der Mobilitätsexperte Christian Domke Seidel schreibt: »Im Jahr 2007 kam der erste Siemens-Zug nach China. Damals existierte kein Hochgeschwindigkeitsschienennetz, und es gab kaum Erfahrung mit schnellen Zügen. Seitdem hat China nicht nur die Technik gemeistert, es ist vom Schüler zum Meister geworden.« Der Staatsbetrieb China Railway Rolling Stock Corporation (CRRC) ist inzwischen der größte Schienenfahrzeughersteller der Welt und hat Siemens zum Nischenanbieter degradiert.[4]

Gleichzeitig haben sich deutsche Konzerne von der Volksrepublik als Absatzmarkt abhängig gemacht. Volkswagen,

Mercedes-Benz und BMW verkaufen dort fast 40 Prozent ihrer Autos.[5] Das ist ein Problem nicht nur für diese Unternehmen, sondern auch für unser Land. Sollte etwa ein Angriff auf Taiwan zu Sanktionen gegen China führen, wäre unsere Volkswirtschaft ruiniert, falls sie sich nicht bis dahin diversifiziert hat. In meiner Zeit als China-Korrespondent begleitete ich immer wieder Dr. Martin Posth, der eine Schlüsselrolle beim Weg in die Abhängigkeit von China spielte. Er baute das Joint Venture von VW in Shanghai auf und leitete es drei Jahre lang. Später war er als Asien-Pazifik-Vorstand mit Sitz in Hongkong weiter für das China-Geschäft des Unternehmens verantwortlich. Ich wurde Zeuge, wie westliche Konzernbosse in ihrer Begeisterung für den großen chinesischen Markt von 1,4 Milliarden Menschen nicht nur ihre Produkte verkauften, sondern auch ihre Seele.

Juni 1997, Dr. Martin Posth wird Ehrenbürger von Shanghai, die Stadt organisiert ihm aus diesem Anlass ein Besuchsprogramm. Shanghai ist eine kapitalistische Metropole, die von Kommunisten regiert wird. Die regeln dementsprechend auch den Verkehr. Regel Nummer eins einer sozialistischen Straßenverkehrsordnung lautet: Politik hat Vorfahrt. Ich kannte das aus Vietnam, wo Brücken für andere Fahrzeuge gesperrt wurden, wenn wir, die ausländischen Genossen, sie überquerten, und aus Kuba, wo Polizisten auf Motorrad mit hektischen Handzeichen die Autos von unserer Gegenfahrbahn in den Straßengraben scheuchten. In China gilt freie Fahrt für BMW, Mercedes und VW Santana, die ein Schild mit roten Zeichen haben, das sie als Wagen der Volksbefreiungsarmee ausweist. Die Insassen haben meist nichts mit dem Militär zu tun, sondern sind Parteifunktionäre oder Töchter und Söhne von Parteifunktionären oder gute Bekannte von Parteifunktionären oder ihren Töchtern und Söhnen. Die Polizei darf sie nicht anhalten, nicht einmal dann, wenn sie rote Ampeln überfahren oder mit 100 Stundenkilometern durch ein Wohngebiet rasen. Auf Seitenstreifen, Fahrradspuren und Gehsteigen hupen sich die Bonzenschlitten ihren Weg frei, als wären es die Radfahrer und Fußgänger, die gegen das Gesetz verstoßen. Doch solche Mühen werden nur niederen Funktionären aufgebürdet. Für höhere Chargen stoppen Polizisten den sonstigen Verkehr, was viele der Staus in Peking und Shanghai verursacht. Aus Sicht ausländischer Kapitalisten zeugt es von den atemberaubend positiven Veränderungen in China, dass jetzt auch sie, nicht nur Kommunisten, dieses Privileg genießen.

So fahren also Ehrenbürger Martin Posth und seine Begleitung, ein halbes Dutzend Personen, in einem voll klimatisierten Fernreisebus durch Shanghai. Jeder von uns belegt eine Sitzreihe, ansonsten ist der Bus leer. Shanghaier selbst quetschen sich derweil in stickige, völlig überfüllte Busse, die jetzt gestrandet sind, weil Polizeiwagen mit Blaulicht und Rotlicht unsere kleine Reisegruppe eskortieren und die Straßen für alle anderen sperren. Wir sprechen kurz darüber, der VW-Manager rechtfertigt es mit einem Argument, das mir aus meiner kommunistischen Jugend bekannt vorkommt: »Man sollte hier nicht europäische Maßstäbe anlegen. Das ist einfach ein Ausdruck von asiatischer Ehrerbietung.«

Unser Luxusbus mit Polizeieskorte fährt an einem »Kinderpalast« vor, wie es sie auch in der DDR gegeben hat. Ohrenbetäubender Lärm. Hunderte Grundschülerinnen in gebügelten strahlend weißen Hemden und mit roten Pionierhalstüchern rufen im Dauersprechchor: *»Huanying, huanying, relie huanying!«*, »Willkommen, willkommen, wärmstens willkommen!« Dazu schwenken sie Papierblumen. Jungs blasen Fanfaren. Ich erinnere mich an die Empfänge für sozialistische Staatsführer, die im *Neuen Deutschland* bis ins Detail beschrieben wurden, wir hatten sie an der Jugendhochschule zum Spaß nachgespielt.

Als wir aussteigen, Posth lässt sein hellgrünes Jackett der feuchten Hitze wegen im Bus, kommt es zu einem ersten emotionalen Höhepunkt. Eine Lehrerin tippt einem vielleicht achtjährigen Mädchen auf die Schulter, es stürmt auf den deutschen Manager zu und streckt ihm ein rotes Pionierhalstuch entgegen. Der selbst für deutsche Verhältnisse sehr große Posth versteht die Geste und beugt sich zu der zierlichen Schülerin hinunter, was wie ein Kotau vor einem chinesischen Kaiser aussieht. Sie bindet ihm das Symbol der kommunistischen Kinderbewegung um. Wie fühlt sich ein kapitalistischer Manager in einem solchen Moment? »Das ist für mich noch schöner als die Verleihung der Ehrenbürgerwürde selbst«, lässt Posth über einen Dolmetscher der Lehrerin mitteilen. Und sagt dann zu mir: »Man freut sich, man ist ein wenig stolz und fühlt sich weiter verpflichtet. Es gibt nichts, was uns stoppt in unserem Engagement für China. Jetzt geht es erst richtig los!«

Als das Mädchen den 52-Jährigen an die Hand nimmt, in den Kinderpalast führt und er dort ein paar Computerspiele und Laserkugeln sieht, ist seine Begeisterung nicht mehr zu bremsen: »Die bereiten sich auf die Zukunft offensichtlich etwas anders vor als wir.«

»Nämlich?«, frage ich vorsichtig.

»Was heißt hier ›nämlich‹, man kann das ja hier sehen. In jeder Hinsicht bieten die den Kindern Dinge, die ihnen eine Zukunft versprechen. Wir machen so etwas nicht, wir haben zwar Kindergärten, christliche Kindergärten und alles Mögliche, aber hier ist das alles auf pragmatische Notwendigkeiten ausgerichtet. Hier sehen Sie Hightech-Anlagen, die sind State of the Art. Das haben wir bei uns nicht. Wir sind froh, wenn wir für unsere Kinder noch ein paar Bausteine zusammenkriegen.«

Ich kann mich kaum beherrschen angesichts von so viel Unsinn aus dem Mund eines deutschen Spitzenmanagers. Abgesehen davon, dass man solche »Hightech-Anlagen« in den Spielwarenabteilungen deutscher Kaufhäuser auch kaufen kann: Dem ausländischen Ehrengast wird natürlich der beste »Kinderpalast« vorgeführt, der zu finden ist, und der hat mit dem Leben normaler Chinesen so viel zu tun wie die Mondlandung von Neil Armstrong mit dem Alltag in Alaska.

»Herr Dr. Posth, übertreiben Sie jetzt nicht ein wenig?«, versuche ich höflich zu bleiben. »Im sozialistischen China zahlt man anders als in Deutschland Schulgeld, und das ist so hoch, dass es bei manchen Bauern das Einkommen übersteigt. Und Schulen auf den Dörfern fehlt es an Kreide. Bauklötze würden die als Luxus empfinden.«

»Das weiß ich sehr gut, aber Sie müssen die Ausgangsbedingungen sehen«, belehrt mich der VW-Manager. »Die Führung hier fährt eine sehr kluge Strategie, entwickelt erst die Städte an der Küste und dann weitere Teile des Landes.« Mit den »Ausgangsbedingungen« hatten wir schon in den 1970er-Jahren erklärt, warum die Sowjetunion und China ärmer waren als der Westen, und auch die DDR litt angeblich unter schlechteren Ausgangsbedingungen als der Rest Deutschlands, was alles andere rechtfertigte.

Doch wir können das nicht weiter vertiefen, schon gar nicht im Gespräch mit den chinesischen Betreuerinnen der Kinder, denn Delegationsreisen von Ausländern im Sozialismus unterliegen traditionell einem gedrängten Zeitplan. Schon wartet woanders eines der Einwohnerkomitees auf uns, die in China die Nachbarn organisieren und bespitzeln, entsprechend dem Vorbild des Blockwarts unter den Nazis und der Hausgemeinschaftsleitung (HGL) in der DDR.

Das Blaulicht rechts und das Rotlicht links auf dem Polizeiwagen blinken wieder, das Martinshorn lärmt, wir rasen weiter durch die für uns geleerten Straßen. Die Metropole scheint stillzustehen, nur die Arbeiter auf den Baustellen hämmern ununterbrochen, denn dort herrscht in China

24 Stunden Betrieb. Anlass für den Ehrenbürger, zu einem neuen Vortrag auszuholen: »Schauen Sie sich dies an, hier entsteht ein neues Hotel, der Bau wurde gerade erst beschlossen. Wenn wir in Deutschland wären, befänden wir uns noch im Planfeststellungsverfahren. Und wenn wir dann nach einem Jahr endlich durch wären, dann würden erst die ganzen Gruppen, die ohnehin dagegen sind, auf den Plan gerufen. Dann wären wir wahrscheinlich in fünf Jahren so weit, dass wir anfangen. Aber Sie können hier noch etwas Bemerkenswertes sehen, nämlich wie man mit Vorschriften umgeht.« Vor uns balancieren Arbeiter ohne Seil und Netz auf Bambusgerüsten. »Die haben ein bisschen Bambus drum herum, und das war's denn. In Deutschland würde nicht ein Einziger so arbeiten dürfen.«

»Aber wenn einer herunterfällt?«, frage ich, wobei es mir peinlich ist, den Monolog über den Fortschritt der Weltgeschichte mit solchen Banalitäten zu unterbrechen.

»Ich meine, ich habe nichts dagegen, dass die Menschen sicher arbeiten«, antwortet der Mann aus dem deutschen Konzernvorstand sichtlich genervt. »Aber das ist eben alles Ausdruck der Schnelligkeit hier. Vor zwei Jahren waren dies noch Reisfelder. Das ist das Tempo, mit dem hier gearbeitet wird. Und man kann sich vorstellen, denn das Tempo lässt ja nicht nach, wie das in fünf Jahren aussehen wird, in zehn Jahren, in zwanzig Jahren. Das ist eine Dynamik, die im Grunde genommen nicht zu beschreiben ist.«

Beim Einwohnerkomitee treffen wir auf eine bekannte Szenerie: Kleine Mädchen, diesmal im Kindergartenalter und mit rot geschminkten Lippen, skandieren auf der Straße »Willkommen, willkommen, wärmstens willkommen!« und klatschen in ihre Händchen. Sie tragen jeweils abwechselnd grellgrüne oder rosa Ballettanzüge und gleichfarbige Schleifen im Haar. Eine Vierjährige überreicht dem Ehrenbürger einen Strauß mit Rosen, Lilien und Chrysanthemen, worauf er sie herzt. Das Einwohnerkomitee residiert in einem einstöckigen Gebäude, über dessen Tür rote Lampions aufgehängt sind. Eine Funktionärin mit kurzem, kräftigem, nach hinten gebürstetem Haar und weißer Perlenkette liest Zahlen vom Blatt ab: wie viele Menschen hier leben, wie viele sich »sozial engagieren« und wie viele sich »kulturell betätigen«, was immer das heißen mag. Mir scheint, ich hatte den Vortrag schon in der DDR, der Sowjetunion und Kuba gehört, nur dass hier die Zahlen nach oben korrigiert sind. Wie früher die kommunistischen Delegationen stellen jetzt westliche Manager artige Fragen. Als nach einer halben Stunde alle inhaltslosen Formeln heruntergeleiert sind, sagt Posth mit feierlichem Gesicht: »Sie haben eine sehr beeindruckende Einführung gegeben. Ist das die Art, die ganze Stadt zu organisieren?« So artig und solidarisch wie jetzt der westliche Manager hatten nicht einmal wir als Genossen früher gefragt. Trotz aller Euphorie bohrten wir oft nach, warum Schwule verfolgt wurden oder die Bücher Kafkas verboten waren. Allerdings hatten wir auch nicht Milliardensummen investiert wie Volkswagen in der Volksrepublik.

Die Funktionärin greift das Stichwort Posths sichtlich bewegt auf: »Die Art, wie wir hier solche Ereignisse organisieren, hat anderen Stadtteilen Impulse gegeben. Wir wollen, dass die Leute unsere eigene Kultur besser verstehen. Gleich werden Sie einen Chor sehen, der schon 32 Jahre alt ist. Da werden Sie erleben, wie sich die alten Menschen bei uns in Shanghai fühlen.«

Keine weiteren Fragen mehr, wir müssen in den nächsten Raum, in dem der Chor wartet. Zwanzig Rentnerinnen, in roten Blusen uniformiert, schwenken Sonnenblumen und Rosen aus Plastik und singen den Schlager: »Auch wir alten Leute pflanzen Blumen und haben Blumen gern. Und die Blumen freuen sich, die Sonne zu sehen.« Der deutsche Manager und die Funktionärin freuen sich auch. Als Ehrenbürger muss man zu manchem Spaß bereit sein. So lässt

Posth sich eine Maske in der Form eines zu groß geratenen Motorradhelms mit aufgemalten dicken roten Backen über den Kopf stülpen und tanzt in diesem Aufzug mit den Rentnerinnen. Anschließend bieten Mädchen aus dem Kindergarten einen Ententanz dar, sie tragen weißen Minirock und blauen Matrosenkittel, ihre Lippen sind ebenfalls grell rot geschminkt. Ihren ernsten Gesichtern sieht man an: Sie haben diesen Auftritt vor dem ausländischen Ehrengast Hunderte Male geübt. Weitere junge Talente des Sozialismus treten auf: Ein Fünfjähriger, dem ein roter Stern auf die Stirn gemalt wurde, zupft traditionelle Melodien mit der Pipa, einer chinesischen Laute mit vier Saiten. Eine kleine Pianistin spielt Beethovens »Für Elise«. Auch in der Marktwirtschaft bei gleichzeitiger kommunistischer Parteidiktatur bewährt sich das alte Prinzip Kaderschmiede: »Wunderkinder«, die später das Land repräsentieren, werden durch systematische Talentsuche, Auslese und harten Drill herangezogen.

Als Zuckerhäubchen auf die Ehrenbürgerwürde darf der Volkswagenvorstand am heutigen Tag sogar eine »typische Shanghaier Familie« besuchen, die Familie Chen. Auch die wurde gut ausgesucht von der Stadtparteileitung der Kommunistischen Partei. Herr Chen arbeitet in einem »Institut für Nationalitätenbeziehungen« und weist dort »wissenschaftlich« nach, warum Tibet schon immer zu China gehört hat. Die typische Tätigkeit eines typischen Shanghaier Bürgers eben. Am Schlafzimmerschrank klebt ein Poster des deutschen Torhüters Andreas Köpke, bei dem man sich fragt, ob es nicht extra für diesen Besuch besorgt wurde. Als Gastgeschenk überreicht Dr. Martin Posth das Spielzeugmodell eines Santana, zu dieser Zeit das meistverkaufte Auto von VW in China. Dann hilft er in der Küche Erbsen zu waschen. Vier chinesische Fernsehteams sowie zehn Pressefotografen dokumentieren die zwanglose Begegnung. Leider ist die Küche zu klein für den Medienrummel, sodass die Kameraleute sich im Flur abwechselnd auf Hocker stellen und von dort durch die Luftabzugsluke filmen.

Familie Chen lebt im 18. Stock der »Vierten Siedlung Cao Yang«. Sie wurde in diese Vorstadt zwangsumgesiedelt, weil ihre Wohnung im Zentrum einem Bürohochhaus weichen musste. Als Reporter traf ich schon mal auf blutüberströmte Menschen, die mit Polizeiknüppeln aus ihrem Haus vertrieben worden waren. Bei in Scheiben geschnittenem weißen Huhn, gebratener Taube und jungen Sojabohnen widerlegt das Familienoberhaupt nun diese »ausländische Hetze«: »Die Regierung hat unseren Wechsel in eine andere Wohnung gut vorbereitet. Wir sind ihr dankbar.«

Es folgen typische Shanghaier Küchengespräche mit der typischen Shanghaier Familie. »Die westliche und die asiatische Kultur sind ganz unterschiedlich«, sagt Herr Chen. »Aus Deutschland kommen die großen Philosophen, Kant und Hegel. Darum denken die Deutschen logisch.« Der Automanager entgegnet diplomatisch: »Aber in einem ist die Kultur nicht so unterschiedlich, das kann man ja hier in Shanghai sehen: Alle wollen Geld verdienen.« Schallendes Gelächter, wenn auch zeitversetzt: erst Dr. Posth über sich selbst, dann die Dolmetscherin, dann nach der Übersetzung das chinesische Ehepaar.

Nichts gegen den inzwischen leider verstorbenen Martin Posth als Person. Er hat mir immer wieder aufschlussreiche Interviews gegeben und später die großartige Kamerafrau Katharina Geißler geheiratet, mit der ich die Filme über ihn gedreht habe. Ich beschreibe ihn hier so ausführlich, weil er typisch für viele ausländische Manager in China war: Ihre zahlreichen Begegnungen mit chinesischen KP-Funktionären färben auf sie ab. In meiner Reportage für *Spiegel TV* über den Anschluss Hongkongs an die Volksrepublik philosophierte Posth: »Das Zusammenführen des großen Reiches und der reichen Stadt bietet eine große Chance für das 21. Jahrhundert. Beide chinesischen Gruppen sehnen sich danach, ein Vaterland zu werden, eines Tages natürlich auch inklusive Taiwan.« Auch dankte er Pekings Führung mit einer linientreuen Analyse des Massakers auf dem Platz des Himmlischen Friedens, bei dem die Volksbefreiungsarmee, wie berichtet, 1989 Tausende Menschen aus dem Volk erschossen hatte, weil sie friedlich für ihre Freiheit auf die Straße gegangen waren: »Die Regierung hatte keine andere Wahl. Denn die chinesische Polizei besaß damals noch keine Wasserwerfer.« Und Posth erlag einer verbreiteten Illusion – die chinesischen Kommunisten seien vielleicht gar keine. In einem anderen Interview sagte er mir: »Von den berühmten Kommunisten hier habe ich schon gehört, aber ich habe noch keinen getroffen.« Viele westliche Manager reden Peking nach dem Munde. Volkswagen handelt wenigstens nur mit Autos. Das macht Elon Musk auch, sein größtes Produktionszentrum weltweit liegt in Shanghai. Gleichzeitig gehört ihm X, vormals Twitter. Das könnte ihn erpressbar machen, wenn China den Kurznachrichtendienst zensieren will.

Zur Ehrenrettung von Martin Posth lässt sich sagen: Ich interviewte ihn, bevor Xi Jinping Staats- und Parteichef wurde. Wie früher in diesem Buch dargestellt, hat sich China unter ihm zurückentwickelt von einem autoritären zu einem totalitären Staat, mit Dauerberieselung durch marxistische Ideologie und erhöhter Rolle der Kommunistischen Partei, auch in den Joint-Venture-Betrieben. Doch viele ausländische Unternehmer, die in China investieren, verschließen weiter ihre Augen.

2022 diskutierte ich in einer Talkshow mit Martine Dornier-Tiefenthaler aus der gleichnamigen Dynastie von Flugzeugbauern. Die Unternehmerin ist in China aktiv, betreibt dort ein Flugzeugprogramm mit 240 Angestellten. Sie glaubte noch zehn Jahre nach der Machtübernahme von Xi Jinping: »Mit den chinesischen Mitarbeitern, die wir nach Deutschland holen, und unseren Mitarbeitern, die nach

China gehen, haben wir eine Plattform, eine kleine Plattform, aber nichtsdestotrotz entwickelt sich ein gegenseitiges Verständnis. Und das hat sich ja in einer Vielzahl von Unternehmen entwickelt.« Im weiteren Verlauf der Sendung wagte sie diesen Vergleich: »Mit Trump hat sich ein weiterer Autokrat auf den Weg gemacht und Gott sei Dank keine zweite Amtszeit bekommen. Wir sind hier in demselben Dilemma mit China, wie wir das mit Russland waren und überall dort, wo sich einzelne Menschen das Recht herausnehmen, das Land auszubeuten, korrupt zu sein, zu ihrem eigenen Vorteil Politik zu betreiben. Wir reden von einem Putin in Russland, wir reden von einem Erdoğan in der Türkei, wir reden von Ungarn, von Polen, das ist ein bisschen in Vergessenheit geraten, dass die auch auf dem Weg dorthin waren.« Ich habe weder für Trump Sympathien noch für den islamisch-konservativen Erdoğan und auch nicht für christlich-konservative Politiker in Ungarn und Polen. Doch in diesen Ländern gibt es freie Wahlen, trotz mehr oder weniger erfolgreicher Versuche in einigen von ihnen, die Unabhängigkeit der Gerichte oder die Medienvielfalt einzuschränken. Es wäre aber absurd, sie mit den totalitären Herrschern Putin und Xi gleichzusetzen. Martine Dornier-Tiefenthaler behauptete auch: »Und in China ist, glaube ich, die Situation ein bisschen anders, weil da die Partei doch mehr drum herum ist um diesen Führer, als das in Russland der Fall ist.«[6] Dabei wird um Xi Jinping ein grotesker Personenkult betrieben, wie im vorherigen Kapitel beschrieben. Die Partei ist ein Instrument geworden, um seinen Machtanspruch durchzusetzen, sie kontrolliert ihn nicht mehr.

Firmeneigentümern und Managern kann man noch zugutehalten: Es ist ihr Job, den Gewinn ihres Unternehmens zu steigern. Sich über Politik zu informieren ist nicht ihre vorrangige Aufgabe – wobei sie es trotzdem tun sollten, vor allem in den Ländern, in denen sie investieren. Unentschuldbar aber sind die Politiker. »Ich schaute dem Mann in die Augen und in seine Seele«, sagte US-Präsident George W. Bush 2001 über Wladimir Putin. »Ich fand ihn aufrichtig und vertrauenswürdig.«[7] Gerhard Schröder bescheinigte Putin 2004 gar, ein »lupenreiner Demokrat«[8] zu sein, und hatte keine Skrupel, nach der Kanzlerschaft seine Erfahrungen und Kontakte in Geld zu verwandeln und sich in die Dienste von Putins Staatskonzernen Gazprom und Rosneft zu stellen.

Seine Nachfolgerin Angela Merkel hat sich nicht persönlich bereichert, sondern wohl eher aus Naivität Putins Regime genutzt. Von 2012 bis 2021, also während ihrer Amtszeit, stieg die deutsche Abhängigkeit von russischem Gas von 38 auf 55 Prozent.[9] Gleichzeitig schwächte sie die deutsche Verteidigungsfähigkeit, indem sie die Bundeswehr verfallen ließ und die Wehrpflicht abschaffte. Auf dem NATO-Gipfel in Bukarest 2008 verhinderte sie die Aufnahme der Ukraine,[10] mit der sowohl die Eroberung der Krim 2014 als auch der Angriff auf den Rest des Landes 2022 unmöglich geworden wären, denn Putin hätte keinen Krieg gegen die gesamte NATO gewagt. Möglicherweise spielten hier auch frühe Prägungen eine Rolle: Als Physikerin an der Akademie der Wissenschaften der DDR pflegte Merkel nicht nur enge Beziehungen in die Sowjetunion, sondern war nach Aussage von damaligen Kollegen auch FDJ-Sekretärin für Agitation und Propaganda. (Sie selbst bestreitet das und erklärt, sie sei FDJ-Sekretärin für Kultur gewesen.)[11] Als Auslandskorrespondent bin ich Merkel in Peking begegnet, wo sie mit großen Wirtschaftsdelegationen anreiste. »Deutschlands fatale Abhängigkeit von China«, so *Der Spiegel*, ist vor allem in ihrer Amtszeit gewachsen.[12] Auch für die Kommunistische Partei Chinas erwies sie sich als nützliche Idiotin.

Autoritäre Rechte

Donald Trump gehört zu den größten Fans des Kommunisten Xi Jinping und des KGB-Oberstleutnants a. D. Wladimir Putin. »Präsident Xi ist ein brillanter Mann«, sagt Trump im April 2023 zu *Fox News*. »Wenn Sie in ganz Hollywood nach jemandem suchen würden, der die Rolle des Präsidenten Xi spielt, könnten Sie nicht fündig werden, es gibt niemanden wie ihn. Das Aussehen, das Gehirn, das Ganze. Wir hatten eine tolle Beziehung.«[13] Ähnlich schwärmt er vom russischen Diktator: »Putin ist sehr schlau, vielleicht übernimmt er die gesamte Ukraine.« Die USA und Präsident Biden hingegen seien schwach. »Russland stellt inzwischen riesige Mengen an Munition her, über alles hinaus, was sie jemals zuvor gemacht haben. Wir haben keine Munition, wir haben sie der Ukraine gegeben. Wir sind nicht bereit zu kämpfen.«[14]

Wie passt *Make America Great Again* mit Lob für diejenigen zusammen, die sich gegen die USA verschworen haben? Historisch gesehen, ist das gar nicht so überraschend, es steckt mehr dahinter als Begeisterung für andere »starke Männer«. In meiner linken Jugend traf ich mehrmals den Reichswehrleutnant a. D. Richard Scheringer, ein Urgestein der bayerischen Kommunisten. Zuletzt sah ich ihn im Mai 1986 beim 8. Parteitag der DKP in Hamburg, wo Scheringer eine letzte Rede hielt, bevor er wenige Tage darauf im Alter von 81 Jahren verstarb. Der Schriftsteller Ernst Jünger ließ bei der Beerdigung einen Kranz niederlegen mit der Aufschrift »Dem alten Freunde« – also der Ernst Jünger, der Hitler schon lange vor dessen Machtergreifung als »die Vorahnung eines ganz neuen Führertypus«[15] bejubelt hatte. Tatsächlich war auch Scheringer als »Nationalbolschewik« in der Weimarer Republik zuerst bei den Nazis gewesen und dann zu den Kommunisten gewechselt. Den Übertritt erklärte er am 18. März 1931 öffentlich so: »Nur im Bunde mit der Sowjetunion nach Zerschlagung des kapitalistischen Systems in Deutschland können wir frei werden. Es gilt, die Konsequenz zu ziehen. Den Weg hat Lenin gezeigt, als er kurz vor der bolschewistischen Oktoberrevolution die Aufgaben des revolutionären Krieges zur Verteidigung des proletarischen Vaterlands gegen die imperialistischen Raubstaaten und Interventionstruppen proklamierte.« Und dann zitierte er Lenin: »Wir werden zu ›Vaterlandsverteidigern‹ werden, wir werden uns an die Spitze der Kriegspartei stellen. Wir werden zu der ›kriegerischsten‹ Partei werden. Wir werden den Krieg wahrhaft revolutionär führen.«[16] Scheringer war damals kein Einzelfall: »Volksgenossen! In historischer Stunde wenden wir ehemaligen Offiziere und Führer in Nationalen Verbänden uns an Euch«, hieß es in einem »Aufruf an die Nationalisten« im Juli 1931, den unter anderen ein ehemaliger stellvertretender Gauleiter und ein ehemaliger Reichsspielscharleiter der NSDAP unterschrieben hatten. »Jetzt gilt es alle bürgerlichen Vorurteile abzuschütteln. Jetzt gilt es den revolutionären Weg Lenins zu bestreiten. Scheringer gab uns ein Beispiel.«[17]

1939 begannen Nazis und Kommunisten gemeinsam den Zweiten Weltkrieg. Möglich wurde er durch den Hitler-Stalin-Pakt, unterzeichnet in Anwesenheit von Stalin persönlich am 24. August 1939 in Moskau vom sowjetischen Volkskommissar für Auswärtige Angelegenheiten Wjatscheslaw Molotow und von Reichsaußenminister Joachim von Ribbentrop, später im Nürnberger Prozess als einer der Hauptkriegsverbrecher zum Tode verurteilt. Formal handelte es sich um einen Nichtangriffspakt. Doch im geheimen Zusatzprotokoll wurden der größte Teil Polens und Litauens Deutschland zugeschlagen, die Sowjetunion erhielt Ostpolen (die heutige Westukraine), Estland, Lettland und das rumänische Bessarabien (heute Moldau). Am 1. September 1939 überfiel die deutsche Wehrmacht Westpolen, ab dem

17. September holte sich die Rote Armee ihren Teil der Beute. In Brest-Litowsk feierten Panzereinheiten beider Armeen ihren Sieg in einer gemeinsamen Parade.[18] Als Nazideutschland am 28. September in Warschau einmarschiert war, schlossen die beiden Länder zusätzlich den Deutsch-sowjetischen Grenz- und Freundschaftsvertrag, ebenfalls mit geheimen Zusatzprotokollen: Der deutsche Anteil an Polen wurde vergrößert, dafür fiel auch Litauen an die Sowjetunion. Diese versprach dem »Dritten Reich«, dessen Krieg mit Öl und Weizen zu unterstützen. Die Sowjetunion bestritt lange die Existenz dieser Zusatzprotokolle, gestand sie erst im Dezember 1989.[19]

Mittlerweile behauptet das offizielle Russland wieder: Dies sei ein kluger Schachzug von Stalin gewesen, um mehr Zeit zu gewinnen, sich auf den späteren Krieg Nazideutschlands gegen die Sowjetunion vorzubereiten. So argumentierten auch wir als Kommunisten in der Bundesrepublik. Stalin habe am 15. August 1939 Großbritannien und Frankreich ein Militärbündnis angeboten, die hätten dies aber abgelehnt. Klingt plausibel, stimmt aber nicht. Bereits elf Tage vorher, am 4. August, hatte Molotow den deutschen Botschafter einbestellt und ihm einen Pakt vorgeschlagen. Stalin glaubte auch gar nicht, dass Hitler ihn überfallen werde, ignorierte die Warnungen seines Meisterspions Richard Sorge. Der bulgarische Kommunist Georgi Dimitroff, damals Generalsekretär der Kommunistischen Internationale, schrieb in seinem Tagebuch, Stalin habe ihn am 7. September 1939 im Kreml getroffen und ihm seine Absichten so erklärt: »Ein Krieg ist im Gange zwischen zwei Gruppen von kapitalistischen Ländern (die arm oder reich sind hinsichtlich Kolonien, Rohstoffen usw.). Es geht um die Aufteilung der Welt, um die Herrschaft über die Welt! Wir haben nichts dagegen, dass sie sich gegenseitig bekämpfen und sich dabei gegenseitig schwächen. Es wäre nicht schlecht, wenn durch Deutschland die Stellung der reichsten kapitalistischen Länder (insbesondere Englands) infrage gestellt würde. Hitler erschüttert und untergräbt das kapitalistische System, ohne dies selbst zu begreifen oder zu wollen.«[20] Stalins Nähe zu Hitler ging sehr weit: Er lieferte ihm über 400 deutsche Antifaschisten aus, die in die Sowjetunion geflüchtet waren.[21] Das bedeutete für die meisten von ihnen den sicheren Tod.

Auch heute geraten ganz rechts und ganz links wild durcheinander. Steve Bannon, Chefstratege der amerikanischen Ultrarechten, bezeichnet sich selbst als »Agitationszar« und als »Leninisten«, der das politische System zum Zusammenbruch bringen will.[22] Der australische Sinologe Geremie Barmé sieht Trump als »großen Zerstörer« in einer Reihe mit Mao.[23] Trump bezeichnet Gegner und Journalisten als »Volksfeinde«, ein Ausdruck, den schon Stalin während seiner »Großen Säuberung« 1937/38 verwandte.

Auch deutsche Nationalisten teilen Werte mit Putin und Xi Jinping. AfD-Rechtsaußen Björn Höcke sieht sich an der Seite Russlands im Kampf gegen das westliche »Regenbogen-Imperium«.[24] Die AfD-Bundessprecherin Alice Weidel lobt die Volksrepublik: »Die Chinesen legen größten Wert auf Grenzsicherung.«[25] Maximilian Krah, Spitzenkandidat der AfD bei der Europawahl im Juni 2024, soll sogar über ein Netzwerk Geld aus China bekommen haben und auf Kosten staatlich gelenkter Unternehmen nach China gereist sein, er ist stellvertretender Vorsitzender der EU-China Friendship Group.[26] Im April 2024 wurde sein Assistent als mutmaßlicher chinesischer Agent verhaftet. Auch Krah gehört zum rechten Flügel der AfD und ist für besonders menschenfeindliche Sprüche bekannt. So sagte er etwa 2022 in einer Rede vor der Burschenschaft Salamandria in Dresden: »Was sind die großen Treiber der Massen-Migration? Das sind Hartz IV und Ficki Ficki.«[27] Wobei eine Internationale der Nationalisten immer schwierig ist, denn während der eine »America First« sagt oder wie die AfD »Unser Land zuerst!«, meint der andere »China First«. Das musste Polens damalige konservative Regierung erleben: Jahrelang schwächte sie die EU gemeinsam mit dem ungarischen Ministerpräsidenten Viktor Orbán, der immer wieder Sanktionen gegen Russland blockiert. Als Putin das gesamte Gebiet der Ukraine überfiel, war Polen selbst bedroht. Seither gehört es zu den stärksten Befürwortern von Waffenlieferungen an die Ukraine.

»Antikolonialisten« (einst »Antiimperialisten«) und »Antirassisten«

Es gehört zu den paradoxen Erscheinungen unserer Zeit, dass sich sowohl rechte Rassisten als auch angeblich linke »Antikolonialisten« für Putin und Xi Jinping begeistern oder sie zumindest entschuldigen. Die Fans und Versteher verweisen auf die (tatsächlichen) Verbrechen der Kolonialzeit und die Aggressionskriege der USA. Damit relativieren sie die Verbrechen des Totalitarismus oder befürworten diese sogar: Der »Imperialismus« sei schlimm, das rechtfertige Repression gegen seine Anhänger. Der Gedanke ist mir vertraut, als junger Kommunist habe ich selbst so argumentiert. Neu ist: An manchen Universitäten und in einigen Medien wird eine solche Haltung zum Mainstream. Wie konnte es dazu kommen?

Dies hat eine lange Vorgeschichte. Der deutsch-amerikanische Philosoph und Soziologe Herbert Marcuse prägte die Studentenbewegung von 1968. Als er damals in Paris auftrat, hielten Studenten ein Schild mit der Aufschrift »Marx, Mao, Marcuse«.[28] Vor allem aber gewann er großen Einfluss an amerikanischen Universitäten und fand dort viele Nachfolger, deren Ideen heute unter Namen wie »Postcolonial Studies« und »Critical Race Theorie« prägend sind. Ein Essay von Marcuse heißt *Repressive Toleranz*, und der Name verrät, worum es hier geht: Toleranz sei nichts Gutes, denn wenn alles toleriert werde, nutze dies vor allem denen, die Privilegien hätten, weil sie sich besser durchsetzen könnten. Also, je nach aktueller Lesart, den Kapitalisten, den Weißen, den Männern, den Heterosexuellen etc. Zu Beginn dieses Buchs zitierte ich Lenins Verdikt über die Pressefreiheit: »Betrug, solange die besten Druckereien und die größten Papiervorräte sich in den Händen der Kapitalisten befinden«[29]. Deshalb sei es besser, die Pressefreiheit gleich ganz abzuschaffen und nur noch Zeitungen »der Arbeiterklasse«, also der Kommunistischen Partei zuzulassen. Bei Marcuse klingt das so: »Dazu würde gehören, dass Gruppen und Bewegungen die Rede- und Versammlungsfreiheit entzogen wird, die eine aggressive Politik, Aufrüstung, Chauvinismus und Diskriminierung aus rassischen und religiösen Gründen befürworten oder sich der Ausweitung öffentlicher Dienste, sozialer Sicherheit, medizinischer Fürsorge usw. widersetzen.«[30] Was damals in den USA eine extreme Meinung war, ist heute unter dem Schlagwort »Cancel Culture« weit verbreitet. René Pfister, Washington-Korrespondent des *Spiegel*, schreibt dazu: »Inzwischen gibt es fast wöchentlich einen Fall, in dem ein Professor suspendiert oder eine Gastrednerin ausgeladen wird, weil sie Meinungen vertreten, die als unsensibel, rückständig oder verletzend gegenüber Minderheiten gelten.«[31]

Ich höre hier schon den Einwand, mit vorsichtigem Zweifel oder lauter Wut vorgebracht, es sei doch gut, wenn diskriminierende Ansichten verboten seien. Um zu verstehen, wohin das in der Konsequenz führt, hilft es, wie ich ein Jahr in einem Land gelebt zu haben, der sich selbst als »antifaschistischer Staat« verstand: in der DDR. Auch das klang erst einmal gut, denn nach der Erfahrung mit dem »Dritten Reich« musste man verhindern, dass die Nazis wieder ihr Haupt erhoben. Der erwähnte bulgarische Kommunist Georgi Dimitroff entwickelte die marxistische Faschismus-

Definition, die wir an der Jugendhochschule auswendig lernten: »Der Faschismus an der Macht ist die offene, terroristische Diktatur der reaktionärsten, chauvinistischsten, am meisten imperialistischen Elemente des Finanzkapitals.«[32] Da war etwas dran, schließlich hatten Konzerne wie Thyssen und Krupp die Nazis unterstützt und von ihnen profitiert. In der Konsequenz verfolgte die Staatssicherheit in der DDR alle, die für den Kapitalismus waren, da dieser ja den Faschismus hervorbringe. Das Verbot wurde ausgedehnt auf andere Linke, etwa Sozialdemokraten und Trotzkisten – die seien halt nicht so konsequent links wie die SED und arbeiteten deshalb dem Kapitalismus in die Hände, also letztendlich dem Faschismus. Am Ende wurde jeder verfolgt, der von der gerade aktuellen Linie der Führung der SED abwich. Die vertrete die wissenschaftlich ermittelten Interessen der Arbeiterklasse und habe deshalb das Recht, die Freiheit von »Feinden der Arbeiterklasse« zu begrenzen.

In der radikalen Linken heute wird die Idee der Klasse oft durch die Idee der Hautfarbe ersetzt. »People of Color« seien über Jahrhunderte diskriminiert worden und müssten zum Ausgleich heute Vorrechte bekommen. Einer der prominentesten Vertreter dieser Ideologie ist der US-Amerikaner Ibram X. Kendi. Er schreibt: »Das einzige Heilmittel gegen rassistische Diskriminierung ist antirassistische Diskriminierung. Das einzige Heilmittel gegen vergangene Diskriminierung ist Diskriminierung in der Gegenwart. Das einzige Heilmittel gegen Diskriminierung in der Gegenwart ist Diskriminierung in der Zukunft.«[33] Das richtet sich dann auch gegen weiße Arbeiter, eine Idee, die bereits in Lenins *Der Imperialismus als höchstes Stadium des Kapitalismus* anklang, als er unter Berufung auf Friedrich Engels schrieb: »Die Arbeiter zehren flott mit von dem Weltmarkts- und Kolonialmonopol Englands.«[34] Auch Putin bedient sich dieser antikolonialistischen Rhetorik und sieht sich auch hier in der Tradition der Sowjetunion. Die habe »im 20. Jahrhundert die antikoloniale Bewegung der Welt angeführt«. Der Westen hingegen wolle »das neokoloniale System erhalten, das ihm erlaubt, auf Kosten der Welt zu leben und die Welt zu plündern dank der Dominanz von Dollar und Technologie«.[35] Chinesische Parteiführer haben es da noch einfacher: »Für Schwarze, Latinos und Asiaten und für die Weißen, die sich mit der Dritten Welt identifizierten, war Mao Marx, Lenin und Stalin, aber nicht weiß«,[36] sagt Ethan Young, ein früherer Aktivist der amerikanischen Studentenbewegung. Eldridge Cleaver, Mitbegründer der Black Panther in den USA, hatte ein Mao-Poster an der Wand hängen, was er so begründete: »Mao Zedong ist der größte Motherfucker auf dem Planeten Erde.«[37] Ein Vordenker der Bewegung »Black Lives Matter«, Muhammad Ahmad, geboren als Max Stanford, meint: »Wir sahen in Mao den Führer der People of Color in der Dritten Welt, die gegen Kapitalismus, Kolonialismus und Imperialismus kämpfen.«[38]

Tatsächlich waren die Chinesen unter Mao noch sehr viel stärker unterdrückt als die Schwarzen in den USA. Die Sinologin Julia Lovell zitiert einen chinesischen Akademiker, der während des »Großen Sprungs nach vorn« beinahe verhungert wäre und in der Kulturrevolution brutal verfolgt wurde: »Maos großes Talent bestand darin, die Chinesen in Sklaven zu verwandeln und sie gleichzeitig glauben zu machen, sie seien die Herren dieses Landes.«[39] Heute stilisiert sich Xi Jinping als Anführer des »Globalen Südens« und spricht über die Opiumkriege 1839-1842 und 1856-1860. Da begingen die Kolonialmächte schlimme Verbrechen, zu Recht wird davon gesprochen, jedes chinesisches Kind weiß davon. Das Problem: Über sehr viel aktuellere Verbrechen wie die Kulturrevolution 1966-1976 und das Massaker auf dem Platz des Himmlischen Friedens 1989 erfahren chinesische Jugendliche in den Schulen oder in ihren Massenmedien nichts.

Und so sind die Konzepte des »Antirassismus«, des »Antikolonialismus« und des »Antiimperialismus« genauso eine Vereinfachung der Wirklichkeit wie einst die kommunistische Lehre vom Klassenkampf. Damals führten wir jedes Problem auf das Profitstreben des Kapitals zurück, heute wird in manchen Kreisen alles mit dem Rassismus erklärt. Altbundespräsident Joachim Gauck, der die totalitäre DDR erlebt hat, ist besorgt darüber, wie sich diese extreme Weltanschauung auch in deutschen Universitäten und Behörden ausbreitet. Er verweist darauf, wie hier die reale Geschichte durch ideologische Schablonen ersetzt wird: »Dabei waren die Sklavenhalter nicht immer Weiße, sondern auch Chinesen, Balinesen, Azteken, Maya, Afrikaner; und arabische Sklavenhändler entführten Afrikaner oder kauften sie bei afrikanischen Herrschern, denen das Leben der Untertanen nichts galt. All dies geschah bereits weit vor dem transatlantischen Handel. Darüber hinaus waren die Sklaven nicht nur schwarz, sondern oft auch weiß, etwa im Falle der Angehörigen besiegter Nachbarvölker im antiken Griechenland und Rom oder später der zwei bis drei Millionen Menschen in der Region vom Kaukasus bis Ungarn, die zwischen 1475 und 1700 entführt und überwiegend auf den Märkten im Osmanischen Reich verkauft wurden.«[40] Auch die heutige Realität entspricht nicht den »antirassistischen« Klischees von den »weißen Privilegien«: Von 1979 bis 2017 ist die Kaufkraft eines weißen amerikanischen Arbeiters mit mittlerem Einkommen um 13 Prozent gefallen, während das US-Volkseinkommen in dieser Zeit um 85 Prozent stieg.[41]

Als Bundesaußenministerin Annalena Baerbock bei ihrem Peking-Besuch im April 2023 auch die Verletzungen der Menschenrechte ansprach, erwiderte ihr chinesischer Amtskollege Qin Gang bei der gemeinsamen Pressekonferenz: »Was China am wenigsten braucht, ist ein Lehrmeister aus dem Westen.«[42] Ironischerweise wurde Qin Gang wie schon beschrieben wenige Monate später selbst Opfer des Systems von Xi Jinping. Doch »antikoloniale« Erziehung hat dazu geführt, dass solche Äußerungen auch manche in Deutschland beeindrucken. So heißt es dann beispielsweise: China übernehme nicht »unsere« Demokratie, sondern entwickle seine eigene. Die KPCh argumentiert genauso, sie unterscheidet »westliche Demokratie« von einer »auf China zugeschnittenen Demokratie«. Richtig daran ist lediglich: Demokratie kann sehr unterschiedlich aussehen, einen starken Präsidenten haben oder einen nur zeremoniellen, nach Verhältniswahlrecht oder nach Mehrheitswahlrecht wählen etc. Was aber allen Demokratien gemeinsam ist: Das Volk kann mit friedlichen Mitteln seine Regierung auswechseln. Die angebliche »Volksrepublik« China verweigert ihrem Volk dieses Recht.

»Auch bei der Entstehung der Forschungsrichtungen Postcolonial und Subaltern Studies spielt der Maoismus eine Rolle«,[43] schreibt Lovell. Ebenfalls in maoistischer Tradition steht die Altersdiskriminierung, die sich in Deutschland unter dem Stichwort »alte weiße Männer« verbreitet. Mao rief die »revolutionären Jugendlichen« auf, sich gegen die »reaktionären Alten« zu erheben. Die Kulturrevolution begann 1966 damit, dass Schülerinnen einer Pekinger Mädchenschule ihre Rektorin schlugen, sie mit kochendem Wasser übergossen und dann zu Tode trampelten. Die Haupttäterin durfte anschließend bei einer Kundgebung auf dem Platz des Himmlischen Friedens Mao eine rote Armbinde umlegen. Als Westberliner Jugendliche am 18. Januar 1969 eine Tagung der Berliner SPD belagerten, riefen sie im Sprechchor: »Sie sind alt, wir sind jung – Mao Tse-tung!«[44] (Der Sprechchor funktioniert nur mit der alten Schreibweise von Maos Namen.)

Auch die Idee einer »politisch korrekten Sprache« ist nicht neu. In unserer kommunistischen Jugend rasteten wir aus, wenn jemand Gdansk als Danzig bezeichnete oder Wrocław als Breslau. Wer diese alten deutschen Namen benutze, sei ein Nazi und Revanchist und verletze die Gefühle der Polen. Seit Polen frei ist, interessiert das dort niemanden mehr. Was neu ist: Waren es damals die Angehörigen von kommunistischen Kadergruppen, die andere belehrten, haben sie heute in einem Marsch durch die Institutionen sowohl Universitäten als auch Medien erreicht. Als die Kolumnistin Bari Weiss im Jahr 2020 bei der *New York Times* kündigte, schrieb sie über das »woke« Klima dort: »Es hat sich ein neuer Konsens in der gesamten Presse, aber vielleicht vor allem in dieser Zeitung herausgebildet: dass die Wahrheit nicht mehr in einem kollektiven Prozess gefunden wird, sondern aus einer Orthodoxie besteht, die wenige Erleuchtete schon erblickt haben, deren Aufgabe es daher ist, sie allen anderen mitzuteilen.«[45] Wie bei den Kommunisten »die Partei« als revolutionäre Avantgarde. Sogar der Zwang zur öffentlichen »Kritik und Selbstkritik«, der während Maos Kulturrevolution zu so viel Leid führte, gehört bereits zum Repertoire der »Antirassisten«. Ibram X. Kendi fordert: »Beschreibe den rassistischsten Moment in deinem Leben.«[46]

Spätestens die Reaktionen auf den Massenmord der Terrorbande Hamas an mehr als 1100 Jüdinnen und Juden am 7. Oktober 2023 haben die Doppelmoral und, ja, den Rassismus der sogenannten Antirassisten entlarvt. Entsprechend ihrem Glaubensgrundsatz, dass Menschen per se schlechter seien, je weißer ihre Hautfarbe ist, entschuldigten und relativierten sie das Massaker. So diskutierten sie ernsthaft, ob es legitim sein könnte, Kindern die Augen rauszureißen oder ihnen die Hände abzuschneiden, wenn es gegen »Zionisten« geht. Die jüdische Autorin Nele Pollatschek notierte in der *Süddeutschen Zeitung*: »Ein Bild von einem Social-Media-Konto, das sich sonst mit der antirassistischen Bewegung ›Black Lives Matter‹ assoziiert, ging viral, es zeigt einen Paraglider, weil die Hamas-Terroristen die Besucher des Musikfestivals in Israel mit Paraglidern angegriffen hatten, mit einer palästinensischen Fahne, dazu der Satz ›I stand with Palestine‹. In London ließ sich ein Redenführer mit einem ›Against Racism‹-T-Shirt filmen, wie er schwor, hier zu stehen, bis Israel zerstört ist: ›That is what from the River to the Sea means, it means there is no Israel.‹ Auf einen Tweet, der daran erinnerte, dass Zivilisten immer Zivilisten sind, antwortete eine Professorin aus Yale, dass Siedler keine Zivilisten seien, was erstens rechtlich falsch ist, egal was man von Siedlern hält, zweitens inhaltlich falsch, weil die von der Hamas ermordeten Zivilisten keine Siedler waren, drittens moralisch falsch, weil man nicht diskutiert, ob Babys Zivilisten sind. Und dies war einer ihrer harmloseren Tweets.«[47]

Apokalyptiker

Angst zu machen vor einem bevorstehenden Weltuntergang eignete sich schon immer für die Propaganda von totalitären Ideologien. Denn wenn es um nicht weniger als das Überleben der Menschheit geht, dann sind alle Mittel erlaubt. Ist es nicht gut, einzelne Menschen zu opfern, im Falle von Stalin und Mao sogar Millionen, um »alle« Menschen zu retten? Müssen Freiheit und Demokratie nicht zurücktreten, wenn es um Leben und Tod geht? Karl Marx warnte vor einer Verelendung der Arbeiterklasse: »Die Akkumulation von Reichtum auf dem einen Pol ist also zugleich Akkumulation von Elend, Arbeitsqual, Sklaverei, Unwissenheit, Brutalisierung und moralischer Degradation auf dem Gegenpol.«[48] Lenin meinte, der Kapitalismus führe zwangsläufig zum Krieg, wogegen natürlich nur eins half: »Krieg dem Krieg.«[49]

Der Klimawandel ist ein Problem, mit dem man sich beschäftigen muss, so wie man etwas gegen das Ozonloch getan hat. 1984 entdeckten Forscher über der Antarktis ein Loch in der Ozonschicht, das zeitweilig so groß war wie die

USA und Russland zusammen. Damals waren es die vor allem in Kühlschränken benutzten Fluorchlorkohlenwasserstoffe, abgekürzt FCKW, die uns umzubringen drohten, weil sie die Ozonschicht zerstören. Diese umgibt die Erde und schützt uns vor der Ultraviolett-Strahlung der Sonne, die Hautkrebs und Augenschäden verursacht. 1987 einigten sich die Staaten der internationalen Gemeinschaft auf das Montreal-Protokoll zur Regulierung der FCKW-Emissionen. Seither geht die FCKW-Konzentration zurück. Genauso muss man Probleme lösen, die sich aus dem Klimawandel ergeben.

Von solch pragmatischer Politik zu unterscheiden sind totalitäre Weltuntergangsideologien. Nicht von ungefähr haben Wladimir Putin und Xi Jinping das Thema kurz vor dem Beginn des Ukrainekriegs aufgenommen in ihre »Gemeinsame Erklärung der Russischen Föderation und der Volksrepublik China zu den internationalen Beziehungen auf dem Weg in ein neues Zeitalter und zur globalen nachhaltigen Entwicklung«. Darin heißt es etwa: »Beide Seiten ergreifen ernsthafte Maßnahmen und leisten einen wichtigen Beitrag im Kampf gegen den Klimawandel.«[50] Damit wollen sie in diesem Kontext sagen, die Gefahr durch den Klimawandel sei viel größer als die Gefahr durch ihre militärische Aggression, deshalb müsse Kritik daran zurückstehen.

Die radikale Rhetorik mancher Klimaaktivisten hilft ihnen, etwa wenn Greta Thunberg klagt, »ihr habt mir meine Zukunft gestohlen«. »Das ist dumm Tüch, dummes Zeug«, sagt Hans von Storch, einer der führenden Klimaexperten weltweit, langjähriger Leitautor des Weltklimarats IPCC. »Sie gibt ja selbst an, dass sie aus einem behüteten Elternhaus im friedlichen Schweden stammt. Wenn jemand das Recht hätte, von einer gestohlenen Kindheit zu sprechen, dann wäre das beispielsweise ein 16-jähriges Mädchen aus Syrien, das seit Jahren ums nackte Überleben kämpft.«[51]

Der emeritierte Professor für Meteorologie an der Universität Hamburg weiß, wovon er spricht. Er wertete Computermodelle aus, an denen das Klima der Zukunft simuliert wird, und zwar am Hamburger Max-Planck-Institut für Meteorologie und am Helmholtz-Institut für Küstenforschung in Geesthacht. Dafür erhielt er das Bundesverdienstkreuz. Er kritisiert: »Greta und ihre Anhänger erwecken den Eindruck, das Klimathema sei die alles beherrschende Schicksalsfrage, die größte Bedrohung aller Zeiten. Andere wichtige Themen wie die Bekämpfung von Armut, Krankheit und Hunger erscheinen auf einmal nachrangig. Das ist zu sehr die Sichtweise des reichen Westens.«[52]

Und eine Sichtweise, die totalitäre Fanatiker leicht für sich instrumentalisieren können, wie das Beispiel der selbst ernannten »Letzten Generation« zeigt. »Unsere demokratischen Verfahren sind für einen angemessenen und sozial gerechten Umgang mit der Klimakrise offenbar nicht geeignet«, schreibt die Gruppe auf ihrer Website. »Wir fordern die Regierung deshalb dazu auf, eine geloste Notfallsitzung einzuberufen, um die Wende einzuleiten: den Gesellschaftsrat.« Der »setzt sich zusammen aus zufällig gelosten Menschen, die die Bevölkerung Deutschlands nach Kriterien wie Alter, Geschlecht, Bildungsabschluss und Migrationshintergrund bestmöglich abbilden«.[53] Dieses zufällig geloste Gremium, das durch Gruppen leicht manipulierbar ist, soll also die frei gewählten Parlamente ersetzen. Das erinnert an Maos Konzept von der »Massenlinie«: »Die Meinungen der Massen (vereinzelte und nicht systematische Meinungen) sind zu sammeln und zu konzentrieren.«[54]

Der Club of Rome war die »Letzte Generation« der 1970er-Jahre.[55] Keine seiner Prognosen ist eingetreten, doch das hat seinem Ansehen nicht geschadet. Insbesondere China entwickelt sich ganz anders als vorhergesagt. »Die Menschheit steuert auf einen Abgrund zu«, erklärt die grüne Außenministerin Annalena Baerbock. Die »Letzte Generation«

sieht den »Kipppunkt« bereits in drei Jahren erreicht. Das sage »die Wissenschaft«. Zu den Autoritäten, auf die man sich beruft, gehört der Club of Rome. 1972 veröffentlichte der seinen ersten Bericht unter dem Titel *Die Grenzen des Wachstums*, eine wichtige Lektüre meiner Jugend. Diese Warnungen seien jahrzehntelang ignoriert worden, hört man derzeit oft. Dabei sei die mit dem Klimawandel drohende Katastrophe schon damals vorausgesagt worden. Wirklich?

Heute heißt es, wir nutzten zu viel Kohle und Gas. Doch damals warnte der Club of Rome vor dem Gegenteil: Die Vorräte an solchen Rohstoffen seien bald aufgebraucht, und die Menschen müssten dann frieren und hungern. »Wenn der Gebrauch natürlicher Brennstoffe eines Tages durch die Freisetzung von genügend Kernenergie ersetzt werden sollte, hört auch die Freisetzung von Kohlendioxid auf, vielleicht, wie man hofft, ehe es messbare ökologische und klimatologische Wirkungen hinterlassen hat.« Als mögliches Problem sah der Club of Rome damals nicht das CO_2, sondern dass »freigesetzte Wärme im Endeffekt die Atmosphäre direkt oder indirekt erwärmt, zum Beispiel über das bei Kühlvorgängen erwärmte Wasser«.[56] Aber das war in den *Grenzen des Wachstums* nur eine Randnotiz.

Was damals »berechnet« wurde: Im Jahr 1981 werde das letzte Gold gefördert, und 1985 sei das Quecksilber aufgebraucht. 1992 fließe dann der letzte Tropfen Erdöl, und 1994 werde das Gas ausgehen. Kupfer gebe es nur noch bis 1993, Aluminium immerhin bis 2003.[57] Und diese wissenschaftlich fundierte Prophezeiung kam nicht von jungen Leuten, die sich auf der Straße festklebten, sondern aus dem renommierten Massachusetts Institute of Technology (MIT). Die Stiftung Volkswagenwerk förderte die Studie. Zu den Gründern des Club of Rome gehörten der italienische Industrielle Aurelio Peccei, einst Topmanager von Fiat und Olivetti, und der Schotte Alexander King, Direktor bei der

Organisation für wirtschaftliche Zusammenarbeit und Entwicklung (OECD).

Wie konnten sich solche Leute derart irren? Weil sie bisherige Entwicklungen mathematisch hochrechneten, aber weder zukünftige technische Innovationen noch weitere Entdeckungen von natürlichen Ressourcen vorhersahen. Sie lebten in einer Zeit ohne Internet und Smartphones. Selbst das Wort »Windenergie«, heute aus grüner Sicht die wichtigste Lösung der Energieprobleme, kommt in dem Text von 1972 nicht vor, dabei kannte man Windmühlen schon seit einigen Jahrhunderten. Noch weniger in mathematische Modelle pressen lassen sich gesellschaftliche Entwicklungen. In der ersten Studie des Club of Rome hieß das Horrorszenario nicht »Klimakatastrophe«, sondern »Bevölkerungsexplosion«. Die Zahl der Menschen auf der Erde werde exponentiell wachsen, sich also in immer kürzeren Abständen immer wieder verdoppeln – eine allgemein den Milchmädchen unterstellte Rechnung, die dann, bezogen auf Kranken- und Totenzahlen, in den Corona-Zeiten wiederauftauchte. Diese mehrfach verdoppelte Zahl von Menschen werde man nicht mehr ernähren können, denn sie lebten in armen Ländern ohne Wirtschaftswachstum, hieß es. »Das Wachstum der Weltindustrie findet in erster Linie in den bereits hoch industrialisierten Ländern statt, deren Bevölkerung aber relativ langsam anwächst.«[58] Als Beispiel für Länder mit schnellem Wirtschaftswachstum nannte die Studie von 1972 ausgerechnet die UdSSR mit 5,8 und Japan mit 9,9 Prozent. Die Katastrophe erwartete man für China mit einer schnell zunehmenden Bevölkerung und einem Wachstum von nur 0,3 Prozent.[59] Die Mutter aller Fehler im Bericht des Club of Rome war seine Prämisse: »Die gegenwärtige Art des Wirtschaftswachstums reißt die klaffende Lücke zwischen den reichen und den armen Ländern unaufhaltsam weiter auf.«[60]

Die UdSSR existiert nicht mehr, und ihr Nachfolger Russland lebt nach wie vor vom Export fossiler Brennstoffe – und Japan wächst nur noch um 1,7 Prozent. China hingegen erreichte in den Jahren seither auch schon mal 15,2 Prozent Wachstum im Jahr. Die Volksrepublik ist das beste Beispiel dafür, dass alles anders kam als vorausgesagt. 2005 überholte sie mit ihrem Wirtschaftsvolumen Frankreich. In den Jahren 2006, 2007 und 2009 zog sie an Großbritannien, Deutschland und Japan vorbei und wurde damit zur zweitgrößten Wirtschaftsmacht der Erde. Geht es nach dem kaufkraftbereinigten Bruttoinlandsprodukt, liegt China seit 2014 sogar vor den USA auf Platz eins. Die Untergangspropheten von damals wie heute pflegen eine eurozentristische Sicht. Doch die Gewichte auf der Welt verschieben sich. China ist dafür wiederum das beste Beispiel, aber nicht das einzige. Auch Indiens Bruttoinlandsprodukt hat das von Frankreich und Großbritannien bereits übertroffen, wuchs 2023 noch einmal um 7,8 Prozent. Und bei allen fortbestehenden wie neuen Problemen: Der Lebensstandard in diesen Ländern hat sich nicht verschlechtert, sondern entscheidend verbessert. »Mehr als 850 Millionen Menschen wurden aus der Armut befreit«, stellt die Weltbank etwa über China fest.

Damit erledigte sich auch das Thema »Bevölkerungsexplosion«. Wie überall auf der Welt, so gilt auch in China: Wenn der Wohlstand wächst, wollen die Leute nicht mehr so viele Kinder. Auch verbessern sich die sozialen Sicherungssysteme, Nachwuchs wird also nicht mehr als alleinige private Altersversorgung benötigt. Xi Jinping hat die Ein-Kind-Politik abgeschafft. Jetzt dürfen chinesische Familien mehrere Kinder bekommen, aber die meisten wollen es nicht. 2022 schrumpfte Chinas Bevölkerung um rund 850000 Menschen. Das ist ein Problem, denn auch China überaltert. Aber es ist das Gegenteil von dem, was der Club of Rome prognostizierte. Der warnte vor einer Weltbevölkerung von 14 Milliarden im Jahr 2032 – heute, ein knappes Jahrzehnt davor, sind es acht Milliarden.

Die in den *Grenzen des Wachstums* beschworene große Hungersnot ist ausgeblieben. Laut Welternährungsorganisation der Vereinten Nationen ist die Zahl der Hungernden 1990 bis 2015 sogar um 216 Millionen zurückgegangen. Mittlerweile ist sie wieder gestiegen, was aber nicht an Überbevölkerung liegt, sondern andere Ursachen hat: Die Corona-Lockdowns führten weltweit zu wirtschaftlichen Zusammenbrüchen, etwa durch die Unterbrechung des Tourismus – ein Problem, das die Klimaaktivisten mit ihrer Polemik gegen Fliegen und Schiffsfahrten noch verschärfen wollen.

Natürlich sprach der Club of Rome 1972 auch schon von einer Umweltkatastrophe, meinte damit aber nicht heiße Temperaturen oder ansteigende Meeresspiegel, sondern vergiftete Luft und schmutziges Wasser. Doch entgegen allem Anschein beim täglichen Medienkonsum: Diesbezüglich hat sich die Lage nicht wie angekündigt verschlechtert, sondern sehr stark gebessert. Das muss sogar Nordrhein-Westfalens grüner Umweltminister Oliver Krischer auf der Website seines Ministeriums zugeben: »Durch eine ambitionierte Umweltpolitik konnte in den letzten Jahrzehnten die Belastung durch Blei und Kadmium für die Bevölkerung deutlich reduziert werden. In Nordrhein-Westfalen gelangte so im Jahr 2020 nur noch rund ein Sechstel des im Basisjahr 1986 mit dem Staubniederschlag eingetragenen Bleis und Kadmiums in die Umwelt.«[61] Wer an Flüssen wie Rhein, Ruhr oder Saale lebt, der weiß: Auch die sind heute um ein Vielfaches sauberer als vor ein paar Jahrzehnten.

»Ja, aber«, entgegnet der Eurozentriker mit gepflegtem Halbwissen, denn er glaubt, dafür sei es in Ländern wie China schlimmer geworden aufgrund der schnellen wirtschaftlichen Entwicklung dort. Als Autor einer kritischen Biografie über den chinesischen Staats- und Parteichef Xi Jinping stehe ich nicht im Verdacht, ihn bejubeln zu wollen. Doch es gehört auch zur Wahrheit über Xi: Er hat erkannt, dass nicht nur die ausufernde Korruption eine Gefahr für die Kommunistische Partei darstellt, sondern auch die Wut der Bevölkerung über die Umweltzerstörung. Und hat deren Bekämpfung deshalb zur Chefsache gemacht. Das fing schon an, als der damalige Vizepräsident in der Parteiführung für die Olympischen Sommerspiele in Peking 2008 zuständig war. Ich selbst habe das damals dort erlebt. Xi verbannte 2000 Fabriken aus der Stadt. Kohleheizungen wurden durch Gasheizungen ersetzt. Um den Autoverkehr einzuschränken, führte er Fahrverbote für jeden zweiten Tag ein, je nachdem, ob das Nummernschild mit einer geraden oder einer ungeraden Nummer endete. Gleichzeitig vervielfachte er den öffentlichen Nahverkehr: Vor den Olympischen Sommerspielen gab es in Peking gerade mal zwei U-Bahn-Linien, eine runde und eine gerade. Heute erstreckt sich das Netz über 25 Linien, 470 Stationen und 797 Kilometer. Noch größer ist das Streckennetz der Shanghaier U-Bahn, mit 802 Kilometern das längste der Welt.

China steckt mehr Geld in erneuerbare Energien als die USA, die EU und Japan zusammen (baut gleichzeitig jedoch weiter Kohle- und Kernkraftwerke). Neun der zehn weltgrößten Hersteller von Solarkollektoren und sieben der zehn größten Hersteller von Windkraftanlagen sind chinesische Unternehmen, auch wir sind also in diesem Bereich auf die dortige Technik angewiesen. Die China-Expertin Janka Oertel schreibt in ihrem wichtigen Buch *Ende der China-Illusion*: »Lieferengpässe bei Ersatzteilen und mehr werden durchaus zur möglichen Waffe in einem potenziellen Wirtschaftskrieg.«[62] Und: »Zu glauben, dass, nur weil es doch um den globalen Klimaschutz ginge, alle anderen Regeln der Systemkonkurrenz nicht mehr greifen würden, wäre fatal.«[63] Auch bei Elektroautos hängt China gerade die westliche Konkurrenz ab. Oertel, die für die Grünen ins Europäische Parlament wollte, fordert, »langfristig und effektiv die grüne Transformation so zu gestalten, dass am Ende auch noch wettbewerbsfähige deutsche und europäische Konzerne übrig bleiben«.[64] Die Umweltverschmutzung hat auch in China ihren Höhepunkt überschritten. Das weitaus größere Problem ist unsere Abhängigkeit von China bei der Energiewende. Durch sie wächst auch der Bedarf an Seltenen Erden, die für Effizienz in Elektromotoren, Windrädern und LED-Lampen sorgen. Diese Seltenen Erden stammen zu 97 Prozent aus China. Und die Volksrepublik ist bereit, dies als Druckmittel zu nutzen, um weltweit Politik zu diktieren. 2010 setzte sie bereits einmal ein Exportembargo von Seltenen Erden gegen Japan ein, um sich den Zugriff auf umstrittene Inseln im Ostchinesischen Meer zu sichern.[65]

Wenn man in der antiautoritären Bewegung groß geworden ist, dann wundert man sich manchmal, wie blind manche Jugendliche heute Autoritäten vertrauen. »Wir sind auf dem Highway zur Klimahölle – mit dem Fuß auf dem Gaspedal«, sagte UN-Generalsekretär António Guterres bei der Klimakonferenz im ägyptischen Scharm El-Scheich. Das wird von manchen Klimaaktivisten als der Weisheit letzter Schluss verstanden, war Ansporn für Klebeaktionen auf Straßen im Feierabendverkehr und die Besetzung von unzeitgemäß freigegebenen Abbaugebieten für Braunkohle. Es relativiert sich aber, wenn man weiß, dass *Die Grenzen des Wachstums* mit Worten des UN-Generalsekretärs U Thant aus dem Jahr 1969 eingeleitet wurden. Er sah sich schon damals auf dem Vorhof der Hölle: »Nach den Informationen, die mir als Generalsekretär der Vereinten Nationen zugehen, haben nach meiner Schätzung die Mitglieder dieses Gremiums noch etwa ein Jahrzehnt zur Verfügung.«[66] Vielleicht wollen UN-Generalsekretäre Aktivität simulieren, da sie bei anderen wichtigen Fragen durch das Veto der Sicherheitsrat-Mitglieder China und Russland blockiert werden.

Klimahölle und Endzeitstimmung – das hat manchmal etwas Religiöses, wie auch die kommunistische Ideologie.

Die Maoisten des »Leuchtenden Pfads« in Peru verglichen sich mit den verfolgten Urchristen. Sie sprachen von der »allmächtigen und unfehlbaren Ideologie, die unseren Weg erhellt und unseren Geist wappnet«.[67] Bei der »Letzten Generation« klingt das so: »Wir sind die letzte Generation, die den Kollaps unserer Gesellschaft noch aufhalten kann. Dieser Realität ins Auge blickend, nehmen wir hohe Gebühren, Straftatvorwürfe und Freiheitsentzug unerschrocken hin.«[68] Viele kritisieren die Methoden der »Letzten Generation«, glauben aber an ihre guten Absichten. Doch wie in den kommunistischen Parteien der »Kampf ums Teewasser« (Lenin) nur dazu dient, Gutgläubige für die Weltrevolution zu rekrutieren, so geht es auch bei der »Letzten Generation« nicht nur um die vorgeschobenen Forderungen wie das 9-Euro-Ticket und ein Tempolimit, sondern darum, einen Umsturz anzuzetteln. In einem Grundsatzpapier der Gruppe heißt es: »Wir erwarten, dass revolutionäre Veränderung durch den erfolgreichen Widerstand gegen eine nationale Regierung beginnen und sich dann ausbreiten wird.« Und weiter: »Die Revolution verbreitet sich eher dadurch, dass wir uns mit anderen international vernetzen.« Also das klassische Konzept der Weltrevolution. Und wie in den leninistischen Parteien mit einer klaren Kommandostruktur, im Falle der »Letzten Generation« einem Führungskreis von sechs Personen, die entscheiden und bedingungslosen Gehorsam einfordern.[69]

Eine andere Parallele zu uns kommunistischen Kadern damals: So wie wir uns hauptamtlich der Politik widmeten, so sind auch viele Aktivisten der »Letzten Generation« im Vollzeiteinsatz. Die Berufsklimakleber verdienen bis zu 1300 Euro im Monat.[70] Nicht viel Geld, doch es entspricht ungefähr dem Lohn, den wir einst als Berufsrevolutionäre erhielten – nur dass unsere Mittel aus dem Osten kamen, die der »Letzten Generation« aus dem Westen, vom Climate Energy Fund mit Sitz in Kalifornien. Gegründet wurde er von der Philanthropin Aileen Getty aus der Familie des einstigen Öltycoons Jean Paul Getty, der in den 1960er-Jahren als der reichste Mensch der Welt galt. Damals wie heute kommt das schöne Gefühl hinzu, für eine gerechte Welt zu kämpfen. Gemeinsam ist auch die Gefahr, den Bezug zum realen Leben zu verlieren, wenn man nicht mehr arbeiten muss, und so für immer extremere Ideen empfänglich zu sein.

Wie verteidigen wir Frieden und Freiheit?

Zunächst einmal: Ich bin weder Politiker noch Politikberater, sondern Autor und Journalist. Von daher möchte ich nicht vorgeben, das Patentrezept zu besitzen, wie man mit den Regimen in Peking und Moskau umgehen soll. Ich sehe meine Aufgabe darin, die Fakten zu recherchieren. Ich warne, wo ich Gefahren sehe und einen naiven Umgang damit. In meinem Fall kommen noch die Kenntnis der kommunistischen Ideologie und die Erfahrungen aus meinem Leben in den entsprechenden Ländern hinzu. Als ich nach Moskau zog, war es noch die Hauptstadt der Sowjetunion, als ich es wieder verließ, hatte es sich in die Hauptstadt des neuen Russlands verwandelt. In China erlebte ich den Aufbruch 1986, die freiesten Jahre um die Jahrtausendwende, die Olympischen Sommerspiele 2008 und die Zeit von Xi Jinping.

Was ich aber aus meiner Lebenserfahrung heraus sagen kann, und da unterscheide ich mich gar nicht von den anderen in meiner Generation oder denen, die älter sind, ja, auch nicht von denen, die vielleicht zehn Jahre jünger sind: Wir haben es bereits einmal geschafft, Diktaturen zu stürzen. Der Fall der Berliner Mauer ist uns ebenso in Erinnerung wie die demokratischen Erhebungen in Prag oder Bukarest und die freien Jahre in Moskau. Es gibt den alten Streit: War dies das Ergebnis der Entspannungspolitik, wie sie Willy Brandt und Helmut Schmidt betrieben? Oder des harten Drucks von US-Präsident Ronald Reagan gegen die Sowjetunion? Ich würde sagen: beides. In Wahrheit haben sogar alle von ihnen beides getan. Willy Brandt handelte die Ostverträge aus, erhöhte aber gleichzeitig den Anteil der Rüstungsausgaben von 3,2 auf 3,4 Prozent des Bruttosozialprodukts.[1] Sein Nachfolger und Parteikollege Helmut Schmidt setzte sich für die Nachrüstung mit Mittelstreckenraketen ein, auch als Brandt später dagegen war. Ronald Reagan stand auf einem Holzgerüst vor den Sperranlagen der Berliner Mauer am Brandenburger Tor und rief: »Herr Gorbatschow, reißen Sie diese Mauer nieder!« Ebendieser Reagan verhandelte dann mit ebendiesem Gorbatschow und vereinbarte mit ihm im INF-Vertrag die Abschaffung der amerikanischen und sowjetischen Mittelstreckenraketen. Abschreckung und Entspannung gingen damals Hand in Hand.

Hat die freie Welt vor dem Ukrainekrieg Fehler begangen? Ja – aber nicht die, die meist damit gemeint werden. Im Gegensatz zu Putin und Xi Jinping wollen wir keinen Dritten Weltkrieg. Aber den verhindern wir nur, wenn wir zeigen: Wir sind bereit, uns zu verteidigen. US-Präsident Joe Biden erklärte vor dem Überfall auf die ganze Ukraine, die USA würden auf keinen Fall eingreifen. Das ließ Putin glauben, er könne das Land in ein paar Tagen erobern. Hier hätte Biden aggressiver auftreten und Putin im Unklaren lassen müssen, so wie die USA das jetzt gegenüber China tun bezüglich Taiwan. »Säbelrasseln« ist heute zu einem Schimpfwort geworden. Dabei ist es besser, mit dem Säbel zu rasseln, als mit dem Säbel zuzustoßen. Die USA und Europa schauten tatenlos zu, als sich Russland jahrelang auf den Krieg vorbereitete. Putin hat die Ukraine nicht angegriffen, weil sie der NATO beitreten wollte, sondern weil sie noch nicht in der NATO war. Abschreckung wirkt – das hat der Kalte Krieg gezeigt, die längste Friedensperiode in der Geschichte Europas.

Heute hat die Politik ihre Kreativität verloren. Es scheint

nur ein Entweder-oder zu geben: Entweder wir unterhalten enge Wirtschaftsbeziehungen und verzichten dafür auf die Durchsetzung unserer politischen Interessen. Oder wir setzen auf Konfrontation und begleiten das mit moralischen Appellen, die wirkungslos verhallen und sich vor allem an das eigene Publikum richten. Das liegt auch daran, dass Militaristen wie Putin und Xi Jinping ein Land mit einer zerrütteten Bundeswehr nicht ernst nehmen. Bei der Konferenz von Jalta am Ende des Zweiten Weltkriegs höhnte Stalin über den Papst: »Sie wissen ja, meine Herren, dass man Kriege nun einmal mit Soldaten, Kanonen und Panzern führt. Wie viele Divisionen hat der Papst?«[2]

In den 1970er- und 1980er-Jahren verhandelte die freie Welt knallhart – aus einer Position der wirtschaftlichen und militärischen Stärke heraus. Ein gutes Beispiel dafür ist die Schlussakte der Konferenz über Sicherheit und Zusammenarbeit in Europa (KSZE) 1975 in Helsinki, an der 35 Staaten teilnahmen: die USA, Kanada, die Sowjetunion und alle europäischen Staaten mit Ausnahme von Albanien und Andorra (die später beitraten). Die sozialistischen Länder bekamen, was sie wollten, die Anerkennung ihrer Grenzen. Die freien Länder erreichten es, in Korb 3 die Menschenrechte und Grundfreiheiten zu verankern. Das wurde dann natürlich nicht von einem Tag auf den anderen überall umgesetzt, aber Dissidenten und Bürgerbewegungen im Osten hatten etwas, worauf sie sich berufen konnten. Dem zunehmenden Austausch von Menschen, Ideen und Kultur waren die Diktaturen nicht gewachsen, denn sie kannten nur das Argument des Zwangs, nicht das Argument des Arguments.

Freiheit setzt sich dann am besten durch, wenn man sie vorlebt. Völlig kontraproduktiv ist es, wie in EU-Ländern passiert, wegen des Ukrainekriegs die Einreise von Russinnen und Russen zu beschränken. Das unterstützt die Propaganda Putins, dies sei kein Kampf von Freiheit gegen Diktatur, sondern ein Konflikt zwischen Nichtrussen und Russen.

Es trifft vor allem die, die desertieren wollen oder politisch verfolgt werden. Und selbst denjenigen, die einfach nur an den Strand oder auf Shopping-Tour wollen, verbaut es die Gelegenheit, unzensierte Informationen zu lesen und andere Meinungen zu hören. Hätte sich die Bundesrepublik 1989 so verhalten und die DDR-Bürger für die Politik Honeckers bestraft, dann wäre die Mauer nie gefallen. Das Gleiche gilt für China. Es ist das Interesse Xi Jinpings, die Volksrepublik vom Ausland zu isolieren. Ein paar Jahre schob er dafür das Coronavirus vor, doch es ist in Wahrheit das Virus der Freiheit, das ihm Angst macht. Aber als Chinas Total-Lockdown zusammenbrach, hatten einige in Europa nichts Besseres zu tun, als jetzt Reisebeschränkungen für Chinesinnen und Chinesen zu fordern.

Auch von einem Verbot der chinesischen Videoplattform TikTok halte ich nichts. Ich kann verstehen, wenn Regierungen als Vorsichtsmaßnahme ihren eigenen Mitarbeitern von der Nutzung abraten, um so eine eventuelle Überwachung zu verhindern. Die Gefahr der Abschöpfung von Bildern aus deutschen Kinderzimmern durch die Kommunistische Partei Chinas erscheint mir hingegen gering. Ein Verbot macht es der Pekinger Führung leicht, die eigene Internetzensur zu rechtfertigen. Sie kann dann ihrer Bevölkerung, die dieser Zensur überdrüssig ist, sagen: Das machen halt alle Regierungen so, die jeweils anderen Meinungen nicht zuzulassen. Welche Wirkung das hat, weiß ich aus eigener Erfahrung: Die Bundesrepublik verhängte Berufsverbote gegen kommunistische Lehrerinnen, Lokführer und Postboten. Das machte die Betroffenen zu Märtyrern und half der DKP, die Verfolgung von Dissidenten in der Sowjetunion und der DDR zu relativieren.

Statt die Ideen der anderen zu verbieten, müssen wir unsere eigenen besser darstellen. YouTube beispielsweise ist voll mit Videos von *China Global Television Network* (CGTN), dem chinesischen Auslandssender. Russland wirkt weltweit mit RT (früher *Russia Today*) und, nachdem Westeuropa dessen Ausstrahlung beschränkt hat, verstärkt mit »Trollen«, also Hassrednern und Fake-Erfindern im Netz, die sich nicht als Agenten Russlands zu erkennen geben. Auch Deutschland hat einen Sender, die *Deutsche Welle* (DW), die sachlich über Deutschland und die Welt informiert. Doch statt das Programm, wie nötig, auszubauen, musste die DW gerade wieder hundert Stellen streichen.[3] Begründet wird das damit, zu wenige Menschen würden den Sender sehen und hören. Sollte das nicht Anlass sein, mit mehr und qualifizierterem Personal die Programme zu verbessern und offensiver die sozialen Medien zu nutzen?

Auch innerhalb unserer Länder sollten wir dem »ideologischen Klassenkampf« (so nannten wir das früher) der anderen Seite etwas entgegensetzen. Der Roman *1984* von George Orwell entlarvt Totalitarismus und Neusprech und ist damit aktueller denn je, obwohl er bereits 1948 geschrieben wurde. Er sollte also noch stärker im Unterricht genutzt werden. Stattdessen wird jetzt ausgerechnet *1984* Opfer der sogenannten Cancel Culture. Die britische Universität von Northampton hat ihre Studierenden vor diesem Buch gewarnt: Es behandle »schwierige Themen im Zusammenhang mit Gewalt, Geschlecht, Sexualität, Klasse, Rasse, Missbrauch, sexuellem Missbrauch, politischen Ideen und anstößiger Sprache«.[4] Stattdessen werden linksradikale »Anti-Rassismus«-Texte behandelt. Bitte nicht falsch verstehen: Natürlich ist es wichtig, Rassismus zu bekämpfen. Ich habe aber nirgendwo so viel Antisemitismus erlebt wie in Russland und nirgendwo so viele Vorurteile gegenüber Schwarzen wie in China. Zu Recht schreibt der Washington-Korrespondent des *Spiegel*, René Pfister: »Laut einer Umfrage von YouGov und des britischen ›Economist‹ aus dem Jahr 2021 glauben 40 Prozent der Wähler Joe Bidens, dass die USA beim Thema Minderheitenrechte weltweit zu den Schlusslichtern gehören – eine Auffassung, die nichts mit der Realität zu tun hat.«[5] Auch meine Erfahrung bestätigt: Trotz aller noch bestehenden Probleme – je freier ein Land ist, desto besser lässt sich über Rassismus aufklären und dieser überwinden.

Sanktionen können etwas bewirken, sie zwangen zum Beispiel das Apartheid-Regime in Südafrika in die Knie. Auf Schwächung der Kriegswirtschaft hofft man bei den Sanktionen gegen Russland. Aber jede einzelne Sanktion muss auf ihre Wirksamkeit und ihren möglichen Schaden hin überprüft werden. Eine simple Wahl zwischen harter und weicher Linie gibt es nicht. Sanktionen sollten nicht allein dem guten Gewissen dienen. Wir müssen schlau sein angesichts der gut organisierten Feinde der Freiheit, die zudem wirtschaftlich stärker sind als je zuvor und digital höher entwickelt als wir. Damit nicht die Prophezeiung aus dem Werk wahr wird, auf das sich sowohl Moskau als auch Peking berufen, Lenins *Der Imperialismus als höchstes Stadium des Kapitalismus*: »Auf dem Boden des durch den Krieg hervorgerufenen Ruins in der ganzen Welt erwächst somit die weltweite revolutionäre Krise, die, welch lange und schwere Wandlungen sie auch durchmachen mag, nicht anders enden kann als mit der proletarischen Revolution und deren Sieg.«[6]

Winston Churchill ist normalerweise als Gegner von Appeasement bekannt, also einer Beschwichtigungspolitik. Doch seine Position war komplexer, 1950 hat er sie in einer Rede vor dem britischen Unterhaus so formuliert: »Appeasement aus Schwäche oder Furcht ist zu gleichen Teilen vergeblich und tödlich. Appeasement aus Stärke kann möglicherweise der sicherste und vielleicht einzige Pfad zum Weltfrieden sein.«[7]

Eine erfolgreiche freie Welt stärkt jene, die auf ein Ende der Diktatur in ihren Ländern hoffen. Als wir die Coronakrise überwunden hatten, die chinesische Regierung aber nach wie vor Menschen in ihren Wohnungen einsperrte, gingen in Shanghai und anderen chinesischen Städten Jugendliche auf die Straße und riefen: »Nieder mit der Kommunistischen Partei! Nieder mit Xi Jinping!« Zehntausende Frauen und Männer aller Altersgruppen nahmen am 1. März 2024 in Moskau Abschied von Alexej Nawalny, trotz eines massiven Polizeiaufgebots. Einer ihrer Sprechchöre lautete: »Wir sind Russland!« Ja – diese mutigen Menschen sind das Russland und das China der Zukunft. An ihrer Seite sollten wir stehen.

Anmerkungen

Vorgeschichte

1 Friedrich Engels, »Herrn Eugen Dührings Umwälzung der Wissenschaft (Anti-Dühring)«, in: Karl Marx/Friedrich Engels, *Werke, Bd. 20*, Berlin (DDR) 1962, S. 106
2 Karl Marx, »Zur Kritik der Hegelschen Rechtsphilosophie«, in: Karl Marx/Friedrich Engels, *Werke, Bd. 1*, Berlin (DDR) 1972, S. 385
3 Bertolt Brecht, »Die Maßnahme«, in: Bertolt Brecht, *Lehrstücke*, Reinbek bei Hamburg 1972, S. 37
4 *https://www.newsweek.com/russias-putin-says-he-always-liked-communist-socialist-ideas-419289*
5 Dieses Unterkapitel beruht auf einem Beitrag von Stefan Aust und mir in der *Welt am Sonntag*, Nr. 14/2017. Quelle für die Fakten über Parvus: Elisabeth Heresch, *Geheimakte Parvus*, München 2000
6 ebenda, S. 146

Wie Moskau die chinesische Revolution entfachte (1917-1949)

1 Wladimir Iljitsch Lenin, »Der Imperialismus als höchstes Stadium des Kapitalismus«, in: W. I. Lenin: *Werke, Bd. 22*, Berlin (DDR) 1972, S. 191
2 ebenda, S. 195
3 Fritjof Meyer, »Staatsgründer Wladimir Iljitsch Lenin: ›Auf der Stelle erschießen‹«, *Der Spiegel*, Nr. 29/1999
4 Wladimir Iljitsch Lenin, »Der Imperialismus als höchstes Stadium des Kapitalismus«, in: W. I. Lenin: *Werke, Bd. 22*, Berlin (DDR) 1972, S. 277 f.
5 ebenda, S. 301
6 ebenda, S. 300
7 ebenda, S. 305
8 ebenda, S. 307
9 ebenda, S. 191

10 *https://www.tt.com/artikel/13616940/oktoberrevolution-leo-trotzki-revolutionaer-aus-dem-cafe-central*

11 Fritjof Meyer, »Staatsgründer Wladimir Iljitsch Lenin: ›Auf der Stelle erschießen‹«, *Der Spiegel*, Nr. 29/1999

12 Zitiert von Nicolas Werth, in: Stéphane Courtois, Nicolas Werth u. a., *Schwarzbuch des Kommunismus*, München 1998, S. 82

13 Wladimir Iljitsch Lenin, »Rede bei der Eröffnung des I. Kongresses der Kommunistischen Internationale«, in: W. I. Lenin: *Werke, Bd. 28*, Berlin (DDR) 1972, S. 469

14 Wladimir Iljitsch Lenin, »Thesen und Referat auf dem I. Kongress der Kommunistischen Internationale: Über bürgerliche Demokratie und Diktatur des Proletariats«, in: ebenda, S. 471 f.

15 ebenda, S. 472

16 ebenda, S. 475

17 ebenda, S. 473

18 Rosa Luxemburg, »Zur russischen Revolution«, in: Rosa Luxemburg, *Gesammelte Werke, Bd. 4*, Berlin (DDR) 1979, S. 362

19 *https://www.verfassungen.net/rc/verf82-i.htm*

20 Siehe zum Beispiel: Xi Jinping, »Dem ursprünglichen Ziel treu bleiben und weiter vorwärtsschreiten«, Rede auf der Feier zum 95-jährigen Jubiläum der Gründung der KP Chinas am 1. Juli 2016, in: Xi Jinping, *China regieren II*, Peking 2018, S. 40 und 51

21 Liu Jianyi, *The Origins of the Chinese Communist Party and the Role Played by Soviet Russia and the Comintern*, A Thesis Submitted for the Degree of Doctor for Philosophy by the Department of Politics, University of York, March 2000, S. 97

22 ebenda, S. 290

23 ebenda, S. 302 f.

24 ebenda, S. 311 f.

25 ebenda, S. 335 f.

26 Jung Chang/Jon Halliday, *Mao. Das Leben eines Mannes, das Schicksal eines Volkes*, München 2005, S. 46 f.

27 *RKP (b), Komintern und die national-revolutionäre Bewegung in China, Bd. 1*, herausgegeben von Kuo Heng-yü, Mechthild Leutner und Roland Felber, Paderborn 1996, S. 165–169

28 ebenda, S. 215

29 Jung Chang/Jon Halliday, *Mao*, München 2005, S. 53

30 ebenda

31 *RKP (b), Komintern und die national-revolutionäre Bewegung in China, Bd. 1*, herausgegeben von Kuo Heng-yü, Mechthild Leutner und Roland Felber, Paderborn 1996, S. 294

32 Jung Chang/Jon Halliday, *Mao*, München 2005, S. 54
33 ebenda
34 Stéphane Courtois/Galia Ackerman, *Schwarzbuch Putin*, München 2023, S. 22, 78
35 vgl. Frank Dikötter, *Maos großer Hunger: Massenmord und Menschenexperiment in China*, Stuttgart 2014
36 *https://www.rnd.de/politik/china-verhaengt-ausreisesperre-gegen-professorin-guo-yuhua-4T2LOVMLKBFCZEPRQDFE5P6MYM.html*
37 Stéphane Courtois/Galia Ackerman, *Schwarzbuch Putin*, München 2023, S. 79
38 Benedict Neff, »Telefonat mit dem Mordkommando«, *Neue Zürcher Zeitung*, 21. Februar 2024
39 *RKP (b), Komintern und die national-revolutionäre Bewegung in China, Bd. 1*, herausgegeben von Kuo Heng-yü, Mechthild Leutner und Roland Felber, Paderborn 1996, S. 319
40 ebenda, S. 233
41 Christina Gilmartin, *Engendering the Chinese Revolution: Radical Women, Communist Politics, and Mass Movements in the 1920s*, Berkeley 1995, S. 199
42 Jung Chang/Jon Halliday, *Mao*, München 2005, S. 73
43 *Worte des Vorsitzenden Mao Zedong*, Peking 1967, S. 74
44 Zitiert nach: Jay Taylor, *The Generalissimo: Chiang Kai-shek and the Struggle for Modern China*, Cambridge (Massachusetts) 2009, S. 120
45 Julia Lovell, *Maoismus – eine Weltgeschichte*, Berlin 2023, Bildteil nach S. 224
46 Helen Foster Snow, *My China Years*, London 1984, S. 181 f.
47 Bernard Thomas, *Season of High Adventure: Edgar Snow in China*, Berkeley 1996, S. 138
48 Edgar Snow, *Roter Stern über China*, Frankfurt a. M. 1970, S. 155 f.
49 Julia Lovell, *Maoismus – eine Weltgeschichte*, Berlin 2023, S. 89
50 Yang Kuisong, *Mao Zedong yu Mosike de enen yuanyuan* (Die Hassliebe zwischen Mao Zedong und Moskau), Nanchang 1999, S. 206 f.
51 Michael Thumann, *Revanche. Wie Putin das bedrohlichste Regime der Welt geschaffen hat*, München 2023, S. 133
52 Stéphane Courtois/Galia Ackerman, *Schwarzbuch Putin*, München 2023, S. 22
53 Jung Chang/Jon Halliday, *Mao*, München 2005, S. 128
54 ebenda, S. 414 f.
55 Mao Zedong, »Untersuchungsbericht über die Bauernbewegung in Hunan«, in: Mao Zedong, *Ausgewählte Werke, Bd. 1*, Peking 1968, S. 39

56 *Prawda*, 13. Dezember 1935
57 Umfassend beschrieben in: Iris Chang, *The Rape of Nanking*, London 1998
58 Li Rui, *The Early Revolutionary Activities of Comrade Mao Tse-tung*, White Plains 1977, S. 223
59 Jung Chang/Jon Halliday, *Mao*, München 2005, S. 268
60 ebenda, S. 373
61 Zeng Kelin, *Zeng Kelin jiangjun zishu*, Shenyang 1997, S. 112 f.
62 *Foreign Relations of the United States*, (US Department of State), 31. August 1944
63 ebenda, 23. Dezember 1945
64 ebenda, 31. Mai 1946
65 Mao Zedong, »Untersuchungsbericht über die Bauernbewegung in Hunan«, in: Mao Zedong, *Ausgewählte Werke, Bd. 1*, Peking 1968, S. 27
66 Julia Lovell, *Maoismus – eine Weltgeschichte*, Berlin 2023, S. 48

Die Sowjetunion als großer Bruder Chinas (1949-1960)

1 *https://www.derstandard.de/story/2000107420452/sieben-grafiken-zeigen-chinas-gigantische-uebermacht*
2 *https://de.statista.com/statistik/daten/studie/200538/umfrage/groesste-staedte-in-den-usa/*
3 Mao Zedong, »Über die demokratische Diktatur des Volkes«, in: Mao Zedong, *Ausgewählte Werke, Bd. 4*, Peking 1969, S. 437–452, online hier: *http://www.infopartisan.net/archive/maowerke/MaoAWIV_437_452.htm*
4 Odd Arne Westad, *Brothers in Arms: The Rise and Fall of the Sino-Soviet Alliance*, Stanford 2000, S. 2
5 Mao Zedong, *Jianguo yilai Mao Zedong wengao* (Manuskripte Mao Zedongs seit der Gründung der Volksrepublik), *Bd. 2*, Peking 1987 – 1998, S. 202
6 Jung Chang/Jon Halliday, *Mao*, München 2005, S. 425
7 Felix Lee, *China, mein Vater und ich*, Berlin 2023, S. 61 f.
8 ebenda, S. 441 f.
9 Iwan Kowaljow, »The Stalin-Mao Dialogue«, in: *Far Eastern Affairs, Nr. 2*, englischsprachige Ausgabe von *Problemy Dalnego Wostoka*, Moskau 1992, S. 108
10 Jung Chang/Jon Halliday, *Mao*, München 2005, S. 456 f.
11 Iwan Kowaljow, »The Stalin-Mao Dialogue«, in: *Far Eastern Affairs, Nr. 2*, englischsprachige Ausgabe von *Problemy Dalnego Wostoka*, Moskau 1992, S. 109

12 Jung Chang/Jon Halliday, *Mao*, München 2005, S. 458
13 ebenda, S. 462 f.
14 *Xin Zhongguo waijiao fengyun, Bd. 5* (Stürme und Wolken der Diplomatie des Neuen China), Peking 1990, S. 11
15 Markus Wolf, *Spionagechef im geheimen Krieg*, München 1998, S. 52–54
16 Jung Chang/Jon Halliday, *Mao*, München 2005, S. 535 f.
17 Mao Zedong, *Texte, Zweiter Band: 1956–1957*, München/Wien 1979, S. 342 ff.
18 Martin McCauley, *The Khrushchev Era 1953–1964*, London 2014, S. 108
19 Jung Chang/Jon Halliday, *Mao*, München 2005, S. 575
20 Yang Kuisong, *Mao Zedong yu Mosike de enen yuanyuan* (Die Hassliebe zwischen Mao Zedong und Moskau), Nanchang 1999, S. 425
21 vgl. Frank Dikötter, *Maos großer Hunger: Massenmord und Menschenexperiment in China*, Stuttgart 2014
22 Edgar Snow, *Gast am anderen Ufer: Rotchina heute*, München 1964
23 Jung Chang/Jon Halliday, *Mao*, München 2005, S. 574
24 ebenda, S. 575

Der Bruderkrieg: Wer führt die Weltrevolution? (1960-1985)

1 Zhang Fan, »Jiu Zhongguo shehui wenti zhi Sugong zhongyang de yi feng xin« (Ein Brief über den Sozialismus an das Zentralkomitee der Kommunistischen Partei der Sowjetunion), in: *Zhongguo wenhua dageming wenku* (Gesammelte Materialien zur chinesischen Kulturrevolution), herausgegeben von Song Yongyi, Hongkong 2013
2 *https://www.planet-wissen.de/geschichte/diktatoren/stalin_der_rote_diktator/pwiechruschtschowsgeheimrede100.html*
3 *Daily Mail*, 22. Mai 1956
4 Lorenz Lüthi, *The Sino-Soviet Split: Cold War in the Communist World*, Princeton 2010, S. 63
5 ebenda, S. 83
6 Li Zhisui, *Ich war Maos Leibarzt*, Bergisch Gladbach 1994, S. 278
7 Ang Cheng Guan, *Vietnamese Communists' Relations with China and the Second Indochina Conflict, 1956–1962*, London 1997, S. 162
8 Gespräch zwischen Mao Zedong und Alexej Kossygin, Peking, 11. Februar 1965 (private Sammlung)
9 *https://sites.tufts.edu/atrocityendings/2016/12/14/china-the-cultural-revolution/*
10 Sebastian Gehrig, »(Re-)Configuring Mao: Trajectories of a Cul-

turo-political Trend in West Germany«, in : *Transcultural Studies 2*, Heidelberg 2011, S. 203

11 Julia Lovell, *Maoismus – eine Weltgeschichte*, Berlin 2023, S. 371

12 Shirley MacLaine, *Schritt für Schritt*, München 1987, S. 165

13 *https://www.welt.de/geschichte/article150401478/Das-Credo-eines-Diktators-umgarnte-die-Welt.html*

14 *Peking Review*, 24. Juni 1966, S. 11 f.

15 Julia Lovell, *Maoismus – eine Weltgeschichte*, Berlin 2023, S. 192

16 ebenda, S. 137

17 Wladimir Iljitsch Lenin, »Rede vor dem VIII. Gesamtrussischen Sowjetkongress an 22. Dezember 1920«, in: W. I. Lenin: *Werke, Bd. 31*, Berlin (DDR) 1972, S. 513

18 Zhihua Shen/Yafeng Xia, »Leadership Transfer in the Asian Revolution: Mao Zedong and the Asian Cominform«, in: *Cold War History* Nr. 2/2014

19 Julia Lovell, *Maoismus – eine Weltgeschichte*, Berlin 2023, S. 268 f.

20 »Statement by Chinese President Xi Jinping: Let the Sino-Zim Flower Bloom with New Splendour«, *The Herald* (Simbabwe), 28. November 2015

21 Muammar al-Gaddafi, *Das grüne Buch*, Tripolis ohne Jahresangabe, S. 139

22 Klaus Böttcher, *In der dritten Reihe*, Berlin 2011, S. 344

23 *https://latina-press.com/news/307728-china-weitet-seinen-einfluss-in-nicaragua-aus/*

24 »Interview with Chairman Gonzalo«, *A World to Win*, Nr. 18/1992

25 Julia Lovell, *Maoismus – eine Weltgeschichte*, Berlin 2023, S. 11

26 *https://www.morgenpost.de/printarchiv/reise/article137224283/Kreuz-und-quer-durchs-Reich-der-Khmer.html*

27 *https://www.stern.de/politik/ausland/chef-folterer-der-roten-khmer--ja--sie-zerschmetterten-babys-an-baeumen--3802672.html*

28 *Kommunistische Volkszeitung*, 21. April 1980

29 Julia Lovell, *Maoismus – eine Weltgeschichte*, Berlin 2023, S. 329

30 ebenda, S. 37

31 Dan Levin, »China is Urged to Confront Its Own History«, *New York Times*, 30. März 2015

32 *Genocide in Cambodia: Documents from the Trial of Pol Pot and Ieng Sary*, Philadelphia 2000, S. 292

33 »Tolle Hunde«, *Der Spiegel*, Nr. 13/1969

34 Nayan Chanda, *Brother Enemy*, San Diego 1986, S. 325

35 Xi Jinping, »Gemeinsamer Aufbau einer Zukunftsgemeinschaft der Menschheit«, Rede im Büro der Vereinten Nationen in Genf

am 18. Januar 2017, in: Xi Jinping, *China regieren II*, Peking 2018, S. 668

36 Xiaorong Han: »Sino-Vietnamese Border War«, in: Xiaobing Li (Hrsg.): *China at War – An Encyclopedia*, Santa Barbara 2012, S. 411–413

37 Odd Arne Westad u. a., *77 Conversation Between Chinese and Foreign Leaders on the Wars in Indochina, 1964–1977*, Washington, D.C. 1998, S. 63

38 Julia Lovell, *Maoismus – eine Weltgeschichte*, Berlin 2023, S. 420 f.

39 *https://www.linksfraktion.de/themen/nachrichten/detail/gruene-ex-maoisten/*

Wie sich Moskau und Peking wieder annäherten (1985-2000)

1 Michail Gorbatschow, *Erinnerungen*, Berlin 1995, S. 952

2 ebenda, S. 954 f.

3 ebenda, S. 955

4 ebenda, S. 957

5 ebenda, S. 968

6 ebenda, S. 965 f.

7 *https://nsarchive2.gwu.edu/NSAEBB/NSAEBB16/documents/32-01.htm*

8 Felix Lee, *China, mein Vater und ich*, Berlin 2023, S. 184

9 Michail Gorbatschow, *Erinnerungen*, Berlin 1995, S. 973

10 Stefan Aust/Adrian Geiges, *Xi Jinping – der mächtigste Mann der Welt*, München 2023 (komplett überarbeitete und aktualisierte Auflage), S. 140 f.

11 *https://www.spiegel.de/ausland/wladimir-wolfowitsch-schirinowski-75-nachruf-a-d1d06e48-39ad-4ea3-8697-bffd5f568df1*

12 Michael Thumann, *Revanche*, München 2023, S. 93

13 ebenda, S. 259

14 »Rede des russischen Präsidenten Putin zur Ukraine vom 24. 02. 2022«, *Deutschlandfunk*, *https://www.deutschlandfunk.de/putin-rede-ukraine-100.html*

China als großer Bruder Russlands (seit 2000)

1 *https://www.nytimes.com/2013/03/23/world/asia/xi-jinping-visits-russia-on-first-trip-abroad.html*

2 »Putin says grandfather cooked for Stalin and Lenin«, *https://www.reuters.com/article/idUSL8N1QT0J7*

3 Zu Xi Jinpings Lebensgeschichte siehe ausführlich: Stefan Aust/Adrian Geiges, *Xi Jinping – der mächtigste Mann der Welt*, München 2023 (komplett überarbeitete und aktualisierte Auflage)

4 Stéphane Courtois/Galia Ackerman, *Schwarzbuch Putin*, München 2023, S. 81
5 ebenda, S. 18
6 ebenda, S. 27
7 ebenda, S. 28
8 ebenda, S. 29
9 Kai Strittmatter, *Die Neuerfindung der Diktatur*, Aktualisierte Taschenbuchausgabe München 2020, S. 41
10 Stefan Aust/Adrian Geiges, *Xi Jinping – der mächtigste Mann der Welt*, München 2023 (komplett überarbeitete und aktualisierte Auflage), S. 104
11 ebenda, S. 184
12 Joachim Gauck/Helga Hirsch, *Erschütterungen. Was unsere Demokratie von außen und innen bedroht*, München 2023, S. 52
13 Alexandra Stevenson, »China's Communists Rewrite the Rules for Foreign Businesses«, *New York Times*, 13. April 2018
14 Stéphane Courtois/Galia Ackerman, *Schwarzbuch Putin*, München 2023, S. 39
15 Xi Jinping, »Rede auf der Nationalen Konferenz für die Arbeit der Parteischulen am 11. Dezember 2015«, in: Xi Jinping, *China regieren II*, Peking 2018, S. 400
16 Stéphane Courtois/Galia Ackerman, *Schwarzbuch Putin*, München 2023, S. 45
17 *https://www.faz.net/aktuell/politik/ausland/china-schraenkt-bezirksratswahlen-in-hongkong-ein-18863196.html*
18 Xi Jinping, »Gemeinsamer Aufbau einer Zukunftsgemeinschaft der Menschheit«, Rede im Büro der Vereinten Nationen in Genf am 18. Januar 2017, in: Xi Jinping, *China regieren II*, Peking 2018, S. 668
19 Выступление Владимира Путина на митинге в Лужниках, 23.02.2012, *https://ria.ru/20120223/572995366.html*
20 Felix Lee, *China, mein Vater und ich*, Berlin 2023, S. 83
21 Michael Thumann, *Revanche*, München 2023, S. 271
22 *https://www.scmp.com/news/china/policies-politics/article/2119699/praise-xi-jinping-not-jesus-escape-poverty-christian*
23 *http://cpc.people.com.cn/n1/2023/0508/c451232-32681272.html*
24 *http://opinion.people.com.cn/n1/2018/0317/c1003-29873350.html*
25 *http://www.news.cn/politics/leaders/2023-05/22/c_1129636645.htm*
26 *https://www.washingtonpost.com/news/global-opinions/wp/2017/10/16/xi-jinpings-quest-to-revive-stalins-communist-ideology/*

27 Nicolas Werth, *Poutine historien en chef*, Paris 2022, S. 29
28 Stéphane Courtois/Galia Ackerman, *Schwarzbuch Putin*, München 2023, S. 367
29 ebenda, S. 373
30 Верховный суд ликвидировал международный «Мемориал», *https://www.rbc.ru/politics/28/12/2021/619f93a29a79479fd98185b7*
31 *https://www.faz.net/aktuell/politik/ausland/asien/chinas-kommunisten-spaete-reue-einer-rotgardistin-12752115.html*
32 Kai Strittmatter, *Die Neuerfindung der Diktatur*, Aktualisierte Taschenbuchausgabe München 2020, S. 108
33 Jung Chang/Jon Halliday, *Mao*, München 2005, S. 17
34 Michael Thumann, *Revanche*, München 2023, S. 181
35 Gudrun Dometeit/Jan-Philip Hein/Reinhard Keck, »Putins Werk, Prigoschins Beitrag«, *Focus* Nr. 27/2023
36 *Worte des Vorsitzenden Mao Zedong*, Peking 1967
37 Stéphane Courtois/Galia Ackerman, *Schwarzbuch Putin*, München 2023, S. 61
38 *https://www.rnd.de/politik/tod-von-nawalny-russische-medien-veroeffentlichen-video-von-kuerzlichem-auftritt-H62PE7HQXNMARABYFTJTVQJNW4.html*
39 *https://www.welt.de/regionales/bayern/article250152826/Georgische-Praesidentin-Nawalnys-Todesmeldung-kein-Zufall.html*
40 *https://www.derstandard.at/story/1326503621346/statistik-wiener-forscher-entlarven-wahlbetrug-mit-neuer-methode*
41 *https://www.spiegel.de/ausland/russland-die-wahlfarce-soll-machthaber-wladimir-putin-den-anschein-von-legitimitaet-verschaffen-a-fd7c3901-888a-40dc-baed-3238e7e77e0b?sara_ref=re-so-app-sh*
42 Kerry Brown, *Die Welt des Xi Jinping*, Frankfurt a. M. 2018, S. 108
43 Xi Jinping, Rede auf der 2. Plenarsitzung der Kontrollkommission des XVIII. ZK der KP Chinas am 22. Januar 2013, in: Xi Jinping, *China regieren*, Peking 2014, S. 479. Die gleiche Formulierung verwendet Xi Jinping zum Beispiel auch in seiner Rede auf dem Begrüßungsempfang der Auslandschinesen in Seattle, USA, am 23. September 2015 und in seiner Rede auf der Feier zum 95-jährigen Jubiläum der Gründung der KP Chinas, beide in: Xi Jinping, *China regieren II*, Peking 2018, S. 29 bzw. S. 50
44 Xi Jinping, *China regieren*, Peking 2014, S. 481
45 Xi Jinping, »Die Disziplin und die Regeln der Partei einhalten«, Rede am 13. Januar 2015, in: Xi Jinping, *China regieren II*, Peking 2018, S. 181

46 *https://www.politico.eu/article/chinas-paranoid-purge-xi-jinping-li-keqiang-qin-gang-li-shangfu/*

47 ebenda

48 *https://www.rnd.de/politik/china-kritik-an-kampf-gegen-korrupte-aerzte-schiesst-die-kampagne-uebers-ziel-hinaus-ECFAEAYNYNBL5B73VTSBCM57OU.html*

49 *https://www.zdf.de/nachrichten/politik/china-anti-spionage-gesetz-100.html*

50 *https://twitter.com/fangshimin/status/1691307712246894592?s=48&t=yq4wIDPYHZ13eyH_PEXa_g*

51 *https://mp.weixin.qq.com/s/IKjEpMjyBlVxYn_eAEvAOg*

52 Marcel Grzanna, »Chinas ›magische Waffe‹ heißt Einheitsfront«, *https://www.n-tv.de/politik/Chinas-magische-Waffe-heisst-Einheitsfront-article22660713.html*

53 *https://twitter.com/XHNews/status/931333019020951552*

54 Xi Jinping, »Gemeinsam die Initiative der Neuen Seidenstraße voranbringen«, Rede am 14. Mai 2017 zur Eröffnung des Gipfelforums für internationale Zusammenarbeit im Rahmen der Initiative der Neuen Seidenstraße, in: Xi Jinping, *China regieren II*, Peking 2018, S. 620

55 Doris Naisbitt/John Naisbitt/Laurence Brahm, *Im Sog der Seidenstraße*, Stuttgart 2019, S. 20

56 Kai Strittmatter/Christoph Giesen, »China will Litauen ›wie eine Fliege zerquetschen‹«, *https://www.bernerzeitung.ch/china-will-litauen-wie-eine-fliege-zerquetschen-201429822934*

57 »The real World Cup winner?«, *Week in China*, 25. November 2022

58 *https://weltwoche.ch/daily/das-ist-einfach-nur-heuchlerisch-wir-europaeer-sollten-uns-fuer-das-was-wir-in-den-letzten-3-000-jahren-in-der-welt-getan-haben-fuer-die-naechsten-3-000-jahre-entschuldigen-sollten-bev/*

59 *https://www.globaltimes.cn/page/202211/1280025.shtml*

60 »The real World Cup winner?«, *Week in China*, 25. November 2022

61 *https://www.zeit.de/politik/ausland/2019-11/uiguren-china-arabische-welt-islam-nahost*

62 *https://deutsche-wirtschafts-nachrichten.de/700703/Abkehr-von-den-USA-Saudi-Arabien-setzt-auf-China*

63 *https://table.media/china/news/china-plant-marine-drill-mit-russland-und-dem-iran/*

64 *https://edition.cnn.com/2023/10/11/china/china-response-israel-hamas-war-intl-hnk/index.html*

65 *https://www.rnd.de/politik/nahost-konflikt-chinas-doppeltes-spiel-ZTQJIX66NFBP5OY4OP7E37YXWI.html*

66 *https://www.n-tv.de/politik/Russland-empfaengt-Hamas-Delegation-in-Moskau-kurz-nach-Lawrows-Nazi-Vergleich-article23310995.html*

67 *https://www.welt.de/politik/ausland/article250364844/Hamas-und-Fatah-Rivalisierende-Palaestinensergruppen-wollen-Kraefte-buendeln.html*

68 *https://www.spiegel.de/ausland/myanmar-uno-bericht-kritisiert-waffendeals-in-milliardenhoehe-unter-anderem-von-china-und-russland-a-c3de2e4b-3b16-4269-9dc1-7bc6c44f112a*

69 *https://www.spiegel.de/wirtschaft/soziales/afghanistan-china-konzern-will-oelfeld-fuer-taliban-erschliessen-a-30faf5cb-6981-4c05-8494-b868c524996e*

70 *https://www.faz.net/aktuell/politik/ausland/grenzkonflikt-china-und-indien-zwischenfall-im-himalaja-18531313.html*

71 Nandini Sundar, *The Burning Forest: India's War in Bastar*, Neu-Delhi 2016, S. 13

72 »Cops nail China link with Naxals«, *The Times of India*, 8. Oktober 2011, online hier: *https://web.archive.org/web/20130429202043/http://articles.timesofindia.indiatimes.com/2011-10-08/delhi/30257863_1_maoist-cadres-pla-training-camps*

73 Julia Lovell, *Maoismus – eine Weltgeschichte*, Berlin 2023, S. 470

74 »Rising Maoists Insurgency in India«, *Global Politician*, 15. Januar 2007, *http://www.globalpolitician.com/22790-india/*

75 Arundhati Roy, *Broken Republic: Three Essays*, London 2011

76 Julia Lovell, *Maoismus – eine Weltgeschichte*, Berlin 2023, S. 469

77 »Maoists looking at armed overthrow of state by 2050«, *The Times of India*, 6. März 2010, online hier: *https://web.archive.org/web/20140106193659/http://articles.timesofindia.indiatimes.com/2010-03-06/india/28119932_1_maoists-indian-state-forest-land*

78 *https://www.kath.ch/newsd/putin-paedophilie-ist-im-westen-normal-eliten-wollen-die-russisch-orthodoxe-kirche-angreifen/*

79 Adrian Geiges/Tatjana Suworowa, *Liebe steht nicht auf dem Plan. Sexualität in der Sowjetunion heute*, Frankfurt a. M. 1989, S. 173–193, russische Ausgabe: Любовь – вне плана, Moskau 1990, S. 149–166

80 Bernd Dörries, »Afrika: Wo Homosexuellen Haft oder sogar Hinrichtung droht«, *https://www.sueddeutsche.de/politik/afrika-homophobie-uganda-gesetz-schwule-1.5774235*

81 *https://table.media/china/analyse/china-schwierige-zeiten-fuer-lgbtq-personen/*

82 Xi Jinping, »Dem ursprünglichen Ziel treu bleiben und weiter vorwärtsschreiten«, Rede auf der Feier zum 95-jährigen Jubiläum der Gründung der KP Chinas am 1. Juli 2016, in: Xi Jinping, *China regieren II*, Peking 2018, S. 40

83 *https://www.berliner-zeitung.de/politik-gesellschaft/heribert-prantl-ich-hoffe-dass-die-gesellschaft-aufwacht-li.136339*

84 Marcel Gyr, »Oder war es vielleicht doch ein Laborunfall? Das Rätsel um den Ausbruch der Corona-Pandemie«, *Neue Zürcher Zeitung*, 16. April 2021

85 ebenda

86 Jonathan Calvert/George Arbuthnott, »What really went on inside the Wuhan lab weeks before Covid erupted«, *Sunday Times*, 10. Juni 2023

87 ebenda

88 ebenda

89 ebenda

90 ebenda

91 ebenda

92 ebenda

93 ebenda

94 *https://twitter.com/DrTedros/status/1376970160570048518*

95 *https://de.statista.com/statistik/daten/studie/1103240/umfrage/entwicklung-der-weltweiten-todesfaelle-aufgrund-des-coronavirus/*

96 Michael Thumann, *Revanche*, München 2023, S. 167

97 *https://www.tagesschau.de/ausland/asien/hongkong-wahlen-104.html*

98 ebenda

99 John Bolton, *The Room Where it Happened*, New York 2020, S. 311

100 *https://www.zdf.de/nachrichten/politik/ausland/china-wirtschaft-ukraine-krieg-russland-100.html*

101 Hier der vollständige Text des Weißbuchs: *https://english.news.cn/20220810/df9d3b8702154b34bbf1d451b99bf64a/c.html?spm=C98846262907.PT3RXyzGyJv6.0.0*

102 *https://www.tagesschau.de/wirtschaft/weltwirtschaft/taiwan-chipindustrie-101.html*

103 *https://www.dw.com/de/chip-supermacht-taiwan/a-64468545*

104 *https://www.fr.de/politik/usa-news-geschichte-china-taiwan-konflikt-krieg-invasion-xi-jinping-militaer-92280490.html*

105 *https://www.tagesspiegel.de/internationales/chinas-prasident-nennt-kreml-chef-alten-freund-xi-und-putin-loben-vor-treffen-in-moskau-ihre-gute-beziehung-9528050.html*

106 *https://www.rnd.de/politik/xi-jinping-und-chinas-globales-erwachen-EXI7PDSWIVCCBPJ7EGNJKNB4WU.html*

107 *https://www.spiegel.de/ausland/nordkorea-und-russland-wladimir-putin-empfaengt-kim-jong-un-in-wostotschny-a-abeb5664-10cf-4d25-9a44-d6e8138fb5d9*

108 Michail Gorbatschow, *Erinnerungen*, Berlin 1995, S. 985

109 Der folgende Text wurde ursprünglich veröffentlicht in: Adrian Geiges, *Öfter mal die Welt wechseln*, München 2023

110 Michail Gorbatschow, *Erinnerungen*, Berlin 1995, S. 985

Nützliche Idioten

1 *https://www.tagesschau.de/inland/innenpolitik/abhaengigkeit-gas-russland-101.html*

2 *https://www.welt.de/wirtschaft/energie/article146029254/BASF-verkauft-alle-deutschen-Gasspeicher-an-Russen.html*

3 Michael Thumann, *Revanche*, München 2023, S. 36

4 Christian Domke Seidel, »Europas Eisenbahnen werden chinesisch«, *https://www.zeit.de/mobilitaet/2023-06/china-bahntechnik-crrc-europa/komplettansicht?fbclid=IwAR39AkUANNvo5Lj8f4gdS3uvbZzF8aJiGivakKa6d5vuoFSx_ECa6TzUhiI*

5 *https://de.statista.com/statistik/daten/studie/1084191/umfrage/absatz-deutscher-premium-modelle-inchina/#:~:text=Gro%C3%9Fe%20Abh%C3%A4ngigkeit%20vom%20China%2DGesch%C3%A4ft,und%20BMW%20in%20China%20abgesetzt.*

6 *https://www.youtube.com/watch?v=x-JGWjc-6yw&t=182s*

7 Michael Thumann, *Revanche*, München 2023, S. 9

8 ebenda

9 ebenda, S. 10

10 *https://www.faz.net/aktuell/politik/ausland/nato-gipfel-2008-in-bukarest-merkels-strategischer-fehler-zur-ukraine-17934232.html*

11 *https://www.n-tv.de/politik/Nichts-verheimlicht-nicht-alles-erzaehlt-article10631536.html*

12 *https://www.spiegel.de/wirtschaft/deutschlands-fatale-abhaengigkeit-von-china-a-60aaf956-d544-4733-ae1f-b602bb4ab521*

13 Donald Trump: China's Xi is a »brilliant man« and »top of the line« smart, *Fox News Channel*, online hier: *https://www.foxnews.com/video/6324651091112*

14 ebenda

15 Daniel Morat, *Von der Tat zur Gelassenheit*, Göttingen 2007, S. 74 f.

16 Karl O. Paetel, *Versuchung oder Chance? Zur Geschichte des deutschen Nationalbolschewismus*, Berlin/Frankfurt/Zürich 1965, S. 175

17 ebenda, S. 185 f.

18 Joachim Gauck/Helga Hirsch, *Erschütterungen. Was unsere Demokratie von außen und innen bedroht*, München 2023, S. 89

19 Stéphane Courtois/Galia Ackerman, *Schwarzbuch Putin*, München 2023, S. 375–378

20 ebenda, S. 376

21 *https://www.spiegel.de/politik/gefaehrlicher-ballast-a-39344bd9-0002-0001-0000-000013487464*

22 Victor Sebestyen, »Bannon Says He's a Leninist: That Could Explain the White House's New Tactics«, *The Guardian*, 6. Februar 2017

23 Geremie R. Barmé, »A Monkey King's Journey to the East«, *China Heritage*, Januar 2017

24 *https://www.queer.de/detail.php?article_id=43428*

25 *https://www.wiwo.de/politik/deutschland/bundestagswahl-2017/alice-weidel-lob-fuer-den-unternehmergeist-der-chinesen/20098840-4.html*

26 *https://www.faz.net/aktuell/politik/inland/hat-china-den-afd-politiker-maximilian-krah-geschmiert-19215856.html*

27 *https://table.media/berlin/analyse/die-afd-und-der-rechts extremismus-abgrenzen-aber-nicht-zu-sehr/*

28 Stuart Jeffries, *Grand Hotel Abgrund. Die Frankfurter Schule und ihre Zeit*, Stuttgart 2019, S. 13

29 Wladimir Iljitsch Lenin, »Rede bei der Eröffnung des I. Kongresses der Kommunistischen Internationale«, in: W.I. Lenin: *Werke, Bd. 28*, Berlin (DDR) 1972, S. 475

30 Herbert Marcuse, »Repressive Toleranz«, in: Robert Wolff/Barrington Moore/Herbert Marcuse, *Kritik der reinen Vernunft*, Frankfurt a. M. 1970, S. 111 f.

31 René Pfister, *Ein falsches Wort*, München 2022, S. 37 f.

32 Georgi Dimitroff, *»Die Offensive des Faschismus und die Aufgaben der Kommunistischen Internationale«*, Rede auf dem VII. Weltkongress der Kommunistischen Internationale 1935, online hier: *https://www.marxists.org/deutsch/referenz/dimitroff/1935/bericht/ch1.htm*

33 Ibram X. Kendi, *How to Be an Antiracist*, New York 2019, S. 19

34 Wladimir Iljitsch Lenin, »Der Imperialismus als höchstes Stadium des Kapitalismus«, in: W.I. Lenin: *Werke, Bd. 22*, Berlin (DDR) 1972, S. 289

35 Michael Thumann, *Revanche*, München 2023, S. 256

36 Julia Lovell, *Maoismus – eine Weltgeschichte*, Berlin 2023, S. 377

37 Aaron J. Leonard/Conor A. Gallagher, *Heavy Radicals*, Winchester 2014, S. 25

38 Julia Lovell, *Maoismus – eine Weltgeschichte*, Berlin 2023, S. 385
39 ebenda, S. 68
40 Joachim Gauck/Helga Hirsch, *Erschütterungen. Was unsere Demokratie von außen und innen bedroht*, München 2023, S. 205
41 René Pfister, *Ein falsches Wort*, München 2022, S. 144
42 *https://www.handelsblatt.com/politik/international/china-reise-baerbock-liefert-sich-schlagabtausch-mit-chinesischem-amtskollegen/29094108.html*
43 Julia Lovell, *Maoismus – eine Weltgeschichte*, Berlin 2023, S. 407
44 Gerd Koenen, *Das rote Jahrzehnt*, Köln 2001, S. 148
45 René Pfister, *Ein falsches Wort*, München 2022, S. 118
46 Ibram X. Kendi, *How to Be an Antiracist*, New York 2019, S. 9
47 Nele Pollatschek, »Fünf bittere Erkenntnisse nach dem 7. Oktober«, *Süddeutsche Zeitung*, 31. Oktober 2023
48 Karl Marx, *Das Kapital, Erster Band*, Berlin (DDR) 1977, S. 675
49 Wladimir Iljitsch Lenin, »Der Opportunismus und der Zusammenbruch der II. Internationale«, in: W. I. Lenin: *Werke, Bd. 22*, Berlin (DDR) 1972, S. 119
50 *http://en.kremlin.ru/supplement/5770*
51 »Das ist Wichtigtuerei von reichen Nordeuropäern«, *Der Spiegel*, Nr. 43/2019
52 ebenda
53 letztegeneration.de/gesellschaftsrat/
54 Mao Zedong, »Einige Fragen der Führungsmethoden«, in: Mao Zedong, *Ausgewählte Werke, Bd. 3*, Peking 1969, S. 135
55 Die Passagen über den Club of Rome beruhen auf einem Beitrag von Stefan Aust und mir in der *Welt am Sonntag*, Nr. 7/2023
56 *Die Grenzen des Wachstums. Bericht des Club of Rome zur Lage der Menschheit*, Stuttgart 1972, S. 61
57 ebenda, S. 45–49
58 ebenda, S. 33
59 ebenda
60 ebenda, S. 34
61 *https://www.land.nrw/pressemitteilung/umweltminister-oliver-krischer-umweltbelastungen-fuer-buergerinnen-und-buerger*
62 Janka Oertel, *Ende der China-Illusion*, München 2023, S. 208
63 ebenda
64 ebenda, S. 195
65 *https://www.reuters.com/article/japan-china-seltene-erden-20100924-idDEBEE68N07G20100924*

66 *Die Grenzen des Wachstums. Bericht des Club of Rome zur Lage der Menschheit*, Stuttgart 1972, S. 11

67 Julia Lovell, *Maoismus – eine Weltgeschichte*, Berlin 2023, S. 454

68 *https://letztegeneration.de/wer-wir-sind/*

69 Alexander Dinger/Lennart Pfahler, »Angst vor dem Weltuntergang als Franchise-Konzept«, *Welt am Sonntag*, Nr. 25/2023

70 *https://www.welt.de/politik/deutschland/plus242956621/Letzte-Generation-Geld-fuer-den-Aufstand-Verein-bezahlt-Aktivisten.html*

Wie verteidigen wir Frieden und Freiheit?

1 Joachim Gauck/Helga Hirsch, *Erschütterungen. Was unsere Demokratie von außen und innen bedroht*, München 2023, S. 41

2 *https://www.welt.de/geschichte/zweiter-weltkrieg/article137067853/In-Jalta-machte-sich-Stalin-ueber-den-Papst-lustig.html*

3 *https://www.spiegel.de/wirtschaft/unternehmen/deutsche-welle-stellenabbau-und-einsparungen-angekuendigt-a-504e705b-0e39-4867-b01f-6ee4d7f5d00f*

4 *https://www.berliner-zeitung.de/news/cancel-culture-universitaet-warnt-vor-1984-li.224245*

5 René Pfister, *Ein falsches Wort*, München 2022, S. 185 f.

6 Wladimir Iljitsch Lenin, »Der Imperialismus als höchstes Stadium des Kapitalismus«, in: W. I. Lenin: *Werke, Bd. 22*, Berlin (DDR) 1972, S. 196

7 *https://www.welt.de/debatte/kommentare/article244743440/USA-und-China-Auf-Churchill-hoeren-und-mit-Peking-reden.html*